本文丛受"国家社会科学基金"资助

**丛书编委会**

顾　问：陈文申　李培元
主　任：苏志武
编　委：（以姓氏笔画为序）
丁俊杰　王巧林　王　晖　车　晴　田维义
朱光烈　仲呈祥　刘守训　刘　昶　吕志胜
吕　锐　闵惠泉　张　晶　张育华　张鸿声
李兴国　李佐文　李怀亮　李晓华　李焕生
杨正泉　陈卫星　苗　棣　胡正荣　胡智锋
段　鹏　袁　军　夏　丹　高晓虹　高福安
黄升民　鲁景超　雷跃捷　路盛章　廖祥忠
蔡　翔

现代传播文丛
（第三辑）
总主编　胡智锋

# 传媒观察
## 传媒变局的中国实践

张国涛　主编

中国传媒大学出版社

## 图书在版编目(CIP)数据

传媒观察:传媒变局的中国实践/张国涛主编.—北京:中国传媒大学出版社,2015.5
ISBN 978-7-5657-1316-3

Ⅰ.①传… Ⅱ.①张… Ⅲ.①传播媒介-研究-中国 Ⅳ.①G219.2

中国版本图书馆 CIP 数据核字(2015)第 055246 号

---

**传媒观察:传媒变局的中国实践**

| | | |
|---|---|---|
| 主　　编 | 张国涛 | |
| 策划编辑 | 秋　实 | |
| 责任编辑 | 李水仙　王雁来 | |
| 责任印制 | 阳金洲 | |
| 封面设计 | 北京泰丰领秀创意文化有限公司 | |
| 出 版 人 | 王巧林 | |
| 出版发行 | 中国传媒大学出版社 | |
| 社　　址 | 北京市朝阳庄东街1号　邮编:100024 | |
| 电　　话 | 86-10-65450532 或 65450528　传真:010-65779405 | |
| 网　　址 | http://www.cucp.com.cn | |
| 经　　销 | 全国新华书店 | |
| 印　　刷 | 三河市东方印刷有限公司 | |
| 开　　本 | 710×1000 mm　1/16 | |
| 印　　张 | 17 | |
| 版　　次 | 2015年5月第1版　2015年5月第1次印刷 | |
| 书　　号 | ISBN 978-7-5657-1316-3/G・1316　定价 65.00元 | |

版权所有　翻印必究　印装错误　负责调换

# 总　序

◆　胡智锋

　　2014年是新中国成立65周年,也是中国传媒大学建校60周年的年头,《现代传播》也迎来了创办35周年。为纪念这些重要节庆,我们《现代传播》编辑部同仁商议,延续以往阶段性整理出版《现代传播》文丛的做法,接续上一套"文丛",把2009～2013这五年来刊发在《现代传播》上的精品文章遴选出来,按刊物的栏目类别汇集成若干卷册,以新的形式展示给广大读者,也算是我们《现代传播》献给国庆、校庆和刊庆的一份礼物吧!

　　翻读各位编者初编的本套文丛各卷的篇章目录,当时每一期编刊的情形如在眼前! 放眼看去选题丰富多样,写法千差万别,汇到一起该如何表述这套文丛的整体特点呢? 思来想去,脑海里蹦出一个词——"回应"! 是的,以一个"回应"或许可以粗略地概括这些文字的总体探求! 以这个"回应"可以切出三句话:回应时代召唤,回应现实需求,回应理论创新。

　　首先,回应时代召唤。2009—2013这五年间适逢中国共产党建党90周年、新中国成立60周年、改革开放30周年等重要时间节点,我们因此约请或选用了相关文章,在回顾与反思中对于某个领域或方面的发展进程予以重新梳理与揭示。如郑保卫先生的《中国共产党新闻工作群众路线的理论来源与实践传统》(建党90周年),朱虹先生的年度对话《中国广播影视发展新起点》,黄勇先生的《论新中国60年广播电视的发展道路》,吴学夫、黄升民先生的《大国图腾——承载60年国家理想的家国图像》(新中国成立60周年),黄式宪先生的《关于近30年中国电视剧在美学建构上的断想》,周星先生的《改革开放30年中国电视剧发展要评》(改革开放30年)都是这些重要时间节点上的整体性描述的代表性篇章。

在专业层面上,也有一些重要时间节点被我们关注,如"春晚"30年、中国电视民生新闻10周年、《今日说法》10周年、《论道》3周年、央视纪录频道元年、江苏卫视品牌定位升级元年等,在这些时间节点上,来自政府、业界、学界不少领导、专家、学者发表了有时效性、针对性、启示性的文字,他们是原国家广播电影电视部副部长刘习良先生,原商务部副部长、中国加入世贸首席谈判代表龙永图先生,电视学界老前辈朱羽君、高鑫、王伟国先生,业界领军人物周莉、景志刚先生,学界重量级学者王一川、尹鸿、喻国明、俞虹、孟建、李幸、时统宇、丁亚平、丁俊杰、张同道先生等。

其次,回应现实需求。不论是国家战略层面,还是传媒业界与学界,过去几年面临的形势与背景或许都离不开全球化、媒介融合与公共服务日渐深入的现实。如何理解这几个重要现实背景?如何在全球化语境下走出有中国特色的道路?如何应对媒介融合的不可阻挡的态势?如何在新的媒介与社会环境下,调整与完善公共服务的领域与空间?作者们给出了令人关注与期待的解答。

如关于全球化命题的研究,有如下大作:黄会林先生的《"第三极电影文化"构想》,叶皓先生的《公共外交与国际传播》,陈圣来先生的《文化强国与中美之梦》,贾磊磊先生的《全球化语境中的跨文化传播——论非文字类文化符号的传播效应》,张国良先生的《沟通与和谐:汉语全球传播的渠道与策略研究》,荆学民先生的《全球化背景下中国政治传播主体意识研究》,夏骏先生的《在文明较量的时间差中坚守——中国电视走向世界的宏观命题探讨》。

而关于全球化语境下的中国传播学发展问题的研究,也有不少探讨值得关注,如胡正荣先生等的《跨学科视野中的中国跨文化传播研究:进程与问题》,陈卫星先生的《关于中国传播学的本体性反思》,胡翼青先生的《传播研究本土化路径的迷失——对"西方理论中国经验"二元框架的历史反思》,刘海龙先生的《传播研究的两个维度》等。

关于媒介融合的研究,有如下大作:朱虹先生的《中国数字电影的现状与发展战略》,黄勇先生的《论中国广电在"三网融合"新阶段的战略方位》,庞井君先生的《媒介融合背景下的中国广播影视产业发展的思考》,李良荣先生等的《互联网与大众政治的勃兴——新传播革命研究》系列,王武录先生的《报业全媒体发展研究》,熊澄宇先生的《对新媒体未来的思考》,黄升民先生等的《三网融合:构建中国式"媒信"新业态》,彭吉象先生的《数字技术时代的影视美学》,王甫先生等的《我国3D电视发展现状、困境及对策探析》,石长顺先生的《中国报业的iPad生存》,刘德寰先生的《手机互联网的数字鸿沟》,张红军先生的《中国电视剧的网络化生存》等。

关于公共服务的研究,特别是新媒体快速发展带来的公共领域、公共空间及相关社会治理方面则有如下大作:邵培仁先生等的《信息低保——构建信息公平社会的基本保障》,段京肃先生的《乡村媒介、媒介乡村和社会发展——关于大众传播媒介与中国乡村的几个概念》,袁军先生等的《突发性公共事件与政府形象修复策略研究》,廖祥忠先生等的《论"电子大字报"的传播特点、社会危害及应对之策》,胡泳先生的《在互联网上营造公共领域》,方兴东先生等的《微信传播机制与治理研究》,谭天先生的《论社交媒体的关系转换》,何志武先生的《网路民意与公共政策的"民间智库"》,许加彪先生的《风险社会下中国环境安全的信息公开:新型媒介生态中政府与社会的互动》等。

不论是全球化、媒介融合抑或公共服务研究,上述文字都以强烈的社会关怀回应了我们传媒理论与实践的现实发展需求。

再次,回应理论创新。近五年老中青几代学者都以饱满的激情与理性的思考,贡献出不少理论创新成果。

关于新闻改革的研究,有童兵先生的《"五四"精神与新时期新闻改革》,叶皓先生的《从宣传到传播:新时期宣传工作创新趋势》,喻国明先生等的《中国媒介规制的发展、问题与未来方向》,高晓虹先生等的《美国电视竞争格局及其策略借鉴》,涂光晋先生等的《从"党的耳目喉舌"到"公众话语平台"——"人民网"意见表达与整合研究》,曹劲松先生的《政府新闻传播中的形象设计与塑造》,徐舫州先生等的《我国跨地域跨媒体传播发展研究》等大作。

关于舆情监控与舆论监督的研究,有范以锦先生等的《舆论监督与社会政治生态环境》,罗以澄先生等的《"爆吧"集体行动中公民参与表达的实现与规制——以"69圣战"事件为例》,吴廷俊先生的《新媒体时代中国舆论监督的新议题:网络揭黑》,柯惠新先生等的《重大事件舆情监测指标体系与预警分析模型的再探讨》,杜骏飞先生的《绿坝事件:信息如何成为权力政治》,顾理平先生的《论虚拟人群的叛逆性行为》等大作。

关于传播伦理问题的研究,有杨先顺先生等的《网络传播的后现代伦理审思》,杨保军先生的《新闻道德:在职业个体与媒体组织之间》,蒋建国先生的《消费主义文化传播、仪式缺失与社会信仰危机》,龙耘先生等的《中国媒介治理中的泛道德主义》,孙宜君先生等的《论新媒体语境下跨文化传播伦理困境与建构原则》等大作。

关于广播影视艺术发展问题的研究,有高鑫先生的《技术美学研究》,王伟国先生的《摄影机书写电视剧本体真实》,张晶先生的《传媒艺术的审美属性》,颜纯钧先生的《蒙太奇美学新论》,李亦中先生的《中国式大片的传播与接受》,杨乘虎先生的《中国电视节目创新问题研究》系列等大作。

关于新闻传播与传媒艺术相关学科建设问题的研究,有李良荣先生等的《从"小新闻"走向"大传播"——新闻传播学学科建设和科研新取向》,丁柏铨先生的《论新闻学的学科影响力》,欧阳宏生先生的《论电视艺术的学理重构》,石长顺先生的《电视学理论体系建构路径、方法与模式》,谢鼎新先生的《广播电视学科研究演变的三种范式》,张林、杜彩先生的《光环境设计学科建设构想》等大作。

关于媒介评价评估模式创新问题的研究,有丁俊杰、张树庭先生的《视网融合背景下的电视节目影响力评估体系创新初探》,刘燕南先生的《统一与融合:省级卫视综合评估体系探析》,李德刚、李岭涛先生的《理论创新与实践价值:互联网时代电视评价体系的建构》等大作。

关于媒介生存状态问题的研究,有张志安先生的《媒介环境与组织控制——调查记者的媒介角色认知与影响因素》,夏倩芳先生的《"挣工分"的政治:绩效制度下的产品、劳动与新闻人》等大作。

还有一些学者潜心多年,深入探究,推出新作。如赵玉明先生关于江西苏区口语广播,倪延年先生关于民国史研究的视角、难点、原则,周鸿铎先生关于传媒经济发展历程,雷跃捷先生关于广电媒体公信力的受众认知,刘京林先生关于传播心理,杨燕先生关于戏曲传播,舒咏平先生关于广告公信力评估,申启武先生的广播研究等。

还有一些学者或关注前沿,或独辟蹊径,贡献出全新的视角、领域与方法。如朱羽君先生等关于美国大选报道策略,朱虹、尹鸿等先生关于制播分离,喻国明、葛岩先生关于认知神经学用于传播研究,芮必峰先生关于"学习运动",张君昌先生关于"慢运动传播",闵惠泉先生关于新媒体的哲学思考,刘利群先生关于媒介与女性,隋岩先生关于传播符号,钟瑛、匡文波、沈浩等先生关于大数据,王四新先生关于"表达自由",支庭荣先生关于传媒管理等。

此外,来自美国的丹·席勒、斯蒂芬,芬兰的卡拉,加拿大的赵月枝,中国台湾的郑贞铭等著名学者分别对互联网的政治经济学、社交媒体、世界传播秩序、中国传播学研究、资讯社会等领域发表了各自的高论。

收入本套文丛的一册《年度对话》虽然与其他各册在时间节点和体例上略有不同,但在回应时代呼唤、回应现实需求、回应理论创新几个方面,与其他几册的立意完全一致,所以此次也编进文丛之中。"年度对话"是从2004年启动的特别策划,每年开年第一期,由本人代表《现代传播》,邀请在业界有重要影响的领军人物或专家,就过去一年传媒发展的成就与问题做一扫描,也对未来一年走势进行预测,给予展望。来自国家广电总局、中国文联、中国社会科学院、中央电视台、中国国际广播电台、中央新影集团、凤凰卫视等传媒管理机构和运行机构的相关领导、专家应邀前来担任对话嘉宾,留下了影响很大的十多个年度对话,成为存留传媒发展进程的重要记录。先后参加年度对话的嘉宾有刘春、汪文斌、王甫、吴涛、梁晓涛、靳智伟、高峰、徐舫州、朱虹、王云鹏、时统宇、仲呈祥、刘文、苗棣、高长力、方兴东等先生。

在本套文丛即将推出之际,我代表编辑部对文章入选本套丛书的各位学者,以及《现代传播》的其他作者多年来对刊物的大力支持表示诚挚的感谢!

本套文丛也是《现代传播》自身历史发展的重要记忆留存。1998年为纪念《现代传播》即将创刊20周年,由1991~1997年间担任学报负责人的朱光烈先生创意并作为总主编,推出了3卷本的第一套"《现代传播》文丛",分别是:《生存之镜》(姜依文主编),《尴尬与超越》(李立主编),《走近神圣》(闵惠泉主编)。2008年由本人作为总主编,我们又推出1998~2008的第二套"《现代传播》文丛"。这第二套文丛就基本上按照十年间相对比较稳定的专栏为单位,进行文章的选编,分别是:《新闻学十年(1998~2008):多元与分化》(张毓强主编),《传播学十年(1998~2008):阐释与建构》(张毓强主编),《传播文化:全球化与本土化》(张国涛主编),《传媒观察:危机与转机》(张国涛主编),《传播艺术与艺术传播》(李立主编),《媒介经营管理的理念与实践》(潘可武主编),《中国传媒经典个案(1998~2008)》(赵均主编),《广播电视名家访谈》(杨乘虎主编)。近五年来,《现代传播》保持了2006年入选教育部"高校哲学社会科学名刊建设工程"之后的良好状态,连续多年被评为"全国高校社科名刊",并入选"国家社科基金资助期刊"。本文丛的编纂也是对这些鼓励的汇报吧!

令我特别高兴的是,经过这些年的历练,我们《现代传播》编辑部这支编辑队伍茁壮成长,逐渐成熟起来!这就是本套文丛各卷主编,我们《现代传播》编辑部团队的主要成员:李立、赵均、张国涛、潘可武、张毓强(特约)、刘俊老师,以及我们的编务张惠云老师,还有长期为我们刊物做版式设计的特约美编卜希霆老师、做英文翻译的麻争旗老师,都默默地为刊物作出了不可磨灭的贡献,在文丛即将推出之时,我要向他们表示诚挚的感谢!

  本套文丛的编辑基于《现代传播》这份期刊,而这份期刊的发展离不开中宣部、教育部、国家新闻出版广电总局、北京市新闻出版局等上级领导机构的大力支持,尤其是中宣部国家社科规划办、教育部社科司、广电总局宣管司、《新华文摘》杂志社等单位的多年厚爱,离不开全国高等学校文科学报研究会、北京市社会科学学报研究会等的热心帮助,更离不开中国传媒大学党委与行政的正确领导和着力扶持!在此,我要代表编辑部向长期关心、支持、鼓励我们的上级领导部门、兄弟期刊和学校表示诚挚的感谢!

  最后我还要向中国传媒大学出版社领导,特别是李水仙老师为本套文丛顺利出版所付出的辛勤劳动表示诚挚的感谢!

  是为序。

2015年2月1日凌晨于波士顿

# 作者简介

**叶 皓** 1957年9月生。博士。曾任中共南京市委常委、市委宣传部长,外交部港澳台司副司长(正局级),现任中华人民共和国驻阿尔巴尼亚大使;南京大学政府新闻学研究所名誉所长,南京大学特聘教授,研究生导师。1982年获得南京大学历史学学士学位;1989年获得武汉大学行政管理专业研究生学历,法学硕士学位;2005年获得南京大学政治学理论专业研究生学历,法学博士学位。

**朱 虹** 男,1957年9月出生,湖北洪湖人,法学博士。1975年至1977年,湖北省江陵县插队;1978年至1982年,华中师范大学学习;1982年至1992年,华中师范大学教师(其间获硕士、博士学位,赴英任高级访问学者);1992年至2001年,中共中央办公厅调研室工作,历任研究员,宣传组副组长、组长;2001年至2010年,历任国家广电总局办公厅主任、新闻发言人(2007年6月至2008年10月任北京奥组委副秘书长兼开闭幕式工作部副部长);2010年10月至今,任江西省人民政府副省长,党组成员。

**李德刚** 博士,副教授。毕业于清华大学新闻与传播学院,德国科隆大学访问学者。现任国家新媒体产业基地副总经理、北京华商创意中心总经理。曾任北京师范大学传媒与教育研究中心常务副主任,教育基本理论研究院党支部书记,《中国教师》杂志社副社长、副主编。

**黄 勇** 国家广播电影电视总局原副总编辑,广播影视发展研究中心原主任,二级研究员。北京广播学院(现中国传媒大学)新闻系和中共中央党校进修班第16期毕业。曾主持创建广播影视发展研究中心,领导和组织完成广播影视重要研究项目40余项,主持创立《中国广播电影电视发展报告》并任2006~2009年前四部的主编。

曾先后被国家行政学院、中国传媒大学、中国人民大学、南京大学、上海大学、浙江传媒学院和教育部语言应用研究所等机构聘为兼职(客座)教授、研究员、专家顾问。现任中国广播电视协会常务理事、学术委员会执行副主任,国家语言文字工作委员会咨询委员会委员,北京中国传媒大学校友会会长。

**李岭涛** 北京广播学院文学硕士,北京大学工商管理硕士(MBA),中国传媒大学传媒经济学博士。高级编辑,北京电视台副台长、中央民族大学和中央戏剧学院硕士生导师、中国传媒大学MBA和MFA实践导师。先后获享受国务院政府特殊津贴专家、全国十佳广播电视理论人才、北京电视十佳工作者等殊荣。

**喻国明** 1989年毕业于中国人民大学新闻系,获博士学位。现任中国人民大学新闻学院副院长、中国人民大学舆论研究所所长,博士生导师。同时兼任中国传媒经济与管理学会会长、中国传播学会副会长、《中国传媒发展指数(蓝皮书)》主编、《中国社会舆情年度报告(蓝皮书)》主编等。

主要研究领域有:新闻传播理论、舆论学、传媒经济与社会发展、传播学研究方法。出版学术著作23部,发表学术论文和调研报告400余篇。

## 作者简介

**黄升民** 中国传媒大学广告学院院长、教授、博士生导师,国务院新闻传播学科评议组成员,中国广告协会学术委员会常务委员,中国广告主协会专家委员会常务委员。《媒介》杂志总编、《市场观察—广告主》杂志总编。

1978 年至 1982 年,就读于北京广播学院新闻系编采专业。1982 年毕业分配到中央电视台专题部工作。1986 年到日本自费留学,主攻传播学、广告学、媒介产业等,1989 年 4 月毕业于日本一桥大学研究生院,获社会学硕士学位。1990 年底回国,在北京广播学院任教。

**夏 骏** 资深电视编导、制片人、文化传媒学者。现任华人文化集团董事局执行主席、科影中视影视制作中心总编辑、中视星云文化传媒有限公司董事长。历任中央电视台《新闻调查》制片人、《中华遗产》杂志社主编、2010 年上海世博会顾问等。

在 20 多年电视制作历程中,主持摄制了数十部电视作品。主要有大型电视系列片《河殇》《东方》《中国农民》《改革开放 20 年》《解读上海》《居住改变中国》《大海湾》《蜀道》《川魂》《支点》《汉江》《读书的力量》等,获国内外奖数十项。

**徐舫州** 中国传媒大学新闻传播学部电视学院教授、博士生导师,电视文化研究所所长。央视、北京卫视特约专家;参与央视、凤凰卫视和各省市电视台多个栏目或频道的策划工作,如《新闻调查》《经济半小时》《夕阳红》《文化视点》《鲁豫有约》等。

曾担任中国大众电视金鹰奖评委和电视法制节目、经济节目、体育节目全国奖的评委。2007 年获第三届全国"十优百佳"理论人才称号。

**朱剑飞** 华南理工大学新闻与传播学院副院长、教授,全国"百优"广播电视理论工作者。主要从事传播规律、新闻执政、经营管理以及新媒体平台化、集成化发展等重要理论课题的研究与教学,直接参与传媒业内大型活动及重大电视理论文献片的策划、组织与制作;擅长策划及决策领域的项目研究课题。

个人专著有《中国传媒改革启示录》《当代传媒管理研究》等,近十年来先后在《中国广播电视学刊》《现代传播》《南方电视学刊》《视听界》等刊物上发表逾五十篇学术论文。

**问永刚** 中国网络电视台(央视网)副总经理。历任中央电视台记者、主编、制片人、策划推广部主任,北京科学教育电影制片厂厂长助理。曾执导多部获奖纪录片。创办中央电视台品牌栏目《大家》。策划、组织大型文化创意活动《玄奘之路》。参与筹办中央电视台手机电视、网络电视、IP电视等新媒体业务。在《中国广播电视学刊》《现代传播》《电视研究》《南方电视学刊》发表多篇论文。

**王 甫** 法学博士,中国传媒大学电视与新闻学院博士生导师,中国电视艺术家协会理论研究会副会长,北京大学电视研究中心研究员,中国广播电视协会专家委员会成员,全国首届十佳广播电视理论工作者之一。先后在新华通讯社、《中国日报》、中央电视台从事新闻报道和理论研究工作,曾任中央电视台研究室主任、《电视研究》副主编、中国广播电视音像资料馆副馆长。

**庞井君** 哲学博士,研究员。现任中国文联理论研究室主任、中国文联文艺评论中心主任、中国文艺评论家协会副主席兼秘书长,中国人学学会理事。曾任国家新闻出版广电总局发展研究中心主任、改革办副主任,四川省甘孜藏族自治州州委常委、副州长,中央党校教务部研究室副主任等职。

**李向阳** 历任中共淮阴市委常委、组织部部长,江苏省广播电视厅副厅长,兼江苏人民广播电台台长,江苏省广播电视局巡视员。2001年11月被中广协会评为首届十佳理论工作者。2002年退休。

曾在《现代传播》《中国广播电视学刊》《视听界》《南方电视学刊》等学术刊物上发表有关新闻传播体制改革的多篇文章。

**吴　锋**　1977年生,新闻传播学博士,主要从事传媒经营管理、数字媒体、舆情监测等问题研究。江南大学数字媒体学院学术带头人,江南大学首批"至善青年学者"计划入选人,报刊发行研究所所长,传媒与文化产业研究中心主任。

主持国家社科基金1项,省部级项目6项,出版专著和教材各1部;在《现代传播》《编辑学报》《出版发行研究》《新闻记者》等专业期刊发表论文30余篇,人大复印资料《新闻与传播》全文转载5篇。

**屠忠俊**　华中科技大学新闻与传播学院教授,博士生导师。主要从事新闻事业经营管理的议程建设及教学、科研工作。承担"七五"期间国家哲学社会科学重点科研课题《新闻事业与现代化建设》中的《报业经营原理》子课题的科研任务,著有新中国成立以来我国第一部报业经营管理方面的学术专著《报业经营管理》。在《新闻与传播研究》《新闻大学》等杂志上发表学术论文40多篇。

**严三九**　华东师范大学传播学院院长,教授,博士生导师。华东师范大学学位委员会委员,教育部新闻传播学类专业教学指导委员会委员,上海市新闻传播学学科组召集人,上海市新闻传播学类专业教学指导委员会副主任委员。撰写120多万字的新闻稿件,有丰富的新闻传播实践经验;出版著作8部,发表论文60多篇;承担、完成省部级以上课题6项,获得省部级以上奖励3项。

**刘燕南**　中国传媒大学传播研究院教授、受众研究中心主任、应用传播学和应用舆论学专业博士生导师。主要从事受众研究、视听率分析、网络舆情等方面的教研工作,主持和参与包括国家哲学社科在内的20余项研究课题。出版《电视收视率解析》《大众传播研究:现代方法与应用》《台湾报业争战纵横》《电视传播研究方法》《受众研究》《美国商业电视的竞争》《国际传播受众研究》等多部著作、译作及60余篇论文。其中,《电视收视率解析》系国内第一本系统研究收视率问题的专著,2001年荣获国家广电总局高校科研成果一等奖。《电视传播研究方法》2005年获北京市高校精品教材奖。

# 目录

从宣传到传播：新时期宣传工作创新趋势　　　　　　　　　　　　叶　皓 / 1
关于推进广播电视制播分离改革的若干思考　　　　　　　朱　虹　黎　刚 / 18
理论创新与实践价值：互联网时代电视评价体系的建构　　李德刚　李岭涛 / 29
论新中国六十年广播电视的发展道路　　　　　　　　　　　　　　黄　勇 / 38
中国媒介规制的发展、问题与未来方向　　　　　　　　　喻国明　苏林森 / 48
三网融合：构建中国式"媒信产业"新业态　　　　　　　　　　　　黄升民 / 63
在文明较量的时间差中坚守
　　——中国电视走向世界的宏观命题探讨　　　　　　　　　　　夏　骏 / 72
我国跨地域跨媒体传播发展研究　　　　　　　　　　　　徐舫州　张静滨 / 80
论中国广电在"三网融合"新阶段的战略方位　　　　　　　　　　黄　勇 / 94
中国数字电影的现状与发展战略　　　　　　　　　　　　　　　　朱　虹 / 103
三网融合下的"全媒体营销"建构　　　　　　　　　　　　黄升民　刘　珊 / 116
事业单位改革路线图对中国广电业的昭示　　　　　　　朱剑飞　秦空万里 / 133
论报业全媒体发展　　　　　　　　　中国传媒大学党报党刊研究中心课题组 / 146
竞争与整合：当前新媒体环境下电视发展路径分析　　　　问永刚　邢立双 / 158
我国3D电视发展现状、困境及对策探析　　　　　　　　　王　甫　李其芳 / 166
媒介融合背景下中国广播影视产业发展的思考　　　　　　　　　　庞井君 / 175
论政治文明与媒体权利　　　　　　　　　　　　　　　　　　　　李向阳 / 194

我国新闻出版与广电业行政管理体制改革的回顾与前瞻
　　——2013年"署局合并"之透视　　　　　　　　吴　锋　屠忠俊 / 213
2013年全球新媒体发展态势探析　　　　　　　　　严三九　刘　峰 / 224
统一与融合：省级卫视综合评估体系探析　　　　　　　　刘燕南 / 240
后　记　　　　　　　　　　　　　　　　　　　　　　　　 / 250

# 从宣传到传播:新时期宣传工作创新趋势*

◆ 叶 皓

改革开放30年来,宣传工作服务中心,围绕大局,为改革发展稳定和推进社会主义现代化建设作出了重大贡献。与此同时,宣传工作在改革中不断前进,在创新中不断发展,表现出了新的活力。很多人已经留意到一个细微的变化:无论是在人民网的中国共产党新闻页面,还是在中央人民政府网站,"宣传"对应的英文单词均已采用 publicity 的译法,而不是过去常见的 propaganda。尽管这两个词汇在英语中都可以用来表示"宣传",但 publicity 一词更加强调"公开"、"公之于众",且和"公意"、"公众利益"等衍生含义紧密联系在一起[①]。这一小小的措辞变化,既折射出了长期以来我们的宣传工作以人为本、服务群众的根本宗旨,也从一个侧面反映了新时期宣传工作改革创新、与时俱进的时代特征。

## 一、理念从宣传走向传播

什么是宣传?列宁的定义是,为影响受过教育的人们而合理地使用论据(而用"鼓动"的概念专指向未受过教育的大众进行感性的号召)。《牛津大辞典》将宣传解释为"有关当事人对于信息和思想的系统性传播,尤指为鼓励或灌输一种特定的态度和反应的具有倾向的传播"。英美社会科学权威指南《布莱克威尔政治学百科全书》则把宣传定义为:为按照既定方向改变人的态度和行为而对各种象征性符号进行的精心操纵。可见,虽然对宣传的定义有所不同,但一个共识就是,宣传最重

---

\* 原载于《现代传播》2009年第1期。

要的目的是主动影响意见②。

值得深思的是,宣传一词的来源及其含义在近几十年来的变化。宣传一词源于拉丁文,意思是"必须被散布的事物",这本身是一个中性的词汇,主要是指宗教教派各自的布道行为。在16世纪英语传入之后,其词性也很稳定。直到20世纪初,宣传都一直被理解为"对有利于既定动机的信息散布"。比如,一战时英国的宣传政策委员会就被命名为Propaganda Policy Committee。但是,第二次世界大战之后,宣传一词在西方社会逐渐转变为贬义。究其原因,主要在于纳粹德国公开承认使用了大量和空前的宣传手法。史料记载,希特勒在一次世界大战期间,对英美宣传瓦解德军士气、引发1918年德军内乱的作用刻骨铭心③。1933年希特勒上台之后,德国的"公共教化与宣传部"在戈培尔的指挥下,把鼓吹德意志民族、蛊惑战争的纳粹宣传发挥到了极致。二战之后,宣传一词又和美苏冷战进一步挂钩。正因为此,才导致了西方社会对这个词的普遍憎恶。在这个背景下,英语中的propaganda一词终于演变成为不折不扣的贬义词。比如,代表着当代大众认知水平的"微软电子百科全书"干脆把宣传说成"欺骗性和误导性的系统化信息传递"。从此,宣传一词逐渐被传播一词所替代。

尽管西方在二战之后普遍认为宣传这个词是贬义的,但欧美学界无不指出宣传的本质和当代西方社会的政府传播行为仍是相通的。以美国为例,表面上看纯粹的政府宣传行为是不被法律支持的。比如,联邦法案关于政府公关行为的3107款规定,除有特殊需要,联邦经费不得用于支付给公关专家。同时,美国政府拨款法的"公开与宣传"条款规定"非经国会同意,资金不得用于公关宣传使用"④。但实际上,没有任何部门来监督联邦机构的公关行为。2005年美国财政部呈交国会报告中就清楚地指出⑤,因为没法把宣传和政府信息公开区别开,所以这两款法律基本是属于摆设。从某种意义上看,避免使用"宣传"这个词汇本身就是一种政治宣传行为,意在民众心目中减少政府行为的操纵色彩。这种"去字面化"的宣传策略,维基百科里称之为"移情"(transfer),也即联系或者消除一个概念在大众心目中的正面或负面印象。其他的宣传手段,例如预制新闻,则在伊拉克战争、科索沃战争、阿富汗战争中展示得淋漓尽致。2006年美国国防部在媒体的追问下不得不承认,在伊拉克战争中确实采取了钳制新闻、雇佣匿名枪手写作的策略,不少信息都出自一个子虚乌有的组织"国际信息中心"⑥。甚至,最近的畅销书《喀布尔书商》和《追风筝的人》都成为美国政府借助来自于阿富汗本土和民间声音,借助文学的形式为反恐造势的工具。

和宣传一样,传播的定义也很多。综合中外学界政界关于传播的定义,就是信息和意见的传导和双向互动⑦。尽管传播和宣传一样着眼于让受众接受一种观念或者得到一份信息,但毫无疑问,传播更加强调要通过受众喜闻乐见、易于理解和潜移默化的有效方式来进行。因此,本质上说,我们认为传播是一种"有效宣传"。这里之所以使用"传播"这个概念,其目的并不在于从学术角度对宣传与传播进行区分,而是强调:"传播"无论从内涵、外延还是词性上,都能够更准确地概括新时期宣传工作以人为本、务求实效的特征。同时,我们也不赞同西方学界对"宣传"一词的否定。这是因为,现代社会的一切传播都具有宣传的特点,只是程度不同、水平各异。这一点,前文引述的当代英美国家的宣传案例就是明证,也正如《布莱克威尔政治学百科全书》所指出的:随着居民人口对大众传播的反应日趋复杂,西方社会的宣传技艺也不得不越来越精巧微妙,以避免带有"宣传"的色彩。这种"精巧"的技术,归根到底就是:听起来、看起来不像是宣传的宣传,才是最有效的宣传。

当然,传播与宣传是有区别的,主要体现在六个方面:(1)宣传关心主体,传播关心受众。传统的宣传工作从政府主体出发,关心的是如何传达政府的主张,因此宣传者往往想的是"我要说什么";而传播则强调受众,善于把政府的主张和老百姓对于信息的需求以及公众知情权统一起来,因此传播者除了清楚"我要说什么",更要认识到社会和受众"我要听什么"、"我想听什么"。(2)宣传偏重单向,传播偏重双向。宣传往往强调单向的、由上至下的、"灌输—接受"关系,是"我说你听";而传播侧重双向的、互动的、"发布—沟通—反馈"关系,这样的互动关系能使传播者既清楚"我要说什么",也了解受众"要我说什么",因此强调使用更多的策略来"说好"。(3)宣传侧重直接,传播侧重间接。宣传强调直接把什么是对、什么是错的观点灌输给受众,试图发挥直接教化的作用,其特点往往是"居高临下"和"直截了当";而传播更善于运用多元化的渠道和技巧,特别强调以讲述故事、提供服务的方式来发布信息、传达观点,避免直接的说教和过度宣传的负面效果,其特点是"寓教于乐"和"娓娓道来"。(4)宣传强调覆盖,传播强调渗透。宣传强调信息和观点的传递数量,要求做到一个声音到处都有、无时不在、反复出现,其特点往往是"铺天盖地"和"滔滔不绝";而传播则更为关心信息和观念直达人心的程度和效果,更强调适度性、有效性,主张通过微妙、渗透性和因地制宜、因人制宜的方法来进行,其特色在于"有的放矢"和"润物无声"。(5)宣传具有刚性,传播兼有柔性。伴随着宣传的潜台词往往是强化一种观念或者用一种新观念取代旧观念,因此宣传经常伴随着投枪匕首式的风格,强调"非黑即白";而传播虽同样有明确的价值体系,却能够用更为柔和的多元化的话语体系来表达一元化的观点,倡导和谐、宽容、大度的风格,避免斗争哲学,体现"柔中见刚"。(6)宣传重视信息筛选,传播重视信息公开。宣传往往主张对信息进行筛选,特别是只报好的、正面的,不报问题和负面的。而传播则重视信息的公开和及时,主张不论是正面的还是负面的,都应该从满足知情权出发及时加以报道,通过新闻议程来引导舆论。

从近来我们宣传工作的发展趋势来看,传播的特征越来越明显。在理论学习方面,我们过去强调的是灌输,但现在则是通过改革开放以来取得的伟大成就让人们发自内心地认同中国特色的社会主义理论体系和核心价值观,进而武装头脑、指导行动。在舆论引导方面,我们过去往往把新闻当作是宣传,只报道成就、不报道问题,重视宣传的广度和强度、忽视宣传的深度和效度,特别是突发事件信息不公开,强调控制媒体,结果事与愿违,现在则尊重新闻规律,信息及时公开,满足老百姓的知情权。在文化工作方面,我们过去把文化当作事业,由政府大包大揽,结果文化做不大、做不强。现在我们把文化区分为事业和产业两大块,大力发展文化产业,充分发挥文化产业在传播先进文化方面的放大倍增效应。在文明创建方面,过去是"要我创",而现在是"我要创",通过文明创建给老百姓带来实惠,让老百姓切身感受到文明创建是提高老百姓生活质量和自身素质的有效载体,充分发挥创建工作与文化人的作用。

## 二、立足点从"以我为主"走向"以人为本"

新时期宣传工作的立足点越来越从"以我为主"向"以人为本"转变。今年"两会"期间,主流媒体的报道充分体现了"以人为本",突出报道基层代表委员的心声,把更多的版面、更多的时段、更多的镜头留给了代表委员⑧。《人民日报》统筹领导人活动报道和基层代表委员报道,从3月3日至12日,近60位代表委员在《人民日报》头版亮相。省部级领导发言由小通讯变短言论,由谈工作变谈观点。央视第一次使普通百姓"插话"代表讨论,《见证履职 共商国是》开创性地打造了一个公众全过程实时见证并真实参与代表履职过程的电视平台。新华网则着力推出对近200名农民工代表、居委会主任、大学生村官等来自基层的代表委员的访谈。同样,地方媒体在宣传工作"以人为本"方面也取得了长足的进步。这种变化,既是党的宗旨所决定的,也适应了政府职能转变和受众选择性的要求。

第一,党的宗旨所决定。为人民服务是我党的根本宗旨。因此,以人为本、服务人民群众,必然是宣传工作最根本的立足点。以人为本的基本含义是对人在社会历史发展中的主体作用与地位的肯定,其本质,就是为人民服务在价值取向、思维方式和工作标准上的具体化。作为一种价值取向,它强调宣传工作中必须尊重人、解放人、依靠人和为了人;作为一种思维方式,它要求宣传工作中既要坚持历史的、宏观的尺度,也要坚持人的尺度、微观的尺度;作为一种工作标准,它强调以广大群众满意不满意、喜欢不喜欢、接受不接受作为衡量宣传有效度的第一要素。在以往的宣传工作中,尽管我们一直以为人民服务为宗旨,但在如何把服务宗旨具体化方面思考得不多、落实得不透,因此往往不能把核心价值体系的传播与个体价值、个体实现有机结合起来。而在近年来的宣传工作中,则把为人民服务的宗旨进一步具体化。

第二,政府职能转变的要求。作为执行主体,政府的角色定位在改革开放以来发生了重要的变化。学者指出,为了与新中国成立初期的政府职能和任务相适应,相当长一段时间以来,我们强调的是政府作为一种凌驾社会之上的力量,忽视公共行政的服务性,忽视社会公众对行政行为的导向性,忽视社会对"行政管理"的制约与监督,忽视公共责任机制⑨。因此,新中国成立以来的政府管理,实际上就是政府一元的权力行政,是一种较为典型的"统治"(government)而非"治理"(governance)。具体而言,"统治"更多地关注意识形态,其权威则必定是政府,其权力方向总是自上而下⑩。在这种体制下,宣传工作理所当然以政府为主体,政府想说什么就说什么,政府说什么民众就得听什么。随着我国行政体制改革的不断深化,全能政府已逐渐走向公共"治理"。所谓"治理",其特点在于社会管理主体的多元化,意味着一系列来自政府,但又不限于政府的社会公共机构和行为者;意味着办好公共事务的能力并不仅限于政府的权力,不限于政府发号施令或运用权威⑪。这样,过去那种"以我为主"的宣传,那种强调单向、直接、教导而忽视服务的传统方式,已不能适应新时期的政府职能。既然政府进一步强调以民为本、执政为民,宣传工作必然也要适应这一转变,越来越注重满足人民群众的知情权,越来越注重人民群众的认知度。

第三,受众的选择性使然。在当代社会,信息传递者和接受者的关系并非是传统的主体、客体关系,而是在同一个信息传播系统中的相互依存和相互作用的两个主体,也有学者称之为"主体间性"[12]。这个主体间性的一个非常重要的表达形式,就是受众接受宣传具有选择性。比如,美国学者约瑟夫·克拉珀提出,受众一般只注意那些与自己的欣赏习惯、观点相符合的或相一致的内容,对不符合的消息则加以回避或拒绝;同时,受众只记住了那些与自己观点、风格、品位相一致的内容。也就是说,观众、听众会选择自己喜欢和认同的媒体、信息来源和信息内容。这种选择性心理,在很大程度上决定了宣传的效果实际上依赖于受众本身。如果宣传的载体、内容不被受众所选择,那么宣传工作就是事倍功半。在西方,这一"选择"的历程从60到80年代开始。从我国实践看,90年代末开始,部分受众对传统和主流宣传平台表达出千人一面、言之无味等感受。虽然这些观点并不客观或者夹杂了个人情绪,但也在一定程度上反映了传统宣传工作在以人为本方面的不足。特别是,过去的宣传主体仅有政府,而随着互联网、卫星电视等媒体的介入,单一主体的宣传局面已经不可能再现。那么,不被受众选择就意味着其他的宣传主体"乘虚而入"。如果说过去的宣传工作还可以"不理会"这种选择性,今天的宣传媒体则不得不以吸引受众为要务。这正是促成宣传工作立足点从"以我为主"转向"以人为本"的一个"拉动因素"。打开我们的媒体,这种受众特征越来越明显,不管是报纸电视还是互联网,各类媒体都在立足自己的受众群体,从受众需求出发来办出节目特色,从而吸引和影响受众、巩固和强化受众,提高传播的水平和效果。

### 三、载体从传统媒体走向新兴媒体

电视、电台、报纸是传统宣传工作的主要载体。但是,随着以互联网为代表的新媒体的出现,宣传工作载体已经发生了重要而深刻的变化。

第一,网络媒体引发主流媒体格局调整。目前,我国已成为网民数量第一大国。截至2008年年底,我国网民已达2.98亿,排名世界第一。在互联网兴起之初,网络的受众主要是白领,也即受教育程度和经济收入较高的年轻人。但是随着网络普及程度的不断提高,目前网络受众总体结构和特征出现了新的趋势,这就是:受众结构大众化、多元化。网络受众的性别比例趋于平衡,网络受众的教育程度呈低学历化趋势,网络受众的行业分布渐趋平衡。到2008年上半年,高中学历的网民比例占到39%,网民中女性比例上升到46.4%。而对上网目的的调查发现,上网寻求新闻信息是最主要的目的。网络新闻使用率达81.5%,用户规模达到2.06亿人[⑬]。这些变化,都标志着互联网已经成为新闻传播领域中影响巨大的、最具发展潜力的主流媒体。

第二,网络媒体导致宣传客体主体化。也就是说,在特定的社会背景和技术条件之下,受众本身突然具备了宣传能力,因此不再满足于处在单纯的被动的信息接受地位。因此,受众开始发布信息和观点,并以此反向影响宣传者和宣传方式,使得双方之间的关系进一步复杂化。每一个网民,都可以成为即时性信息的发布员。而网络通过为社会提供虚拟的公共管理空间,使得自己在真实的公共管理和政治博弈中的影响因子进一步增大,甚至可以起到改变权力格局的作用,使得强势的政府官员在网络上成为"弱势群体"。特别是以国际互联网为代表的新媒体技术,实际还只是下一代"超媒体"的序曲。互联网目前只是以文字图片链接和网站之间互相链接为主,而在超媒体时代,网络上的文字和实时图像可与报纸、电视、直投杂志、手机实现全面的实时互动,受众和宣传者之间的界限将进一步被模糊。

第三,网络媒体导致宣传主客体力量的颠覆。总体上,宣传的主体和客体在处理信息能力方面的差距已经发生了逆转。过去,宣传主体、政府处理信息的能力大于社会和受众。而现在,双方在相互影响的能力上的差距正在进一步缩小,强弱对比的格局甚至在逐渐倒置过来。从理论上看,受众和宣传者在双向信息传递能力方面,实际上是一个博弈的过程,总体上呈现出一个多重均衡的态势。互联网的出现,使得受众的信息反制能力获得了质的飞跃,使得原来的平衡点失效。特别是,进入互联网时代后,受众发布信息、左右舆论能力的增长率是指数式的从无到有的过程,从单纯接受到主动发布,受众不需要任何成本就可以传递自己的观点,形成舆论压力;同时,受众发布的信息量是庞大的,因为受众数量无疑是宣传者的百万、千万倍。尽管个体的受众信息来源面很窄,但是集中到网络上则汇集成一股信息的洪流。因此,网络舆论正越来越对官方处置各类事件甚至舆论引导能力形成压力。近来的一系列网络媒体事件,例如周正龙华南虎照片事件、周久耕天价烟事件等都验证了这一点。

面对以网络为代表的新媒体,宣传工作各个领域内的传统工作方法都遭遇到一定程度的挑战。但是,它既带来"宣传能力危机",也提供了"宣传能力机遇"。近年来在这方面我们有不少突破性的成功案例。2003年SARS突袭之际,履职不久的胡锦涛总书记与温家宝总理,先后在抗疫前线首次透露自己的网民身份,由此表达与全国民众共克时艰的坚定信心。2006年的"两会"新闻发布会上,温家宝总理明确指出"中国政府支持互联网的发展和广泛的应用。作为人民的政府,应该接受群众的民主监督,也包括在网上广泛听取意见"。2008年6月,胡锦涛总书记做客人民网同网民在线交流,对网民提出的各种问题给出了朴实清晰的回应,拉近了国家最高领导人与亿万民众的心灵距离。这一事件无疑具有标志性的意义[13]。2009年"两会"的报道,中央级媒体对新媒体的覆盖和合作深度前所未有,《赵普访会》12期节目所涉话题全部来自网络和短信征集[15]。以外宣为主的《中国日报》则发挥双语手机报充新媒体、新技术的优势以及中、英文对照的特点,突出报道"两会"亮点。各级地方政府和部门对新媒体特别是网络的研究和利用正在不断加强。例如,网络评论员队伍的建设和运用网络在第一时间发布突发事件信息等,都充分利用网络的信息传播速度和先入为主的特点,有力促进了中心工作和宣传效果。

### 四、信息从严密控制走向及时公开

信息公开是执政为民和现代公共行政的必然要求,而非常态情况下特别是突发事件的舆论引导,则最能体现政府信息公开能力和水平的高低。所谓突发事件,也称为危机事件、风险事件,是指突然发生,造成或者可能造成严重社会危害,需要采取应急处置措施予以应对的自然灾害、事故灾难、公共卫生事件和社会安全事件[16]。过去,政府在处置突发事件时往往认为,为了社会的稳定,在没有调查清楚事情的真相之前,不应该随便发布与此相关的任何信息。同时,不少官员信奉的是金口玉言、言多必失的理念,因此事发之后"不愿意说"、"不主动说"、"不及时说"、"不说真话"甚至"说狠话"。最终采取的舆论引导的主要方法就是"避风头",经过反复斟酌后再通过上传下达的方式公开,或者对有关信息的发布面进行直接控制。但是,随着信息渠道与传播方式日益多样化,这种传统的处理方式已经不能适应现实的需要。

第一,"信息赈灾效应"。从国际国内突发事件舆论引导的实践来看,凡是处理得好的,都是能够在事件发生后迅速完成"信息赈灾"的。所谓"信息赈灾",就是指在除了处理好突发事件本身之外,也必须像赈灾那样及时有效地应对来自公众和媒体的"信息饥渴"。这是因为,公众渴望了解突发事件真相,媒体具有挖掘和报道的职业本能。而此时,政府作为处理事件的主体和了解信息最全面的权威,必须如同救火队一样,让客观、权威和公正的声音先入为主。相反,如果突发事件隐瞒不报,一则政府放弃了舆论引导权,二则捂而不住、欲盖弥彰,三则给谣言以传播空间、炒作空间。英国学者里杰斯特就总结出著名的危机传播"3T"原则:Tell it your own——自己来告知(而非其他组织),Tell it fast——尽快告知,Tell it all——告知全部(不加隐瞒)[17]。而在这方面,我们过去有着深刻的教训,例如北京的 SARS 和吉林大爆炸,直接导致国家卫生部部长、环保总局局长和北京市市长辞职。

第二,"黄金24小时法则"。互联网的介入使得"信息赈灾"的理念必须用最迅速的信息发布方式来实现。从全国各地的互联网传播案例来看,突发事件所引发的网络传播,往往存在一个"黄金24小时法则",也就是说,一个突发事件发生后,如果我们不能在24小时之内发布信息、引导舆论,那么就失去了主导权。不受掌控的舆论就会呈现指数式的社会扩散效应。这种现象来源于两个方面:其一是当代社会学里所谓的"社会濡染"(social contagion)或者"阀门效应"(threshold effects)[18]。也就是说,一旦信息传递的节点超过了某一个数值,其进一步扩散的速度就是一种爆炸效应,一发而不可收。其二,就是传播理论中的"舆论绑架"效应[19],亦即突发事件发生后,网民的言论在很短的时间里会迅速成为舆论热点,俗称"口水"。在不当言论和负面舆论"先发制人"的情况下,正面声音会淹没在"口水"中,正面的引导无法左右舆论。一个很典型的例子就是重庆最牛钉子户事件,由于区政府在舆论引导上"时间意识"不足,在拆迁户借助网络媒体公开这一事件后,仍然没有及时地与媒体沟通,发布政府的声音,而是由市、区两级相关部门召开会议,要求重庆各新闻单位不准到现场采访,事件的动态报道由《重庆日报》统一刊发。随着事态不断发展,拆迁户不断地在拆迁现场召开新闻发布会,形成网络扩散的大爆炸,使得当地政府此后无法掌握话语主动权。

近年来在非常态事件方面,各级政府也逐渐吸取了这类教训,取得了负面事件正面传播的效果,其中,以汶川大地震的报道最为典型。地震发生后仅18分钟,政府毫不隐瞒,迅速通过新华网向全国全世界发布消息。震后10多天,国务院新闻办每天召开新闻发布会,把地震灾情和抗震救灾信息面向全球进行实时传播,同时,组织邀请境外记者进入灾区进行报道。及时、透明、海量、有序的信息公开,不但没有干扰赈灾、影响人心,相反起到了动员社会、凝聚人心、稳定情绪和舆论监督的积极作用,获得了国内国际社会的一致好评。在借助媒体组织动员社会方面,政府通过各种公开顺畅的信息渠道,及时将所有灾情公开,让社会各界迅速了解抗震救灾前线急需的物资和其他需要;在鼓舞士气、凝聚力量方面,几百家中外媒体同时参与报道,使用了海事卫星连线、多维地形图像显示等,使整个灾区都在媒体的视野内,抢险救灾大军的事迹通过媒体全面反映,激发了人们强烈的爱心和抗震救灾的热情;在社会稳定方面,在震后通过媒体对大众进行心理辅导,缓解和稳定人们的紧张、焦虑情绪,增强克服困难的勇气和信心;在舆论监督方面,在网络曝光了一些标有民政部、救灾专用等字样的大型帐篷出现在成都非灾小区之后,纪检监察等部门立即组织展开调查;在反映民意方面,震后媒体和网络上陆续有人建议设立国家哀悼日与降半旗志哀,5月18日国务院决定2008年5月19日至21日为全国哀悼日。

汶川大地震的相关报道和宣传工作,充分体现了"信息赈灾"效应和"黄金24小时法则",且和美国学者斯特奇提出的四阶段危机传播不谋而合[20],也即在危机形成(build up)阶段,强调发布信息先入为主,以起到舆论主导的"内化"作用(internalizing);在危机进入蔓延爆发(break out)阶段时,强调信息的"指导性"(instructing),告知公众如何应对危机;当危机减退(abatement)时,强调"调适"信息(adjusting),帮助受众进行心理恢复;在最后危机结束(termination)阶段,则重归"内化",把突发事件、危机事件转化为正面形象的树立维护。诚如美国学者班克斯所强调的,有效传播不仅能减轻危机,还能给组织带来比危机前更为正面的声誉,而拙劣的危机处理则会损害组织多年建立起来的可信度、公众信心和信誉[21]。

## 五、话语从官方语言走向受众语言

什么是话语?我们一般把话语理解为"语言的形式"。福柯把话语定义为"隶属于同一的形成系统的陈述整体"[22]。话语之所以重要,是因为话语的符号带有强烈的暗示性,直接影响受众对于信息的接受程度。从新时期宣传工作实践来看,我们的宣传语言必须从过去单纯的官方语言向受众语言转变。

第一,"话语疲劳症"。大量使用某一类语言符号,尤其是以正面宣传为主的符号,虽然在一定时期内能起到宣传作用,但是往往也导致两个问题:"收视疲劳"和"逆反效应"。有学者指出,我们过去的宣传话语体系基本是沿用了新中国成立后到改革开放前的符号系统,其特征就是口号式的、三点式的、排比式的、说教式的政治话语,甚至假话、大话、空话、套话颇多。而这些话语符号,与时代、群众、生活脱节,形式僵化,语言死板,内容空洞,言之无味,受众产生审美疲劳、接受疲劳,心生厌烦。同时,当某一种宣传语言模式过量重复之后,会给受众带来逆反心理,这和青春期的少年对唠叨的家长的反感如出一辙。2008年2月,中国青年报社会调查中心与新浪网联合实施民意调查,在参与的2166人中,超过60%的人希望官员能"少打官腔,说话直奔主题"。相反,如果语言生动、贴近群众,哪怕是简单的寥寥数语都会起到耳目一新、深入人心的效果。

第二,"换位思维"。这是一个宣传立足点的问题。当宣传的立足点是政府部门的时候,宣传的语言也就自然是政府的语气而不是老百姓的口吻。新加坡《联合早报》一篇文章甚至说过去中国以党报为代表的主流媒体中,有相当一部分因为"把新闻埋葬在一堆官话中,变得越来越同老百姓不相干"。而当宣传者处处换位思维,处处从老百姓的角度来思考和说话,宣传效果就会不同。这里值得一提的是西方国家宣传策略中最为惯用的"常人法"(common man 或 plain folks)。其关键在于,宣传者总是使用老百姓的语言和面对面的日常说话方式(everyday terms),大量采取"我们"的口气,让受众觉得宣传者和受众是一体的:宣传者的立场反映了普通大众的立场和利益,主持人不是采取精英姿态而是草根姿态。从近年来我们的宣传工作实践看,凡是采取百姓口吻、关注百姓话题的三贴近的宣传方式和内容,都取得了成功。例如央视崔永元的《小崔说事》、阿丘的《社会记录》等节目,都用独特的家长里短的亲切方式,讲述发生在老百姓身边的人和事。今年"两会"期间,《小崔会客》从全国2000多名"拍客"中,选取30余部以平民视角拍摄的视频,收到了非常好的效果③。

第三,"分众效应"。话语符号的问题还应该充分考虑"分众"的社会格局。所谓"分众"格局,就是说不能简单地把受众看作一个了无区别的整体。过去的宣传,直接由党委、政府向社会进行整体发布,特点是信息传递一点到一面。但新时期随着社会分层分化的进一步加快,随着受众对象的多元化,宣传工作必须从一点到多点,认识到受众的年龄、性别、职业、教育程度、地域等诸多方面的差异。比如,要加强在年轻人中的传播,我们的工作就不能与新兴语言脱节,不能与网络语言、网络游戏脱节,甚至不能与流行的"火星文"绝缘。针对分众格局进行有的放矢的宣传,在近年来的宣传工作,特别是向青少年宣传爱国主义精神的工作中已有尝试。例如,盛大网络公司早在2003年年底就着手研发了一款名为《学雷锋》的健康小游戏。国家新闻出版总署和盛大网络发展有限公司开发了《中华英雄谱》网络游戏,并列入国家重点网络出版工程规划。共青团中央网络影视中心先后与多家单位合作,策划开发了多款爱国主义及中国传统文化题材的网络游戏产品,包括吸引众多人关注的《抗战Online》及《国魂Online》《长空枭龙》等。其中,《抗战Online》制作精良,让玩家在游戏的同时,更能重温伟大的抗战精神,接受全面的爱国主义教育,受到青少年的广泛欢迎。

## 六、对象从侧重对内走向内外并重

全球化进程不断加快和深入,将是当前和今后很长一段时间内国际政治经济格局发展演变的主线。风云变幻的国际局势和多元分化的文化背景,把新时期宣传工作置于一个更新、更广、更复杂多变的环境之中,对宣传工作服务大局的水平提出了新要求。

第一,变"重内轻外"为"内外并重"。过去我们的宣传工作侧重对内,主要是通过国内宣传,展示改革开放以来国家在经济规模、军事力量、科技水平等方面硬实力提升的成就。而近年来我们逐步认识到,软实力和硬实力是一个国家崛起的整体。中国的和平崛起,离不开核心价值观的输出和文化传播等软实力的提高。特别是目前与英美相比,中国传媒业仍不发达,文化输出与产品"中国制造"极不相称,在世界上还没有自己应有的话语权。因此,新时期宣传工作已经开始从国家战略的高度来认识传播能力对于提高软实力的重要性,着手推动我国主流媒体提高整体实力,逐步实现由国内发展为主、兼顾国际向国内国际并重发展转变,提高在国际传媒中的影响力。在2003年,软实力概念的提出者约瑟夫奈仍然认为中国的软实力并不构成对美国的挑战。但是到2005年底,他在美国《华尔街日报》上专门发表文章《中国软实力的崛起》,强调中国的软实力正在崛起,而美国的软实力却呈现下降的趋势。

第二,针对西方受众有的放矢。过去宣传工作主要面对国内,其受众是长期以来理解和适应我们的工作,并且和宣传工作者具有同样社会文化传统的国人群体。而全球化背景下的宣传,其受众发生了结构性的变化,出现了长期浸淫在西方媒体下、在异域文化中成长起来的群体。处于截然不同的文化和制度下的西方民众往往不能完整理解我们所要传达的信息和观点。反之,达赖喇嘛就曾在很长一段时间内针对我们的传统宣传方式,运用"移情"(transfer)、"美词"(virtue words)等手法,用"宗教虔诚"和"民主"这样在西方受众看来代表正义的词汇作为他的宣传包装。这个案例从反面提醒我们,在外宣中加深对西方受众的了解至关重要。可喜的是,在近年来的外宣工作中,我们逐渐认识到了受众的重要性,特别是注意借外国媒体来展示我们的价值观和发展成就,注意采取西方接受的话语体系和符号,在提高宣传效果上取得了很大的进步。例如,党和国家领导人对"和平崛起"的强调,对社会主义"民主"、"人权"、"政治体制改革"的正面诠释,都增强了外宣对西方受众的传播有效度。在汶川地震救灾行动中,中国政府决策及时果断,主动接受境外记者采访,承认救援工作存在的困难,表示愿意接受国际援助,使得西方媒体态度发生了很大的转变。可以说,正是因为我们宣传方式的改变,才让更多的西方人更客观、更准确地了解中国、认识中国,有效减少了他们的偏见。

### 七、方法从讲道理走向讲故事

宣传的影响力、渗透力,既根源于其所表达的观点的内在价值,也依赖于真实、生动和具体的符号形象。过去我们的宣传工作以讲道理为主,在生动化方面做得不够。而近年来随着传播手段日新月异,我们逐渐开始意识到正面宣传要善于将内容"软"化,用故事来表达观点,把观点翻译成故事、隐藏在故事中。因此,宣传工作中"讲故事"式的手法得到越来越多的运用,通过生动而有技巧的讲述,寓教于乐,潜移默化地推销价值观和生活方式。目前很多成功的电视专栏,都采用了讲故事、说故事的方式,使得观众愿意看,也容易接受节目传播的道理。这正如班尼特所说的:媒体要根据对观众的评估做出选择,要考虑传递给观众一种什么样的观点,采用哪种情节技巧(例如闪回、结果、性格发展、高潮等)来最好地传递这一观点。

实际上,不论是国内还是国外的宣传,一个基本的规律就是:不是所有的生动宣传都是有效的,但是不生动的宣传绝对是低效甚至无效的。关于南京大屠杀的宣传就是一个典型的例子。1937年侵华日军南京大屠杀暴行,历史早有记载,东京审判已有定论,但是日本右翼一直予以否定。我们通过各种方式加以驳斥,并向世界予以揭露,但效果一直不理想。1997年华裔作家张纯如的一本英文历史著作《南京暴行:被遗忘的大屠杀》(*The Rape of Nanking*),以讲故事、说真相的方式,成为当年美国最畅销的非小说书籍,登上《纽约时报》畅销书排行榜十周之久。更重要的是,这本书立即在国际上引起很大关注,激发起西方公众和政府对该事件的重视,引发了以南京大屠杀为题材的西方拍摄影视作品热潮。仅2006～2008年,就产生了美国人导演的《南京》,加拿大人导演的《张纯如》,中德合拍的《约翰·拉贝》,以及中、德、澳合拍的《黄石的孩子》等一批影视作品,大大提高了全世界对这一历史悲剧的认知度。

同样的道理,《明朝那些事儿》作为畅销图书,和传统的历史教科书相比,理论性和准确性显然都不可同日而语。但是通过一个个鲜活生动的故事,却影响了很多人,甚至让很多人喜欢上了过去大家觉得枯燥的明史。前几年,英国BBC拍摄了以军情五处为主题的电视连续剧,结果使得每年申请加入该部门的年轻人翻了几番。讲故事之所以影响人,其中的原理在于两个方面:其一,"现场感"和"追问效应"。生动形象的符号贴近人们的具体生活和具体感受,让人们有置身其中的"现场感",使得受众追问"如果是我会怎么办",从而顺利达成传播观念的效果。其二,"从形象到抽象"的认知规律㉔。人类认识事物的规律都是从具体形象开始,除已经从理论上深刻理解的知识领域外,对于新的思想新的信息领域仍然习惯于从形象到抽象,从个别到一般。例如教育儿童最有效的方法就是讲寓言故事、看动画影片,寓教于乐。所以,宣传工作,尤其是那些具有舆论导向作用的宣传,最忌讳说教式的讲道理。相反,把典型、具体形象展示给读者,读者会自然而然地从具体到一般,从形象到抽象,也就接受了你想要传播的一切。

### 八、主体从宣传系统走向政府全员

过去宣传工作往往是宣传系统的事,很多政府部门平时不关心宣传工作,只有在自己单位出现在媒体之中、处在舆论监督的时候才会想到宣传,想到宣传部。这实际上是一种观念的误区。在2008年全国宣传思想工作会议上,胡锦涛同志要求"各级领导干部要充分认识新闻舆论的重要作用,善于通过新闻宣传推动实际工作,热情支持新闻媒体采访报道,正确对待舆论监督,提高同媒体打交道的能力"。在今年中央党校春季学期开学典礼讲话上,习近平同志提出当前各级领导干部要努力提高六个方面的能力,其中一个就是必须提高"同媒体打交道的能力"。可见,宣传不仅仅是宣传部门的事情,而是各级政府的共同任务,传播能力是每个领导干部必备的素质。

第一,媒体是当代公共管理的重要载体。过去,在"单位制"的体制下,社会组织和社会动员主要是通过开会、文件等形式进行,"文山会海"成为政府推动工作的重要手段。而随着"单位制"的解体和"社会人"的出现,当代社会动员和组织无法依靠"政府—单位"的上传下达方式,而必须借助媒体来进行。如果政府不懂媒体,不懂传播,不善于借助媒体,政府进行公共管理的能力就会被削弱。第二,当今社会,政府不能再像过去那样以控制媒体来掌握舆论主导权,而必须依靠新闻议程设置来获得主动。新闻议程设置和公共政策制定实施一样,都是公共管理的重要形式。谁掌握了新闻议程的主导权,谁就能主导舆论,反之就会被牵着鼻子走,陷入被动。因此,政府部门必须和重视业务工作计划一样重视政府传播和应对媒体,在政策的制定、出台、实施、反馈过程中,都要未雨绸缪,处处做好新闻发布和应对媒体的预案准备,才能使政府管理工作事半功倍。第三,政府本身越来越处于舆论监督之下。政府的各个部门都必须接受社会舆论的监督,每一个政府部门都应该借助媒体监督来改进工作、提高服务水平。因此,和媒体打交道、树立良好的媒体形象本身就是衡量政府工作水平高低的重要标准。第四,随着媒体发展的市场化、多元化,尤其是网络的发展,原有的行业管理和地区管辖格局已经不足以应对媒体。因此,单靠传统的宣传部门扎口管理的方式已经不能适应新的形势。特别是,宣传部门本身并不介入具体的政府行政工作,因此也就不能从源头上解决涉及政府的传播问题。即使起到扎口和协调作用,也必然是滞后的。相反,如果政府部门能够直接参与到传播之中,成为传播的主体,那么不管是常规性的政府信息公开还是突发事件的舆论引导,其效果都会比通过宣传部门来扎口和事后协调有效得多。

近年来各级政府在应对媒体、借助媒体方面取得了长足的进步。政府新闻发言人队伍基本形成,政府新闻发布制度逐渐完善。2008年国新办、中央各部委和各省区市人民政府三个层次举办的新闻发布会的总数已达1587场,大大超过了往年。其中还不包括奥运会期间北京奥运会新闻中心和北京国际新闻中心举办的300多场新闻发布活动。近期公布的首部政府信息公开法规《中华人民共和国政府信息公开条例》,明确规定行政机关应主动公开政府信息。近日发布的首份《国家人权行动计划(2009~2010年)》也把完善政府新闻发布制度和新闻发言人制度作为一项重要内容。在政府新闻议程设置方面,不少政府部门开始未雨绸缪制订年度新闻工作计划,主动将政府的政策和工作"设置"成公众乐于关注的焦点,主导舆论、引导舆论、影响舆论,形成有利于政府执政、树立政府良好形象的新闻环境。

在应对突发事件方面,各级政府也越来越意识到信息公开的重要性,开始在第一时间、第一现场由相关政府部门和宣传部门进行联合新闻发布,收到了良好的效果。不过,政府主体、全员参与的"大传播"工作仍然任重道远,提高各级领导干部和媒体打交道的能力,提高全体公务员队伍媒介素养,才刚刚提上议事日程,迫切需要我们加强政府传播建设的理论研究和实践探索,努力构建覆盖广泛、技术先进的现代政府传播体系,形成与我国经济社会发展水平和国际地位相称的政府传播能力。

注释:

① 参见《牛津大辞典》,和 publicity 相比,propaganda 一词更强调宣传主体对宣传内容的筛选过滤而不是公众的知情权。

② 古汉语中"宣传"也很早在《三国志》等史料中出现,但基本含义是告知。根据刘正谈《汉语外来词词典》,日本学者借用了中国古文献中的"宣传"二字翻译英语中 propaganda 这个词,并在 20 世纪初前后由日本传入我国。

③ 当时的协约国,曾大量利用阵地和后方传单和小报,渲染德国普鲁士王室的军事独裁政权和"反人类"罪行。这些宣传甚至得到了德国内部知识分子的响应。

④ 这两个条款分别为 5 U.S.C. 3107 和 *Publicity and Propaganda Clauses in Appropriations Law*.

⑤ Kevin R. Kosar(2005),"CRS Report for Congress: Public Relations and Propaganda", Restrictions on Executive Agency Activities Updated March 21.

⑥ 参见 2005 年 11 月的《芝加哥论坛报》(*Chicago Tribune*)和《洛杉矶时报》(*Los Angeles Times*)。

⑦ 关于传播的概念,具体可以参见胡正荣:《传播学总论》、〔美〕施拉姆:《传播学概论》、〔美〕库利:《社会组织》等专著。

⑧ 《新闻界 2009 全国两会报道座谈会发言摘要》,《中华新闻报》2009 年 3 月 27 日。

⑨ 蔡立辉:《论全球化背景下中国政府行政模式的转换》,《中山大学学报》2002 年第 4 期。

⑩ 俞可平:《权利政治与公益政治》,社会科学文献出版社 2003 年版,第 134 页。

⑪ 〔美〕格里·斯托克、华夏风:《作为理论的治理:五个论点》,《国际社会科学杂志(中文版)》1999 年第 1 期。

⑫ 参见陈崇山:《论受众本位》、高波:《政府传播论》。

⑬ 中国互联网信息中心(CNNIC):《第 22 次中国互联网络发展状况统计报告》。

⑭ 《胡锦涛与网民互动推进"民本"政治》,中新网 2008 年 6 月 20 日,www.chinanews.com/gn/news/2008/06-20/1288479.shtml。

⑮ 《新闻界 2009 全国两会报道座谈会发言摘要》,《中华新闻报》2009 年 3 月 27 日。

⑯ 参见 Dutton, J. E(1986),"The Processing of Crisis and Non-crisis Strategic Issues", *Journal of Management Studies*, 35(5),3501~3517,及廖为建、李莉:《美国现代危机传播研究及其借鉴意义》,《广州大学学报》2004 年第 8 期。

⑰ 〔英〕迈克尔·里杰斯特:《危机公关》,陈向阳、陈宁译,复旦大学出版社 1995 年版。

⑱ Peter Hedstrom(2005), *Dissecting the Social*, Cambridge University Press.
⑲ 陈桥生:《"舆论绑架"现象及其规避》,《新闻战线》2007 年第 6 期。
⑳ Sturges, D. L. (1994), "Communicating through Crisis: A Strategy for Organizational Survival", *Management Communication Quarterly* 7 (3), pp. 297~316.
㉑ 转引自 Coombs, W. T. (1995), "Choosing the Right Words: The Development of Guidelines for the Selection of the 'Appropriate' Crisis Response Strategies", *Management Communication Quarterly*, 1995(8).
㉒ 〔法〕福柯:《知识考古学》,谢强、马月译,生活·读书·新知三联书店 1998 年版。
㉓ 《新闻界 2009 全国两会报道座谈会发言摘要》,《中华新闻报》2009 年 3 月 27 日。
㉔ 胡志平:《新闻写作创新智慧》,新华出版社 2000 年版。

# 关于推进广播电视制播分离改革的若干思考*

◆ 朱 虹 黎 刚

最近,根据中央关于推进制播分离改革的指示精神,广电总局下发了《关于认真做好广播电视制播分离改革的意见》。制播分离已经成为业界、学界关注的热点和焦点问题。我国制播分离改革的情况如何?为什么要进行制播分离改革?如何改革?本文试图通过总结各地制播分离改革的实际情况,回答和探讨这些问题,以推进广播电视制播分离改革的进程。

## 一、我国制播分离改革的现状

制播分离的提法最早源于英国的电台、电视台节目委托制作制度。由于它顺应了节目生产专业化、集约化的要求,产生后迅速在世界各国推行并形成潮流。关于制播分离的含义,学术界已形成大体一致的观点:指在电视节目的生产、流通与播出的过程中,节目的生产制作与节目的播出分别由不同单位负责的管理制度。在制播合一体制下,节目的制作和播出都是由电台、电视台负责,电台、电视台既是节目的生产者,也是播出者。而在制播分离的体制下,电台、电视台将某些节目的制作交给专门的节目公司,不再负责某些节目的制作,而是把工作的重点放在节目的审查、编排和播出上。

党的十六大后,中央明确提出在电台、电视台进行制播分离改革的要求。2004年以来,中央领导同志多次做出重要批示,要求认真研究国内外制播分离的实践,

---

\* 原载于《现代传播》2009 年第 5 期。

明确哪些节目栏目可以制播分离,哪些不宜制播分离,并在全国性的会议上,明确提出"要积极推进电台、电视台制播分离改革,改变单纯自制自播模式,引入竞争机制,不断提高节目制作水平"。广电总局在《2004 年广播影视工作要点》中,正式提出了制播分离改革,并将其作为该年度改革工作的重点内容。2006 年,广电总局制定下发了《广播影视改革工作实施方案》,明确提出文艺、科技、体育类节目可以有选择地逐步探索实行制播分离。最近下发的《关于认真做好广播电视制播分离改革的意见》,是广电总局第一次专门针对制播分离改革发布的指导性文件,标志着制播分离改革已经驶入了快车道。

从调查情况看,目前除个别西部地区外,全国绝大多数地区都不同程度地启动和实施了制播分离改革。部分地区制播分离改革取得明显成效,积累了有益经验。各地推进制播分离的积极性较高、主动性较强,而且越是经济发达和广电改革活跃的地区和单位,制播分离启动得越早、形式越多、力度越大、受益越明显。如中央电视台制播分离已经经历了三个阶段,目前制播分离涉及 40 个栏目以及电影、电视剧、数字电视、农业军事等频道和整节目时段,为中央电视台各项战略目标的实现提供了强大的动力和支撑。湖南电视台从 1989 年就开始探索两岸合作制作影视剧的制播分离,先后拍摄完成《一帘幽梦》《还珠格格》等优秀电视剧,极大地促进了湖南电视台的发展。

总体来看,目前制播分离改革的进展和成效主要体现在以下方面:

1. 进行节目分类,明确制播分离范围

制播分离的节目类型和范围有明确的政策规定,必须严格把握和区分一般节目和新闻类、时政类等导向性、政治性节目的界线。在改革实践中,各地结合实际,首先对节目的性质、定位进行了界定和分类,在此基础上明确哪些节目可以进行制播分离,哪些不能进行制播分离。目前,各地制播分离主要涉及以下节目类型:一是气象、农业等科技类节目;二是影视剧、音乐等文艺类节目;三是晚会、小品等娱乐类节目;四是纪录片等社教类节目;五是赛事转播等体育类节目;六是动画片等少儿类节目;七是家庭、家政等生活类节目。

2. 深入推进播出机制改革,实现节目来源的社会化、多样化

制播分离既包括"制"的改革,也包括"播"的改革,且"播"的改革力度、程度直接决定和影响了"制"的改革。在制播分离实践中,各地积极推进播出机制改革,将过去从自制自播的单一渠道获得节目的方式,转为现在面向台内外、面向市场获取

节目,不仅探索出制播分离的多种模式,而且实现了节目来源的社会化、多样化。一是直接购买节目播出。如北京电视台目前向社会公司购买的栏目已达19个,湖南电视台购买播出了杨澜的《天下女人》等节目。目前全国电台、电视台播出的电视剧、动画片基本上靠市场采购。二是委托制作节目播出。以项目招标方式,由电台、电视台提供节目创意,委托有实力、有能力的节目公司完成生产制作,节目版权由电台、电视台拥有。如中央电视台委托北京科影厂制作了《科技博览》和《科教片之窗》等节目,委托新影厂制作了《见证》《世纪回眸》《重访》等节目。云南电视台的《智赢天下》《寻找五朵金花》等节目也采取了这种方式。三是合作制作节目播出。主要是广电机构与相关部门、兄弟台、社会制作机构合作生产制作节目,出资方式和出资比例由多方约定,所得收益按投资比例分成。比如中央电视台联合农业部等部门制作播出了农业、军事、气象节目;吉林电视台多方联合制作播出了《超级乐八点》。四是招标制作节目播出。一般为台内招标,主要针对少数特定节目。如中央电视台的春节联欢晚会等特别活动大多实行台内招标,安徽电台拿出5档节目面向员工公开招标,河南电台音乐广播、电视台精品博览频道实行台内公开竞标。五是联合运营频率频道。主要是电台、电视台之间以资源互补方式,联合运营频道频率或公司。如湖北、辽宁等7个省级电视台体育频道联合打造中国最大的体育联播平台,由北京基地统一采购和制作,各地频道负责节目选题策划、节目采制、配音合成、播出等;深圳广电集团与桂林、湖北、济南等地广电机构合作,打造节目联播平台,将各方的优势节目资源重新包装后在各合作频道中播出;南京广电集团与江苏省其他12家城市台联合组建江苏城市联合电视传媒公司,统一购片,由各城市台播出,创新了城市台购片模式;黑龙江人民广播电台与三亚广播电视台联合打造"天涯广播"等。播出机制的改革,打破了电台、电视台"前店后厂、自制自播"的封闭格局,形成了节目优胜劣汰、优质优价的开放和竞争格局,降低了节目成本,提高了节目质量,丰富了节目形态,提升了观众满意度,打造了一批具有良好经济效益和广泛影响的节目内容品牌,如中央电视台的《同一首歌》、上海文广新闻传媒集团的"第一财经"(包括第一财经广播节目、第一财经电视节目、《第一财经日报》《第一财经周刊》、道琼斯第一财经中国600指数等)、湖南广电集团的"超级女声"和"快乐男声"等。

3. 深入推进制作体制改革,实现了经营格局的企业化、市场化

为从根本上解决节目制作的体制束缚,电台电视台引入市场机制,用市场方式

盘活节目制作资源,实现了经营格局的根本变化。第一,组建节目制作公司。主要方式有,一是对原有节目制作单位实行转企改制。如中央电视台青少中心动画部通过转企改制,注册成立央视动画有限公司;天津电视台电视剧制作中心通过转企改制成立天津电视艺术有限公司。二是组建具有独立法人资格的全资节目公司。目前,各省级电台电视台基本上都成立了全资节目公司。浙江、河南、山西、山东等省还整合内部节目资源,实现了影视合流,组建了影视制作集团公司。三是与社会资本合资成立股份制控股节目公司。第二,改革台内节目制作运营机制。按照事业单位企业化管理的要求,在专业分工的前提下,在台内部引入市场机制和竞争机制,强化节目制作的内部招标、制片人竞争上岗、成本核算、绩效考核,建立内部企业化运营模式,采用内部购买方式,为频道频率提供节目。如,中央电视台采用内部招标方式,对春节联欢晚会等大型文艺节目实行制作团队竞聘上岗。制作体制的改革,培育和壮大了一批新型市场主体,解放和激发了内容制作生产力,提高了节目制作数量和质量,开拓了节目市场。同时,制作体制的市场化、企业化,改变了制作业对原有播出平台的依赖,制作单位面向多种媒体,开展多种层次、多个渠道的经营,延长了产业链,提高了市场竞争力。如江苏广电总台已组建6个节目公司,共生产制作了100多部、2000集电影、电视剧,节目不仅行销全国,还打入海外50多个国家和地区。山东广播电视总台投资设立的鲁视领航文化传媒公司不仅承接制作少儿节目,还大力开拓上下游业务,目前拥有一个演播室、一个艺术团、两个网站、两个俱乐部。

**4. 以制播分离改革推动内部管理和体制创新**

一是以制播分离带动内部管理改革。中央电视台通过制作机制改革,积极推进内部劳动用工、收入分配、社会保障等方面的改革,建立健全了相应的激励和约束机制。二是以制播分离推动体制创新。湖南、上海、四川结合改革,正在着手研究制订新一轮的改革方案,积极探索建立电台、电视台内部事业产业统筹协调、分开管理、分别运营的新体制机制。上海将广播电视频道频率资源、新闻采编、节目审查等保留事业体制,成立上海广播电视台;将除新闻外的节目制作及其他经营性业务从事业体制中剥离出来,组建企业集团公司,按照市场方式进行运作。山西广电总台通过制播分离改革,全方位推进独立制片人制和总监负责制,实行矩阵式调控和扁平化运行,提高了内部活力和竞争力。三是积极探索科学有效的节目导向管控机制和方式。制播分离后,如何建立科学有效的机制和方式,确保舆论导向的正确成为制播分离后摆在电台电视台面前的重要任务。为加强对制播分离节目栏目的宏观管理，中央电视台制定出台了《群众参与的户外演出、竞赛、活动类栏目（节目）管理颁发》等多项管理制度，强化对节目方向的引导和内容品位的把握。上海广播电视台在其改革方案中，在组织保障、管控机制、考核机制等方面，采取了一系列确保正确舆论导向的制度措施。如设立专门的"节目编审委员会"，作为制播分离模式下播出管理和舆论导向管理的常设机构，委员会由广播电视台领导、总编室负责人、频道频率总监组成，行使对节目制作公司提供的所有节目的最终审核权；进一步强化总编室职能，完善宣传管理体系，严格执行节目三审、监听监看、阅评意见通报、选题申报等现行内部管理相关制度，增强舆论引导力和导向管控能力；进一步明确奖惩和退出机制，对下属节目制作公司关系宣传导向和文化安全的重大决策，上海广播电视台拥有一票否决权，下属节目制作公司提供的不符合导向要求的节目不仅不能播出，而且以违约处理，需承担违约责任。这些探索，为各级广播电视机构加强制播分离节目导向管理提供了有益的借鉴和参考。

## 二、制播分离改革存在的主要问题

制播分离改革虽然取得了明显的进展和成效，但从总体上看，我国制播分离改革还处在初步探索阶段，还存在一些薄弱环节和问题，主要表现在以下四个方面：

1. 认识不统一

有的对制播分离的积极性不高，认为节目制作和播出属于统一的产业链，推行制播分离改革只是放开制作，播出仍处于垄断地位，制作始终依赖、受制约于播出，这样的制播分离改革意义不大。有的对改革存在畏难情绪，认为实施制播分离不管是将制作交与社会还是将制作转为公司制，都涉及如何处理现有体制中的人的问题，难度很大。有的对制播分离的目的理解上有偏差，存在单纯追求经济效益的倾向。

2. 改革不规范

一是在改革的范围上，中央明确制播分离主要涉及除新闻时政类外的文艺、科技、体育类节目，但实践中已超过这个范围，有的地方出现将新闻访谈类节目进行制播分离的现象。二是在改革的具体方式上，国家一直强调实施制播分离、组建节目制作公司不能涉及频道频率的产权变更，所有权不能变，经营权也不能变，但实践中存在将频道频率公司化现象,也存在将频道频率的经营权承包、出租转让的现象。有的将频道频率的经营权直接注入节目公司,甚至试图上市。此外,个别单位还存在违规使用外资的问题。

3. 配套政策薄弱

很多电台、电视台反映,实施制播分离改革相应的、相配套的政策相对薄弱,如果在促进播出竞争、推动节目购买及支持电视台节目制作转企改制等有关方面加大扶持力度,制播分离改革的推进将更加顺利,希望有关部门出台鼓励政策,对实施制播分离给予节目版权、人员安置、投融资等方面的扶持。比如,对电视台自制和外购节目作出数量比例规定,以促进节目社会化、市场化制作。

4. 节目交易和产权保护有待改善

目前,我国缺乏常态化的节目交易市场,节目交易只能通过交易会、广博会等方式进行,方式和渠道单一,节目的市场活跃程度比较低,很多电台电视台节目公司制作的节目只能在台内播出,难以推向市场,形成产供销一条龙产业。同时,节目的知识产权保护意识亟待加强,一些机构投入大量资金和人力开发的节目形态,各类节目制作公司立即跟风模仿,往往一哄而上,造成节目同质化现象和市场的恶性竞争。

## 三、推进制播分离改革的重要性、必要性

推进制播分离,是社会和科技发展对现代传媒的必然要求,对广播电视发展具有重要意义。

1. 制播分离是推动节目制作的规模化、集约化和实现节目品牌化的重要举措

制播分离的产生,有其深刻的必然性,它是社会化大生产的必然趋势,是市场经济发展对传媒业的必然要求。与自制自播相比,制播分离所带来节目生产的规模化、集约化和品牌化的优势主要体现以下三个方面:一是丰富了节目源。制播分离打破了节目自产自销状态,实现了开门办广播电视,极大地提高了节目产量和数量,丰富了节目的内容和形态。电视剧的制播分离,使我国电视剧年产量达到1.45万集,成为世界第一生产大国;动画片的制播分离,使我国电视动画片生产在2008年就达到13万分钟,提前完成了"十一五"规划目标。二是降低了节目成本。制播分离充分利用社会制作力量,减少了人力物力投入,节约了成本开支。南方电

视台统计,外购节目成本平均为每分钟33元,仅为自办节目的四分之一。广西电视台的数据显示,制播分离使台里每年节省节目经费达1000万以上。三是提高了节目质量,打造了品牌。制播分离引入了市场竞争机制,无论是台属节目公司还是社会制作公司,只有提供高质量的节目才能生存和壮大。节目制作数量和质量的提升,为电台、电视台打造品牌栏目提供了可靠的节目保证。

2. 制播分离是强化和保证电台、电视台主流媒体地位的迫切需要

随着高新技术的迅猛发展,新媒体新业态迅速兴起,传播渠道日益多样化,广播电视发展面临着重大机遇和挑战。在自制自播的体制下,制作和生产占据了电台、电视台的大量人力财力,导致机构臃肿、人浮于事、效率低下,制约了广播电视竞争力、影响力的提升。制播分离使电台、电视台从又制又播的沉重负担中解脱出来,将力量集中于内容选择和品牌建设,大大增强了广播电视的传播力、影响力和竞争力。中央电视台的研究显示,制播分离使其频道布局更加完善,频道质量、观众满意度和品牌影响力持续上升,在其事业发展和收入增加中发挥了不可低估的作用。

3. 制播分离是调动各方面的积极性和一切有利因素办好广播电视的必然要求

我国广播电视发展的实践证明,只有调动一切积极因素,才能最大限度地解放广播电视生产力,实现广播电视的大繁荣、大发展。当前,我国共有广播节目2423套,电视节目3182套,对节目的需求量堪称世界第一。同时,人民群众日益增长的多样化的精神文化需求,也迫切需要数量众多、质量优良的广播电视节目。广播电视对内容的需求,迫切需要社会的广泛参与。另外,社会资本和力量参与广播电视节目制作的积极性也越来越高。这个"两头热"表明,制播分离是电台、电视台的需要,也是社会的需要,它代表着广播电视不可逆转的发展趋势和方向。制播分离顺应了媒体和社会的需要,调动了各方面的积极性,对广播电视的发展有着巨大的促进作用。

4. 制播分离是电台、电视台转变增长和发展方式的必然趋势

制播分离不仅是生产方式的转变,更是电台、电视台增长方式和发展方式的转变。制播分离创新了电台、电视台节目制作经营体制机制。在制播分离体制下,电台、电视台按照市场经济规律和传媒发展规律,整合台内资源,优化结构设置,建立面向社会的节目生产体制机制,台属节目制作公司从"为播出生产节目"转变为"针对市场生产节目",并对节目进行多重开发,打造制作、生产、销售和后产品开发的

产业链,节目交易和后产品开发成为电台、电视台广告收入之外的重要收入来源,从而实现增长和发展方式的重大转变。

## 四、推进制播分离改革的构想

1. 制播分离改革的总体要求

制播分离改革要以邓小平理论和"三个代表"重要思想为指导,全面贯彻落实科学发展观,适应社会主义精神文明建设和市场经济发展的要求,遵循广播电视工作的特点和规律,深入推进新闻类、时政访谈类、监督调查类节目之外的部分节目制作体制和播出机制创新,打破自制自播格局,培育节目制作经营的市场新主体,建立科学的节目评估体系和公平、开放的节目购买、播出机制,繁荣节目制作,提高播出质量,促进节目的多媒体营销,增强广播电视传播力、影响力和竞争力,不断满足人民群众日益增长的精神文化需求,促进广播电视事业又好又快发展。

改革要始终坚持以繁荣发展为主题,以体制机制创新为动力;坚持贴近实际、贴近生活、贴近群众;坚持电台、电视台的喉舌和公益性质,牢牢把握正确的舆论导向;坚持把社会效益放在首位,实现社会效益与经济效益相统一;坚持牢牢把握对重大事项的决策权、对资产配置的控制权、对主要领导干部的任免权、对宣传内容的策划权和编辑权、对各类节目的终审权和播出权;坚持从实际出发,因地制宜、科学分类、试点先行、创新制度、完善政策、有序推进。

2. 制播分离改革的范围

制播分离改革的主体,重点是中央电视台、中央人民广播电台和部分省级、副省级电台、电视台。制播分离改革主要在电台、电视台的影视剧、影视动画、体育、科技、娱乐等栏目进行。

3. 制播分离改革的途径

制播分离形式多样,应从实际出发,可以采取委托制作、联合制作、社会招标采购等形式,引入市场机制,也可以按照"先台内、后社会"的办法,按照现代企业制度要求组建面向市场的影视剧等节目制作公司。

4. 制播分离改革的主要任务

第一,深入推进节目播出机制改革,改变单纯的自制自播模式。电台、电视台在制播分离改革中要充分调动系统内外制作广电节目的积极性和创造性,打破单一的节目供应渠道,建立面向多主体、多渠道的节目订购采购、择优播出机制。可通过委托制作节目、合作制作节目、直接购买节目等多种方式,面向台内外、面向市场订购采购节目。电台、电视台要建立并完善包括内容、导向、受众、收听收视率和满意度等评价在内的、科学的节目评估体系,制定公开透明的节目委托制作和合作制作机制、招标机制、评审机制、定价机制和采购机制,实现节目供应的公平竞争、优质优价。

第二,深入推进节目制作经营体制改革,培育新型市场主体。电台、电视台要将可以剥离的节目制作业务和机构从现有的事业体制中分离出来,遵循产业发展规律,按照现代企业制度要求推进转企改制,组建面向市场的节目制作经营公司,条件成熟后再吸收社会资本组建由电台、电视台控股的节目制作经营公司。节目制作经营公司要创新节目选题策划机制、投融资机制、制作营销机制,提高节目制作能力和市场竞争实力。要延长和完善产业链,力争一次投入、多次产出,除了面向本台提供节目外,还要积极面向其他电台电视台,面向网络、音像、移动等多媒体市场,面向海外市场开展节目营销,打造有市场竞争力和影响力的节目内容品牌。要围绕内容品牌,积极推进多媒体业务以及广播影视内容相关产品、衍生产品的开发和版权交易。要逐步改变过度依赖广告创收的单一赢利模式,使节目制作经营成为电台、电视台重要收入来源。电台、电视台要优先发展和壮大台属或台控股公司的制作经营能力,使之成为合格的市场主体,成为重要的广播影视节目生产商和供应商,条件成熟的还可以上市。

第三,深入推进管理机制创新,建立台内事业产业分类运行管理的新模式。电台、电视台要按照"两分开、两手抓"的要求,进一步创新管理理念、管理制度、管理方式,通过制播分离改革,积极探索建立台属事业产业统筹协调、分开运行、分类管理、整体发展的管理运营机制。频道频率的运行管理机构和新闻、时政类节目的制作机构,必须保留事业体制,进一步强化和发挥其公益性质和导向功能。分离后的内容制作业务和其他可经营性资产,要按照市场规律,加快整合重组,充分发挥其产业功能,实现公益性事业和经营性产业分类运行,协调发展。

第四,深入推进台内用人机制和分配制度改革,不断提高人才队伍素质。要结合制播分离,紧紧抓住吸引、培养和使用等关键环节,建立健全竞争择优的人才选拔机制、公平有效的人才评价机制,改进培养方式,拓宽培养渠道,培养一批政治强、业务精、作风正、懂经营、善管理的高层次复合型人才,为广播电视事业产业发展提供强有力的人才支持。同时,积极推进台内劳动用工、收入分配、社会保障等方面的机制改革,严格编辑记者、播音员主持人持证上岗制度,积极探索专业人才首席制、薪酬制、海外派驻制,依法完善劳动用工聘用制、合同制等激励和约束机制,积极建立优秀人才脱颖而出的平台和机制。

5. 制播分离改革的政策保障

目前,我国制播分离改革还处于探索阶段,必须完善政策,加大扶持力度,为改革的顺利进行提供良好的保障和环境。一是积极扶持推动电台电视台的节目制作单位和剧中心转企改制,扩大融资渠道,加快联合、重组,做强做大,尽快成为具有内容品牌影响力的现代制作企业。鼓励节目制作经营公司参与影视动画等新媒体内容制作经营,参与数字付费广播电视产业开发。二是积极协调相关部门用足用好《国务院办公厅关于印发文化体制改革中经营型文化事业单位转制为企业和支持文化企业发展两个规定的通知》(国办发〔2008〕114号)、《财政部、海关总署、国家税务总局关于支持文化企业发展若干税收政策问题的通知》(财税〔2009〕31号)和《财政部、国家税务总局关于文化体制改革中经营性文化事业单位转制为企业的若干税收政策问题的通知》(财税〔2009〕34号)等文件,制订具体可行的措施,落实好国家扶持文化事业单位转企改制和促进广播影视产业发展的各项优惠经济政策。鼓励电台、电视台采取更加灵活和优惠的政策措施,妥善解决节目制作单位转企改制中的分流人员、离退休人员的安置和社会保障问题,实现平稳转换和顺利过渡。三是鼓励播出机构开展跨地区合作,合办广播电视节目栏目、频率频道,联合开办节目公司,实现广播电视节目、专业人才和管理模式的资源互补。四是电台、电视台必须拿出一定比例的播出时间从市场上购买节目。对台属转企改制公司制作的节目在同等质量条件下应优先购买,以扶持台属公司的转企和发展。

6. 制播分离的组织领导和管理

广播电视是党和政府的喉舌和工具,制播分离改革是涉及这个喉舌核心业务的重大变革,政治性、政策性很强。因此必须加强组织领导,严格管理,确保改革的正确方向和健康发展。第一,严格节目管理。电台、电视台要严格执行节目制作许可证和节目播出的各项制度。对在制播分离中变相放弃节目编辑权、审查权、播出权的违法违规行为,广播影视行政管理部门要严肃查处。新闻及新闻类、时政访谈类、监督调查类节目的策划、采编、制作、审查、播出等环节,均由电台、电视台自行承担,不得进行公司化、市场化运作,不得外包。电台、电视台不得购买社会制作机构制作的广播电视新闻节目,不得采用网上新闻。第二,严格频率频道管理。频率频道是国家资源,电台、电视台要对频率频道、节目栏目的定位、设置、编辑、审查、播出以及广告定价、时段安排、审查发布负全责。电台、电视台在与节目制作公司合作时,要注意把握节目合作与出租、转让、承包频率频道的政策界限。对在制播分离中变相出租、转让或承包频道频率的,要严肃处罚。情节严重的,可以依照现有法规,吊销违规频道频率的广播电视频道许可证。第三,严格资本准入管理。电台、电视台所属的节目制作公司可以吸收社会资本,但要确保电台、电视台的控股权。外资可以与节目公司进行项目合作,但严禁以任何形式进入电台、电视台所属的节目制作公司。第四,严格人员管理。严格执行编辑记者、播音员主持人持证上岗制度,严禁编播人员与经营人员混岗。

广播电视是最受人民群众欢迎的大众传媒,是党的重要的思想文化阵地,又是最具有开发潜力的文化产业。制播分离改革事关广播电视改革和宣传大局,既要积极主动,又要谨慎稳妥。在改革中,要充分考虑广播电视的意识形态特点,以及社会主义精神建设和市场经济的特点和规律,按照区别对待、分类指导,循序渐进、逐步推开的原则,有组织有领导、分阶段分步骤地有序进行,确保制播分离改革和广播电视事业产业发展沿着正确的方向迈出新步伐,实现新突破,取得新进展。

# 理论创新与实践价值：
# 互联网时代电视评价体系的建构*

◆ 李德刚　李岭涛

## 一、媒介环境变迁与网络影响力评价指标的提出

从世界范围来看，当前对于电视节目的评价主要存在两种方式，一种是基于定量调查的收视率指标，主要代表国家是商业电视盛行的美国；另外一种则是基于定性研究的欣赏指数（appreciation index），即满意度指标，主要代表国家是公共广播占主导的英国。收视率指标解决的主要是有多少人观看的问题，对于受众观看后的反应则无能为力；满意度指标的提出则在一定程度上解决了观众对一档节目的态度问题。收视率之所以会成为美国评价电视节目的主要标准，其根本原因便在于美国的广播电视是世界上商业化程度最高的媒介产业。商业的特性决定了美国的电视台必须以收视率作为节目宗旨，以赢得广告商青睐。与美国不同，英国的广播电视在主体上属于公共广播电视体制，这种体制在赋予BBC这样的电视台更多传播知识与信息义务的同时，也使其获得了以收视费为支撑的经济保障。这种严格限制商业力量的理念，直接导致英国媒介研究者对收视率的不屑一顾，他们甚至预言"受众测量的方法已经走上一条不归之路，它将可能彻底失去其立论基础——再也不能认为看电视是一种简单的行为，可以被客观地测量出来"。[①]在他们眼中所谓收视率"仅仅是用一些概括的和标准化的收视行为变量来描述各种不同类型的观众以及他们之间的差异，所有其他的认同和差别却因此被忽略了"。[②]正是在

---

\* 原载于《现代传播》2009年第5期。

这样的媒介环境下,英国的电视节目评估由美国人对"量"的追求,转向对"质"的崇尚。英国的媒介研究学者更关心的是"看电视,对受众而言,意味着什么"③,而不是有多少人在看电视。于是,英国的媒介研究者提出了"电视节目欣赏指数"这一定性的指标。欣赏指数又被称之为"观众满意度"(audience reaction survey)。如果说"收视率"更加侧重"数量"标准的话,那么满意度就更加注重对"质量"的考核。

改革开放之前,"收视率"被作为资本主义的异端而不见容于中国的主流意识形态。但随着我国电视业的市场化转型,收视率开始登堂入室,走向前台。中国传媒大学教授刘燕南在《中国电视台观众反馈现状调研报告》④中称,收视率指标"普遍受到各电视台的高度重视,所有电视台都购买了商业性调查公司的收视率数据,有些电视台还购买两家或两家以上公司的收视率数据,以进行比照和分析",在影响电视台决策的诸因素中,"收视率已经成为一个不可或缺的、有时甚至是唯一起作用的因素"。与之形成鲜明对比的是,虽然"'定性'观众调研方式本身在与时俱进,观众的意见反馈量总体上呈上升趋势,观众的主动性在不断增强",但"各电视台对于观众意见反馈的重视程度以及观众意见之于传播决策的影响力都在逐渐下降"。换言之,"观众意见反馈被逐渐边缘化,而收视率反馈则已然制度化"。刘教授认为,之所以会出现这种反差,其主要原因是"观众意见反馈比较零乱和分散,难以科学量化,亦难以覆盖那些'沉默的多数'和'矜持的少数'"。谁都不能否认,观众是电视节目的上帝。没有任何一个节目敢于置观众的意见于不顾而一意孤行。但是因为受众意见反馈的零乱与分散,节目制作者很难从整体上把握这些意见的总体趋势,也不能像收视率那样简化为直观的数字。这直接导致了受众反馈的弱化,如果长期忽视受众的心声,必将影响观众的节目忠诚度。网络的出现,为将观众反馈量化提供了可能。一方面,在网络中可以通过网页文本分析对网友们对某档电视节目的反馈内容进行收集和分析,解决观众反馈零乱和分散的问题;另一方面,随着网络的普及,在网络中主动发表意见的网民越来越多,网络中信息的数量也日渐增多,在一定程度上可以解决由于发言人数少而不具代表性的问题。

然而,无论是收视率指标还是满意度指标都是对电视媒介一次性传播、瞬间传播、强制性传播、单向传播的传播效果的测量,是基于旧有媒介形态之上的检测工具。传统意义上的电视是一种一次性的、瞬间即逝的、单向的、强制性的传播媒介,观众在整个传播链条中处于绝对劣势的地位,不仅无法重复观看,而且也不能与电视传播者直接即时交流。随着新兴媒体的普及,电视内容开始向网络等多媒体渠道延伸,传统电视的媒介特点也逐渐被"多次性、随时性、双向性、互动性"所替代。无论是传播范围、传播信息量还是覆盖人群等,网络环境中的电视影响力都已显示出超越传统媒介环境中电视的趋势。这时收视率或者满意度指标只能对电视频道中即时播出的节目的传播效果进行衡量,而对于在网络这一新兴媒体中的影响力则无能为力。然而,最新的调查数据却一再表明,越来越多的电视观众开始放弃在电视机前观看电视,而是选择到 PC 或者手机上观看视频。这也就意味着电视节目的多次、多渠道、长久传播将成为主要的传播形态,这种传播形态甚至会超越电视本身所具有的影响力。

与电视传播形态变迁相比,收视率单一评估体系的缺陷越来越明显。针对以上提到的受众信息反馈零乱与难以量化的问题、针对电视节目在网络中影响力日趋超越电视影响力的问题,从更好地收集网民反馈信息的角度出发,从更全面地反映电视节目影响力的初衷出发,为了更好地服务于电视节目的创新,更准确地衡量一档电视节目的社会影响力,中国电视网络影响力课题组提出了"网络影响力"的概念,以期对电视内容、电视机构以及电视人物等在互联网世界中的影响力以及在网民中的评价进行调查与评估。这不仅有利于全面检测电视节目的社会影响力,而且也有利于推动电视节目的网络化生存,推进中国传统媒体与新兴媒体融合的进程。

## 二、网络影响力评价体系的构成

所谓"电视网络影响力",不是"电视网络的影响力",而是指"电视在网络这个虚拟世界中的影响力",具体而言是指"电视组织、电视内容、电视人物和电视事件等在网络世界中所具有的知名度、被关注度、收视度以及美誉度等"。网络影响力指数包含四个指标,一是知名度指标,指的是由正式机构发布的关于某一电视媒体的信息量的总和。这一指标表明了某一电视媒体的信息在网络中传播的广度,主要以样本网站搜索引擎的搜索结果为依据。二是被关注度指标,指的是某一电视媒体在网络各大论坛以及博客中被讨论的量,被讨论次数越多表明媒体越受关注。这一指标表明电视媒体在网络中的信息传播深度,主要以样本网站搜索引擎的论坛搜索结果为依据。三是网络收视度指标,指的是电视媒体生产的内容在网络中被收看/被下载的次数,表明观众的主动收看行为,主要以样本网站中电视节目被下载次数为依据。四是网络美誉度指标,指的是网友对电视品牌评价所持的满意及赞美程度。网络知名度和被关注度是网络美誉度的基础,而美誉度才能真正反映电视品牌在消费者心目中的价值水平。美誉度是以知名度和被关注度为前提的,知名度和被关注度可以通过宣传手段快速提升,而美誉度则需要通过长期的品牌经营方能树立起来。四大指标的加权平均之和即为最终电视网络影响力指数。

在确定细分指标之后,还需要确定具体指标的数据调查方法与数据计算方法,这直接关系到网络影响力指数的准确与否。《中国电视网络影响力报告(2009)》的数据调查技术与处理技术在以下六个方面进行了改进:

第一,调查方式由"全面调查"调整为"抽样调查",调查数据更为客观。由于网站种类繁多,计算全部网站各类数据的工作几乎是不可能的,也是没有必要的,只要通过科学抽样的方法选择若干种富有代表性的样本网站,并计算这些样本网站的相关数据,就足以反映整个互联网影响力指数的变动趋势。同时,依据稳定性和动态跟踪相结合的原则,采用类型抽样、等距抽样以及多阶抽样等方法,课题组对所选用样本网站进行定期调整,用具有活力的、更有代表性的网站替代那些人气低下、失去代表性的网站。这种选取方法在保证样本网站具有较高的代表性和典型性的同时,也保证了对网民的覆盖率,能够最大限度地反映网民的意愿;更重要的是支撑指数走势的样本力量将更加多元,个别网站影响指数整体走势的可能性进一步降低,这就在很大程度上减少了人为操纵的可能性,指数变得更为客观和真实。

第二,指数计算方法由"绝对计算"调整为"相对加权计算",调查结果更加稳定。网络影响力指数是反映电视媒体在互联网上不同时期的影响力变动情况的相对指标。不同的网站,地位不相同,对受众影响的大小也存在较大差异。加权法按样本网站在市场中的地位利用分级靠档技术分别赋予不同的权数,地位重要的权数大,地位次要的权数小。这种做法可以有效避免由网站相关数据频繁变动带来的跟踪成本增加的问题,使不同时期的数据可以进行比较,便于电视媒体进行跟踪。

第三,调查指标由侧重"知名度"调整为侧重"高品质","网络美誉度"指标的增加使得评价体系更为全面。知名度高并不代表影响力大,影响力大并不代表美誉度高。因此,2008年度的调查,在网络知名度、网络被关注度以及网络收视度三大指标的基础上,又增加了网络美誉度指标,并赋予较大权重,以改善知名度高、满意度低的问题。今年的调查结果也在一定程度上证明了这种调整的必要性和科学性。完善后的调查系统将更加严谨,那些既具有爆炸性效果又具有长久性影响,既具有轰动效应又具有较高品质的电视作品更容易脱颖而出。这使得本调查的导向性作用更为明显。

第四,调查过程由"半自动"升级为"全自动",网络调查与数据分析大型系统的开发成功使得调查过程更为简捷。为减少人为分析带来的主观性,课题组的技术团队开发出一套较为完善的网络调查软件,能够对被调查对象的网络传播情况进行自动追踪、自动生成,既提高了调查效率,也保证了调查结果的客观。

第五,调查数据发布平台由单一走向多元,由年度性发布走向实时性发布,数据发布将更为及时。在实现了电视内容网络传播实时跟踪调查之后,为了使调查数据更好地服务于社会,课题组在定期发布年度性图书报告的同时,也建立起了自己的官方网站和专业杂志。一些基本数据将会定期在官方网站和专业杂志上免费向社会公布,以供业界和学术界研究使用。

第六,调查对象由省级以上频道延伸到地方频道和社会栏目,调查对象更为全面。在原有四大排行榜的基础上,增加了地面频道、城市电视台、电视剧、电视人物以及社会制片栏目等5大类的调查。除县级台外,中国的各级各类电视机构基本都被纳入到了评选的范围之中。这不仅是地方电视台的呼声,也是网络时代全球化传播的要求。如何借助无形的互联网突破有形的地域限制,是中国所有电视台都希望突破的难题。

至此,中国电视网络影响力调查与评估体系得以确立。当然,任何调查方式与方法都不可能是完美的,本调查方法同样也存在很多的问题。如何更好地去完善,还希望业界同仁共同努力。

### 三、2009年中国电视网络影响力调查结果

经过专家推荐大名单、网络数据调查分析等严格的调研过程之后,在30多名科研人员一年多的努力下,《中国电视网络影响力报告(2009)》终于由中国广播电视出版社出版,2008年度中国最具网络影响力的十大电视人物、十大CCTV栏目、十大电视事件、十大电视剧、十大省级卫视频道、十大省级卫视栏目、十大社会制片栏目、十大地面频道、十大城市电视台等9个排行榜随之隆重推出。当然,由于时

间、能力等因素的限制,现有调查肯定还存在较多的问题,还恳请各位专家多多指教。

**(一)中国最具网络影响力的十大电视人物**

1. 杨澜;2. 郭振玺;3. 李晓枫;4. 王长田;5. 马国力;6. 汪文斌;7. 闫爱华;8. 刘长乐;9. 黎瑞刚;10. 欧阳常林

简评:北京奥运会、经济危机、四川大地震等为电视平台和平台中的决策者提供了表演的舞台。杨澜、马国力、汪文斌等都是"因奥运之名"而走向了网络。作为奥运大使的杨澜在2008年度的网络影响力主要来自奥运会期间播出的《杨澜访谈录·东方看奥运》节目;而马国力网络影响力的来源则主要是其北京奥林匹克转播有限公司(BOB)首席运营官身份的传播效应;央视网总经理汪文斌也凭借奥运会将央视网提升到了前所未有的地位;央视经济频道总监郭振玺的网络影响力则主要来自于他所领导的经济频道在对由美国金融危机引发的全球性经济危机的报道中的出色表现。齐鲁电视台的台长闫爱华能够胜出的主要原因则是因为齐鲁电视台在四川大地震中的优异表现以及他所倡导的国内"Break新闻"的全新理念。与上述人物不同,李晓枫、王长田、刘长乐、黎瑞刚、欧阳常林等人的网络影响力主要来自于他们在其所领导的媒介帝国里所创造的奇迹。这种奇迹的发生不是通过"大事件"的轰动效应在一夜之间带来的,而是他们长久以来对自己所倡导理念持续不断的坚守,这种坚守终于在今天迎来了意料中的收获。因为坚守,所以更值得尊重。

**(二)中国最具网络影响力的十大省级卫视频道**

1. 湖南卫视;2. 东方卫视;3. 江苏卫视;4. 广西卫视;5. 浙江卫视;6. 北京卫视;7. 安徽卫视;8. 四川卫视;9. 黑龙江卫视;10. 云南卫视

简评:湖南卫视终于用实力证明自己依然是中国省级卫视的老大。在去年以微弱差距输给北京卫视、屈居第二之后,今年强力反弹,登上榜首。东方卫视也在去年第四名的基础上冲至亚军,上升势头非常明显。而下降最快的则是北京卫视,虽然有《龙的传人》等大型活动支持,但与去年的冠军地位相比,今年直落5位。可见,《龙的传人》与《红楼梦中人》相比还有较大差距。另外值得关注的是广西卫视和黑龙江卫视,广西卫视由2007年的第九飙升至第五,幅度惊人。而黑龙江卫视作为偏居一隅、默默无闻的电视台,却能冲入前十,也非常值得关注。

**(三)中国最具网络影响力的十大地面频道**

1.湖南经视频道;2.山东齐鲁频道;3.上海第一财经频道;4.北京电视台影视频道;5.江苏城市频道;6.中国教育电视台三套;7.陕西电视台都市青春频道;8.湖北电视经济频道;9.广东珠江频道;10.河北经济生活频道

简评:省部级的地面频道中,基本都是财经频道的天下。十大频道,经济频道占据四席。令人意外的是,拥有更大知名度的上海第一财经频道却输给了以娱乐节目见长的湖南经视频道。山东齐鲁频道、江苏城市频道等长期以来都是当地的强势频道,直播节目、民生节目等节目类型的不断创新,持续吸引着网友的关注。陕西都市青春频道的入围,说明我国西部省份电视台对网络的重视开始增强。

**(四)中国最具网络影响力的十大城市电视台**

1.广州电视台;2.沈阳电视台;3.杭州电视台;4.青岛电视台;5.武汉电视台;6.大连电视台;7.宁波电视台;8.南京电视台;9.苏州电视台;10.珠海电视台

简评:作为入围十大城市中经济实力最为雄厚的省会城市,广州电视台获得冠军并不十分令人奇怪。包括沈阳、杭州、武汉、宁波、南京等电视台在内,十大城市台中,省会城市台就占据六席。不仅表明了省会城市的先天的文化优势,也证明了其经济影响。青岛、大连、苏州、珠海同样是经济较为发达的活力城市。西部电视台在城市台调查中全军覆没,中国电视的东西部差距由此可见一斑。

**(五)中国最具网络影响力的十大CCTV栏目**

1.《百家讲坛》;2.《同一首歌》;3.《艺术人生》;4.《星光大道》;5.《焦点访谈》;6.《对话》;7.《经济半小时》;8.《新闻1+1》;9.《走近科学》;10.《咏乐汇》

简评:《百家讲坛》蝉联冠军,《焦点访谈》仅列第五,网民用自己的行为表明了自己的立场。《百家讲坛》这样知识类的节目评价着知识性价值,不断延伸着自己在网络中的生命。而《焦点访谈》虽收视率颇高,但在网络中却不及《百家讲坛》。《咏乐汇》这样形式新颖的节目仅用半年的时间就冲入前十,不得不佩服李咏以及明星大腕的号召力。《新闻1+1》的入围,说明任何时刻网友都希望听到真实的、有分量的新闻解读。

**(六)中国最具网络影响力的十大省级卫视栏目**

1. 东方卫视《波士堂》;2. 湖南卫视《舞动奇迹》;3. 江苏卫视《人间》;4. 浙江卫视《我爱记歌词》;5. 湖南卫视《智勇大冲关》;6. 辽宁卫视《王刚讲故事》;7. 北京卫视《五星夜话》;8. 贵州卫视《论道》;9. 安徽卫视《周日我最大》;10. 湖北卫视《音乐集结号》

简评:与央视栏目类似,高居省级卫视栏目榜首的不是真人秀等娱乐节目,而是高品位的经济类节目,一方面说明这类节目独特的网络价值,另一方面也说明真人秀节目开始慢慢被网民抛弃。落后、重复的选秀模式已经让观众产生审美疲劳。中国真人秀类节目只有《舞动奇迹》一家入围。另外,值得关注的是类似《人间》《王刚讲故事》等社会传奇类节目的兴起。网络世界中的猎奇心理丝毫不逊于真实世界。

**(七)中国最具网络影响力的十大电视剧**

1.《李小龙传奇》;2.《丑女无敌》;3.《闯关东》;4.《甜蜜蜜》;5.《乡村爱情2》;6.《马文的战争》;7.《夜幕下的哈尔滨》;8.《舞者》;9.《女人花》;10.《我们生活的年代》

简评:《李小龙传奇》当之无愧地登上了中国电视剧网络影响力的宝座。凭借着李小龙的国内、国际号召力,一部制作水准平平的电视剧却一举登顶,李小龙在国人心目中的地位由此可见一斑。最物美价廉的或许就是《丑女无敌》了。类似室内情景剧风格的职场故事、"雷人"的演员造型却迅速为网友所接受。其他诸如《闯关东》《甜蜜蜜》《舞者》《我们生活的年代》等也凭借着精良的制作赢得了网民的芳心。

**(八)中国最具网络影响力的十大社会制片电视栏目**

1.《娱乐现场》;2.《鲁豫有约》;3.《音乐风云榜》;4.《超级访问》;5.《美丽俏佳人》;6.《杨澜访谈录》;7.《快乐生活一点通》;8.《生活广角》;9.《最佳现场》;10.《谁在说》

简评:《娱乐现场》不仅是娱乐节目中收视率的冠军,而且在网民中也拥有超凡的影响力。作为中国最老牌的民营电视节目代表,《娱乐现场》的成功绝对是长期积累的结果。《鲁豫有约》则凭借着鲁豫炉火纯青的谈话技巧,让众多明星打开了心扉,吸引了网民的眼光。此外,《杨澜访谈录》《超级访问》等节目也都是依靠明星主持人和明星嘉宾在聚集人气。而《谁在说》的获奖靠的则是争议话题的魅力。

### (九)中国最具网络影响力的十大电视事件

1."我型我秀";2."龙的传人"大型电视选拔活动;3."2008 感动中国";4."圆梦 2008——点燃你心中的圣火";5."2008CCTV 中国经济年度人物";6."2008 年度三农人物推介活动";7."爱的奉献——抗震救灾大型募捐活动";8."绝对唱响";9."直击华尔街风暴";10."爱心融冰总动员"

简评:在对 2008 年的大型电视活动进行调查的过程中发现,中国网民除关注《我型我秀》等选秀节目外,《感动中国》《圆梦 2008》《CCTV 年度经济人物》《年度三农人物》以及《爱的奉献——抗震救灾大型募捐活动》《爱心融冰总动员》等大型社会公益活动成为中国网民关注的热点。而《直击华尔街风暴》的入围则是全球经济危机的"贡献"。

---

注释:

①②③ 〔英〕戴维·莫利:《电视、受众与文化研究》,史安斌译,新华出版社 2005 年版,第 204、201、203 页。

④ 刘燕南、商建辉:《反馈的变奏:"数字受众"VS"意见受众"——中国电视台观众反馈现状调研报告》,《现代传播》2008 年第 2 期。

# 论新中国六十年广播电视的发展道路*

◆ 黄 勇

今年是新中国成立 60 周年。在欢庆新中国 60 周年之际,回顾和总结新中国 60 年来广播电视的发展历程、发展成就和基本经验,展望未来的发展前景,意义重大而深远。

## 一、发展历程

新中国的广播电视事业,是在继承延安时期人民广播的光荣传统和接收改造旧中国广播遗产的基础上逐步建立、完善和发展起来的。60 年来,伴随着人民共和国的革命、建设和改革开放的历程,全国广播电视系统在党和政府的领导下,依靠一代又一代广电人的不懈奋斗,在艰辛、曲折的探索中开辟道路、谋求发展,终于造就了辉煌的事业,迎来了灿烂的春天。

60 年,从国家层面讲,经历了两个大的历史时期,即前 30 年的社会主义革命和社会主义建设时期,后 30 年的改革开放和社会主义现代化建设时期。总的看,前一个时期,是新中国广播电视事业创业奠基、曲折前行和初步发展时期;后一个时期,则是拨乱反正、改革创新、加速发展、整体转型时期。应当说,前一个时期的艰苦创业奠定了新中国广播电视事业的基础,为后一个时期的发展提供了基本的物质技术条件和人才队伍准备;而后一个时期的改革创新,则是在继承和延续的基础上,向更高层次的提升,向现代化方向的发展,向新的阶段的历史性跨越。

---

\* 原载于《现代传播》2009 年第 6 期。

这里作点历史的梳理。总的看,前30年大体经历了4个阶段。从1949年到1956年为第一阶段。在这个阶段,建立和完善了中央广播事业管理机构;重点加强了中央人民广播电台建设,开办了少数民族语言广播和对台广播,增加了对外广播语种;改造了私营广播电台,建立了省级和部分城市广播电台;建立了广播收音网,发展了有线广播。这一阶段,广播在动员人民群众恢复国民经济、推进三大改造和宣传抗美援朝中发挥了重要作用。

从1956年到1966年为第二个阶段。在这个阶段,调整了广播电视建设方针,推进了中央和地方广播电视同步发展;筹备并建立了国家电视台和部分省市电视台,开播了黑白电视节目;建成了中央广播大楼,设计制造了第一部大功率中波发射机,改进了中央广播技术基础设施;开办了北京广播学院和部分省办中等专业广播学校,开始自己培养广播电视人才;中央广播事业局提出并实施《宣传业务整改草案(提纲)》,广播电视宣传工作得到了改进。这一阶段,广播集中宣传了党的建设社会主义总路线,充分反映人民群众要求改变"一穷二白"的强烈愿望;集中宣传了王进喜、焦裕禄、雷锋等先进人物和英雄事迹,鼓舞了人们的建设热情和奋发向上的精神。但是,由于"大跃进"和三年经济困难,广播电视的发展也不可避免受到影响,如部分地方电视台停办,彩色电视试验中断;广播电视宣传上出现偏差,对阶级斗争扩大化和浮夸风起了不良的作用。

从1966年到1976年为第三阶段。这一阶段,由于"文化大革命"的全局性错误,广播电视事业遭受极大的破坏和摧残。广播电视宣传在"四人帮"的控制下严重偏离正确方向,假、大、空的宣传内容严重危害了广播电视的声誉和公信力。自办节目基本停办,记者站队伍被解散,事业发展受到严重影响,但在某些方面有所发展,如广播电视发射能力有了明显增长,部分省、自治区开办了电视台,彩色电视在国家电视台试播成功。

从1976年到1978年为第四阶段。这是一个带有过渡性质的阶段。由于粉碎了"四人帮",国家结束了十年动乱,广播电视宣传开始恢复"自己走路",广播电视事业建设开始步入正常轨道。但由于"左"的思想理论尚未得到清理,广播电视的发展仍然受到许多限制。

后30年,即改革开放以来的30年,是我国发生翻天覆地的历史性巨变的30年,也是我国广播电视发展逐步实现历史性跨越的30年。

这30年,广播电视发展大体上也经历了4个阶段。

从 1978 年到 1983 年为第一个阶段,即从党的十一届三中全会召开到第十一次全国广播电视工作会议之前这五年时间。此间适逢党和国家经过拨乱反正、实行工作重点转移和启动改革开放、现代化建设这一重大历史转折,广播电视宣传从根本上摆脱了"左"的思想束缚,开始全面宣传和贯彻党的基本路线和方针、政策,广播电视节目从内容到形式都发生了根本性的变化,广播剧、电视剧逐渐兴起,声频荧屏面貌焕然一新。与此同时,事业发展开始加速,一批广播电视基础设施开始兴建,设备更新也加快了步伐。中央广播事业局升格为广播电视部,广播电视工作受到中央高度重视。

从 1983 年到 1992 年为第二个阶段。在这一阶段,广播电视部召开了具有历史意义的第十一次全国广播电视工作会议,会议所确定的新时期广播电视工作的方针、政策和目标、任务,得到中共中央批准并以中发 37 号文件批转全党和全国执行。"四级办广播、四级办电视、四级混合覆盖"和"以新闻改革为突破口带动广播电视宣传的改革"的新的方针政策的实施,极大地鼓舞和调动了各级党委、政府和广播电视工作者的积极性和创造性,宣传改革创新和事业建设热潮迅速在全国广播电视系统兴起,广播电视宣传"扬独家之优势、汇百家之精华",在"坚持自己走路"、发挥自身优势方面迈出了新的步伐,广播电视的规模和影响力迅速得以扩大。广播电视开始进入快速发展阶段。这期间,中央电影管理机构和管理职能并入广电部,广播电视与电影合流开始迈出重要的一步。

从 1992 年到 2002 年为第三阶段。在邓小平同志南行重要谈话的指导和推动下,改革开放和现代化建设步入了新的阶段。广播电视发展乘势而上,频率频道大量增加,节目内容丰富多彩,有线电视迅速崛起,卫星电视开始传播,广播电视村村通工程和西新工程相继启动并顺利推进,广播电视覆盖率大幅提升,广播电视产业加速发展,广播电视队伍不断壮大,体制改革稳步推进,行业管理逐步改进和加强。这是一个快速发展并取得显著成就的阶段。

从 2002 年到现在为第四阶段。这期间召开的党的十六大和十七大,标志着党和国家事业进入承前启后的新阶段,标志着国家现代化建设进入全面建设小康社会的新阶段。与此相适应,广播电视进入了科学发展和整体转型的新阶段。广播电视宣传更加注重"三贴近",频率频道节目建设更加注重创新和品牌塑造,新闻报道更加注重时效性、针对性;广播电视发展更加注重高科技的运用,节目制作和安全播出手段更加先进;广播电视数字化进程加速推进,村村通、西新工程等重点工程逐步从工程建设向构建广播电视公共服务体系转变;广播电视产业结构正在逐步优化,内容产业、数字电视产业和新媒体产业正逐步成为产业发展的重点;体制改革不断深化,转企改制、制播分离等改革正在积极推进。这个阶段的发展进程还在继续。我预期,实现整体转型,大致要持续到2020年左右。到那时,广播电视的现代化将初步实现。

## 二、发展成就

从以上60年发展历程可以看到,我国广播电视发展走过了一条艰辛、曲折而又光荣、辉煌的道路,所取得的业绩和成就,凝聚着几代广电人的青春、热血乃至毕生精力。这里,从6个方面概述广播电视60年的主要成就。

第一,总体规模和实力。

经过60年的建设和发展,我国广播电视已经具备较大规模和一定实力。我们不妨用一组数字来展示:

1. 播出机构和开办节目数量。我国目前拥有广播电台257座、电视台277座,县级广播电视台2069座。地级市以上各级广播电视播出机构共开办广播节目2643套、电视节目1356套。其中卫星传输广播节目155套,卫星传输电视节目165套。

2. 节目制作和播出能力。全国广播电视系统2008年共制作广播节目649.4万小时、电视节目264.2万小时;共播出广播节目1163万小时、电视节目1495万小时。

3. 传输覆盖规模。全国广播电视系统共建成广播电视发射台、转播台6万多座,卫星上行站30多座;有线电视网络干线总长320万公里,已发展有线电视用户1.64亿户,其中数字电视用户4527.8万户;到2008年年底,全国广播人口综合覆盖率为95.96%,电视人口综合覆盖率为96.95%。国内经常听广播看电视的人口已超过12亿人。广播电视信号和网络广播电视已经覆盖全球。对外广播拥有53种语言向全球播出,海外听众俱乐部达3158个。对外电视拥有海外用户8400万户。

4. 经济实力。全国广播电视系统2008年总收入为1582.88亿元,其中财政性收入为208.29亿元,各项创收收入为1374.59亿元。资产总额已达3908亿元。

5. 从业队伍。全国广播电视系统 2008 年年底共有从业人员 59 万人,其中专业技术人员 28.3 万人。

以上数字表明,中国已是广播电视大国,其中若干指标已位居世界首位或前列。但是,中国还不是广播电视强国,在经济实力和世界影响力等方面还有相当差距。对此,必须十分清醒。

第二,宣传工作成就。

60 年来,除了特殊时期以外,广播电视宣传工作总体上能够紧紧围绕党和国家工作大局和战略部署,坚持正确的方向和导向,努力宣传党的理论、路线、方针、政策,宣传国家法律和政府法令,宣传全国各族人民的创造、劳动和生活,宣传不同时期的先进典型和先进人物,宣传各项重点主题活动,报道国内外重要新闻,传播健康、先进的精神文明和文化娱乐产品,在引导社会舆论、鼓舞人民前进、弘扬民族精神、丰富文化生活、维护社会稳定、促进经济社会发展和实现不同时期党和国家的战略部署等方面,都发挥了强大的舆论支持作用,同时也逐步提升了自己的公信力和社会影响力。

特别是改革开放以来,宣传工作改革创新取得重大突破和发展。频率频道专业化、品牌化建设成效显著,节目形态、栏目设计和报道方式不断创新,法制教育、舆论监督、民生新闻等节目应运而生;传播内容更加突出时代性和"三贴近",重大突发事件的报道更加突出时效性和可信性;传播方式从单一媒体向多媒体融合、联动传播转变,传播效果大为扩展。

第三,事业发展成就。

60 年来,随着经济发展和科技进步,广播电视事业建设不断推进,成就卓著。广播电视节目套数和节目制作能力、播出量不断升高。2008 年开办的广播节目套数是 1950 年的 41 倍,电视节目套数是 1959 年的 194 倍;2008 年的广播电视节目制作量分别是改革开放之初 1984 年的 27 倍和 94 倍,广播电视节目播出量分别是改革开放之初 1985 年的 10 倍和 37 倍。全国广播电视系统先后建成一大批广播电视制播、传输、发送和监测等基础技术设施,逐步更新改善各种专业技术设备和手段,确保了各个时期广播电视宣传和传播的需要。广播电视技术不断进步,从磁带录音机到音频工作站,从单声道到立体声,从机械洗片机到非线性编辑机,从黑白电视到彩色电视,从标清电视到高清电视,从无线传输到卫星传输,从模拟技术到数字技术,技术领域的不断推陈出新,带动了整个广播电视事业的发展。特别是新世纪以来,数字技术、网络技术、信息技术逐步在广播电视领域广泛应用,传统广播电视制播、传输、接收、存储、管理等系统进行了大规模的技术改造、更新和升级,全面提升了广播电视的现代化水平,一个庞大的由无线、有线、卫星、互联网等多种技术手段构成的现代化广播电视传输覆盖新体系已经基本形成。广播电视数字化进程正在加速,省级以上广电媒体数字化率已达90%以上,并基本完成一体化网络系统建设。全国已有106个城市实现有线电视数字化整体转换,数字电视用户达到4500多万户。网络广播电视、手机广播电视、IP电视等新兴媒体正在崛起。特别是具有自主知识产权的移动多媒体广播电视(CMMB)已经在180个城市成功试播,全国统一的运营体系正在加快构建。历时11年和9年的农村广播电视村村通工程和西新工程,各级政府投入达250多亿元,解决了全国1亿多人口的听广播看电视问题。以该工程为基础的农村广播电视公共服务体系正在逐步推进之中,将造福几亿农村居民。

第四,队伍建设成就。

新中国成立之初,全国从事广播工作的人员只有1800人。60年来的广播电视事业发展,使这支队伍逐步得到充实和壮大。截至2008年年底,全国广播电视系统从业人员已经达到59万多人,其中专业技术人员达到28.3万人。队伍的结构逐步得到改善,年龄层次、学历构成、人才类别等逐步趋向合理。大批经过高等院校培养的专业技术人才充实到这支队伍中来。在职培训的大规模持续开展,使整个队伍提高了素质和能力。一批素质高、能力强、业绩突出的优秀人才脱颖而出。现在可以说,一支宏大的、素质较高的广播电视队伍已初步形成。

第五,体制改革成就。

始于1983年的广播电视体制改革历经26年稳步推进,大大增强了广播电视发展的活力和动力,已经取得显著成果。"四级办"方针政策的实施,使地方各级广播电视媒体得到迅猛扩展,市县广播电视管理机构普遍得以建立或加强,广播电视的覆盖力和影响力大为增强。今天我国广播电视具有如此规模和影响,"四级办"政策功不可没。上世纪八九十年代的机构改革,使中央广播事业局升格为广播电视部,电影管理部门并入后,又成为广播电影电视部(后改为广电总局,仍为正部级),中央三台升格为副部级单位。省级广电管理机构升格为正厅级,省级电台电视台被确定为副厅级。这无不说明广播电视受到中央和各级党委政府的重视。2000年以来,通过体制改革在不同层级逐步实行政企分开、政事分开和管办分开,一批广电集团相继组建并获得较快发展。尽管集团化改革遇到了一些挫折,但改革的方向应当予以肯定,现有广电集团在资源整合、节目创新、新业务开发、产业发展等方面均取得显著成绩。各级广电媒体内部的人事、劳动、分配制度改革取得显著成效。经营性事业单位转企改制、制播分离改革正在积极推进,有的已经取得良好成效。广电体制改革将朝着构建公共服务体系、市场运营体系、政府监管体系、中介社会服务体系四大体系框架的方向发展。这是体制转型的必然趋势。

第六,产业发展成就。

广播电视产业最初是从播发广告开始的。由于长期"左"的思想禁锢和观念上的滞后,发展产业乃至"产业"这个概念,在相当长时期不被认同。邓小平南行谈话的发表,打开了人们思想认识的枷锁。社会主义市场经济的发展和市场体制的建立,亿万人民对多样化精神文化产品的渴望和需求,中央深化文化体制改革政策的出台,极大地推动了中国广播电视产业的发展。而广播电视科技进步和技术基础的改善,又为发展广播电视产业创造了必要而有利的条件。现在,广电媒体兴办产业已十分普遍,新的市场主体正在大量培育和出现。广播电视广告产业一马当先,有线电视网络产业急追直上,成为广电产业的两大支柱,迄今这两大产业的收入占整个广电总收入的 67.7%。电视剧产业、影视动画产业快速成长,其年产量已分别达到 1.4 万多集和 13 万分钟,经济效益也逐步提升。2008 年,全国广播电视系统的总收入为 1582.88 亿元,扣除财政性收入 208.29 亿元,广义的广电产业收入达到 1374 亿元,占总收入的 86.84%。这意味着,广播电视系统主要是依靠自己的产业收入来保障整个系统运行和整个事业持续发展的。改革开放之前,整个广播电视系统的事业经费主要靠财政拨款,预算外收入微不足道。1950 年,全国广播电视的事业经费只有区区 222 万元,到了 1977 年也只有 3.9 亿元。现在的一年总收入是 1950 年经费的 7.13 万倍,是 1977 年经费的 405.6 倍。我们从中既可以看到经济实力的今非昔比,也应当看到发展广电产业对于推进整个广电持续发展的重大意义。

以上事实表明,我国 60 年来广播电视的建设和发展可以说是:成就巨大,进步非凡。最大的成就在于探索开辟了一条健康、持续发展的道路,构建了一个现代的、庞大的广播电视传播体系,使广播电视成为推动国家经济、政治、社会、文化、生态发展进步和各族人民团结奋进、振兴中华的强大力量。与此同时,我们也应看到,我国广播电视建设发展还面临不少困难和挑战。农村广播电视发展总体滞后,城乡和区域广播电视发展不平衡,广播电视资源配置不合理,传播内容和秩序有待优化,层级利益矛盾突出,产业结构失衡等诸多问题需着力解决。如何应对经济全球化和传播国际化,如何适应社会主义市场经济和科技迅猛发展态势,如何满足人民群众日益增长的精神文化需求,如何在现代多媒体激烈竞争中取胜,已成为新时期广播电视发展的现实挑战和重大课题。

### 三、发展经验

回顾 60 年来我国广播电视所走过的道路,我们可以从中总结出许多有益的经验。当然,也遭遇一些挫折和失误,教训同样宝贵。这些都可以为后人作镜鉴。我认为,主要有以下 5 条基本经验:

第一,坚持中国共产党的领导和马克思主义指导的原则。历史已经证明,是中国共产党以马克思主义为指导,领导全国人民建立和建设新中国,取得了新民主主义革命、社会主义革命和社会主义建设、改革开放和社会主义现代化建设的胜利和成功,开辟了一条有中国特色社会主义的康庄大道。党的领导和马克思主义指导,是整个国家不可动摇的原则。我国广播电视是意识形态的重要阵地,是社会主义文化建设的重要组成部分,60 年来的成就和发展,都是在党的正确领导下,在马克思主义的指导下取得的。因此,我们在任何时候都不能动摇这一基本原则。

第二,坚持正确的舆论导向和为人民服务的方向。我国广播电视是党和政府的喉舌,也是人民的喉舌,必须遵循对党和国家负责与对人民负责一致性原则,始终坚持以正确的导向引导社会舆论,推动社会进步和发展;始终坚持以人为本,把努力办好广播电视为人民服务作为根本宗旨。历史证明,什么时候坚持了正确的导向和方向,广播电视就会获得人民的信任和健康的发展;什么时候背离了正确的导向和方向,就会给人民带来祸害,给国家带来灾难,也给广播电视自身带来恶果。

第三,坚持以科技为先导推动广播电视发展。广播电视是科技发展的产物。我认为,科技才是广播电视的根本属性或第一属性。事实表明,广播电视每一次大的发展和升级,无不决定于科技条件。当今世界,传播领域的竞争,关键在于科技水平和能力。我国当前正在推进的广播电视数字化进程,不仅仅是一项单纯的技术升级,而是涉及广播电视各个传播环节和各个工作部门实现整体转型的一场伟大变革,它是关系到我国广播电视在全球化、多媒体激烈竞争时代能否占领制高点,能否履行自己的使命,甚或关系自身生存与发展的前途命运的大问题。因此,我们必须始终坚持以科技为先导,自觉地运用最先进的科技来武装广播电视、推动广播电视的现代化进程。

第四,坚持与时俱进和改革创新。改革同样是广播电视发展的强大动力。创新是广播电视增强活力和创造力的必要手段。在改革开放时期,广播电视发展的每一个阶段,都是思想解放和改革创新的过程。从当年的广播电视宣传"自己走路",到今天的制播分离改革,都是寻求与时俱进的改革创新探索。可以设想,如果没有这30年来始终不渝的改革创新,就不会有广播电视的持续发展,就不会有今天整个广播电视的崭新局面和生机活力。今后的发展,依然需要我们与时俱进和改革创新。

第五,坚持以科学发展观指导和实现广播电视科学发展。科学发展观的基本内涵是:发展为要,以人为本,统筹兼顾,全面、协调、可持续发展。这是新阶段我们国家的战略指导思想,我们必须牢牢把握、自觉贯彻落实,始终以科学发展观指导广播电视的发展。我在《广播电视科学发展研究》一文中提出如下观点:广播影视已进入科学发展新阶段,必须树立科学发展新理念,即以科学发展观为统领,始终把发展作为第一要务,坚持以人为本办好广播电视,寻求全面协调可持续发展,统筹兼顾各方共同发展,解决好广播影视发展不平衡问题。我的这个观点,是对近二三十年来我国广播电视发展实际的一种理性思考和现实观照,也可当作广播电视发展的一种经验总结。

在回顾和总结新中国60年广播电视发展历程、主要成就和基本经验之后,我以为可以得出以下几点结论:

第一,新中国60年广播电视的建设和发展,始终坚持中国共产党的领导,坚持马克思主义的指导,坚持社会主义方向,其开辟和行进的是一条符合中国特色社会主义的发展道路。

第二,新中国60年广播电视的建设和发展,始终坚持围绕党和国家工作大局和战略部署,积极主动地宣传党的路线、方针、政策,为推动和促进社会主义革命、社会主义建设和改革开放、社会主义现代化建设,提供了有力的舆论支持,发挥了重要的作用,其开辟和行进的是一条适应党和国家发展全局的发展道路。

第三,新中国60年广播电视的建设和发展,始终坚持为人民服务的根本宗旨,始终把反映人民当家做主的主体地位和人民的创造、劳动和生活作为服务的主体内容，不断主动地适应人民群众日益增长的精神文化需求，其开辟和行进的是一条为人民服务、谋人民之福的发展道路。

第四，新中国60年来广播电视的建设和发展，始终坚持解放思想、实事求是、与时俱进的思想路线，始终坚持从中国的国情出发、从当时当地的实际出发，自觉遵循广播电视发展的客观规律，主动适应不同时期经济社会发展的要求，其开辟和行进的是一条既符合中国国情又符合时代要求的发展道路。

总而言之，新中国60年广播电视所开辟和行进的道路，是一条中国特色社会主义广播电视的发展道路。这就是本文的最终结论！

# 中国媒介规制的发展、问题与未来方向

◆ 喻国明　苏林森

"规制"是外来词,由日本经济学家对英文"regulation"的翻译引入,在上个世纪 90 年代引入中国。也有学者将其译为"管制",但是"管制"容易使人联想到统制和命令经济形式,而"规制"更接近英文原来的词义,它所强调的是政府通过实施法律和规章制度来约束和规范经济主体的行为,故译作"规制"更恰当。为了体现规制与管制的这一区别,一般在论及计划经济体制时,使用"管制";在论及市场经济体制时,使用"规制"。正是从这个意义上,本文用"规制"来表示针对媒介的各种限制、禁止、鼓励和促进的政策。[①]

## 一、中国媒介规制的演变路径和特点

与西方发达国家的媒介规制的构建逻辑不同,中国的媒介规制是在政府绝对控制的背景下起步的,因此,伴随着改革开放,我国媒介规制的构建是一个总体上不断放松管制的过程。改革开放 30 年来,中国媒介产业从无到有、从小到大取得了辉煌的成就,伴随着中国媒介业的不断发展,中国的媒介规制变迁大致分成三个阶段,第一阶段是事业单位调整时期(1978～2000 年);第二阶段是以规制市场主体的经济活动为主(2001～2002 年);第三阶段以媒资融合和资本化整合为主的阶段(2003 年至今)[②]。也有学者从制度变迁的主体、内容、方式、受益者四个关键因素的角度考察,将中国媒介制度的演进分成四个阶段:始于 1978 年的"财政成本拉

---

\* 原载于《现代传播》2010 年第 1 期。

动型"的企业化制度变迁、始于上世纪 80 年代末的"经济效益推动型"市场化制度变迁、始于上世纪 90 年代中后期的"行政力量控制型"的产业化制度变迁以及始于 2003 年"政治与资本合作型"的资本化制度变迁③。无论哪种分法,从 2003 年至今,中国媒介处于资本化的制度框架的运作之下。改革开放以来国家主管部门关于媒介规制方面的文件很多,表 1 列出了具有标志意义的几个重要的文件。

表 1　1979～2008 年中国政府有关媒介规制的标志性文件

| 时间 | 发文部门 | 文件名称 | 主要内容 |
| --- | --- | --- | --- |
| 1983 | 广播电视部 | 《关于广播电视工作的汇报提纲》(中共中央 37 号文件) | 确定了"四级办台"的事业建设体制 |
| 1996.12.14 | 中共中央办公厅、国务院办公厅 | 《关于加强新闻出版广播电视业管理的通知》(37 号文) | 按照"控制总量、调整结构、提高质量、增进效益"的原则,治理散滥,促进新闻出版和广播电视业从扩大规模数量为主向提高质量效益为主转变。 |
| 1999.9.17 | 信息产业部、国家广播电影电视总局 | 《关于加强广播电视有线网络建设管理的意见》(国办 82 号文) | 提出了"四级变两级"的广播电视改革体制,同时提出组建广电集团 |
| 2001.8 | 中共中央宣传部、国家广播电影电视总局、新闻出版总署 | 《关于深化新闻出版广播影视业改革的若干意见》(中办 17 号文件) | 提出文化体制改革要以发展为主题,以结构调整为主线,以集团化建设为重点和突破口,着重在宏观管理体制、微观运行机制、政策法律体系、市场环境、开放格局 5 个方面积极进行探索创新,以进一步壮大实力,增强活力,提高竞争力。第一次明确要求积极推进集团化建设,实行跨媒体、跨地区经营,把集团做大做强。 |
| 2003.7.10 | 中共中央宣传部、文化部、国家广播电影电视总局、新闻出版总署 | 《关于文化体制改革试点的意见》(中办 21 号文件) | 将媒业按资源、属性的不同分为公益性事业和经营性产业两类 |
| 2005.12.23 | 中共中央、国务院 | 《中共中央、国务院关于深化文化体制改革的若干意见》(中发〔2005〕14 号文) | 强调区别对待、分类指导。公益性文化事业要增加投入、改善服务,经营性文化产业要创新体制、壮大实力。 |
| 2009.9.26 | 国务院常务会议 | 《文化产业振兴规划》 | 强调传统媒体与数字媒体的交替、文化产业跨区跨国并且做大加强、吸引社会资本以及建立中国文化产业投资基金。 |

从改革开放后中国媒介规制变迁可以看出,伴随着中国媒介始自上世纪90年代末的市场化提速,与之相对应的媒介规制也相应增多,特别是从2001年11月中国加入WTO以及中共十六大提出深化文化体制改革以后,各种媒介规制的文件、条文频繁出现。政府逐渐从主导媒介的所有活动到放松对媒介的直接干预,将媒介分成公益性事业和经营性产业两块,政府的规制主要体现在前者,即保证传媒的社会效益。

陈怀林和陈韬文(1998)总结中国媒介政策变迁三大趋势:一是媒介管理体制从由党委宣传部包揽一切转向由宣传部和政府行政部门分工管理。1987年成立了国家新闻出版总署(1949年中国曾经设立过国家新闻总署,但1952年撤销),近几年来,各级党委宣传部仍集中掌握重大宣传政策的制定和媒体主要领导的任免,而技术层面的职责已经逐步由新闻出版总署(局)和广播电影电视(总)局接手。第二是法规和制度相继建立,行政与市场调节并用。第三是传媒管理部门对"违规"的媒体和个人的惩戒措施有相对放松和逐渐软化的趋势。总的看来是由党务部门的人治转向政府部门的法治④。另外,从中国媒介规制变迁中还可以看出,媒介资源整合是一个趋势,如2003年执行《关于进一步治理党政部门报刊散滥和利用职权发行、减轻基层和农民负担的通知》,报刊治散治乱收效明显,2003年全国共出版报纸2119种,到了2004年数量基本稳定在1900多种。在各类媒介的规制变迁中,纸质媒介走在了广电媒介的前面,上世纪90年代以后,中国媒介集团化始于报纸、渐次于广播电视、最后是电影与出版⑤,报业在市场化大潮中先"试水"的经验可以移植、借鉴到广电经营中去。由于报纸是更古老的媒介,报业市场化步伐快于广电、报业在跨媒介集团中多占主导也是世界媒介市场的一个普遍现象。

## 二、现阶段中国媒介规制存在的问题

长期以来,中国媒介属于行政机构的一个组成部分,媒介机构的领导由各级党委政府直接任命,媒介多强调其宣传喉舌功能而忽视了经济功能,媒介产业化进程只是在上世纪90年代中期以后才从规制许可的意义上正式启动并逐渐深化。因此中国媒介深深地打上了政府垄断的烙印,当长期定位为党和政府喉舌的中国媒介与市场化遭遇时,便导致了传媒业在其市场化的发展进程中政企不分、效率低下、权力意志盛行等种种问题,表现在媒介规制上就是媒介规制的机构设置不合理、媒介规制不透明、媒介规制缺乏常规化、媒介寻租现象严重等弊端,几乎所有的政府领导都可以制定媒介方面的规制,对媒介指手画脚。这样便使媒介规制缺乏一个透明化、常规化、程序化的规范,具体说来,现阶段中国的媒介规制与管理存在下列主要问题:

第一,条块分割、画地为牢的媒介管理模式造成媒介跨地区、跨媒介和上下游产业资源整合的困难,同时也是造成中国媒介产业无法做成"规模经济"和"范围经济"的一个主要原因。

我国媒介形成了比较明显的纵横交错的"井状"结构,横向看,1983年就确定的"四级办电视"确定了中国电视的基础结构,依次是中央、省(直辖市或自治区)、市和县,不同级别的媒介受当地党委和政府的领导和管理,自上而下形成大而全、小而全的媒介网络结构,在不同层级的行政区域,中国媒介具有不同的级别;纵向看,不同类别的媒介受不同的媒介管理部门垂直领导,报纸、杂志、图书出版等平面媒体和音像等的领导机关是国家新闻出版总署(局),广播、电视和电影等的领导机关是国家广播电影电视(总)局,管理文化艺术事业的部门是文化部(局),互联网的管理部门又是国家工业与信息化部(前国家信息产业部)。从政治上看这些媒介均受各级党委宣传部的领导,而从经济上看,媒体的广告业务主要由各级工商行政管理部门进行管理。这种错综复杂的管理结构造成中国新闻媒介政策制定和执行的困难,在很多时候不同利益主体的出发点不同,造成了管理上的不一致甚至相互矛盾、画地为牢:报业不得进入广电,广电也难以进入报业,致使跨媒体融合这一国际性的传媒产业发展大趋势在中国迄今为止鲜有作为。从横向上看,各地区党委和政府竭力保护自己所辖地媒介的利益,同时,因为所辖地媒介更便于管理(各地媒介"不得批评同级党委"),保护自己属地的媒介也是为政府谋取利益,造成强大的地方保护主义,造成传媒业跨地区发展阻力重重,如 2002 年底上海文广传媒集团计划通过宁夏卫视"借壳上星",想利用宁夏卫视白天承载上海电视台财经频道,晚上承载上海电视台体育频道,由于宁夏电视台的上级主管单位坚决反对,致使双方的协议最后成为纸上谈兵。宁夏电视台当时的负责人顶住压力,坚持签下合作协议,但一回宁夏就遭免职。⑥从纵向看,由于不同类别的媒介归属不同主管部门管理,各主管部门均从各自部门的利益出发进行管理,针对同一市场的媒介规制往往要涉及不同部门,如卫星广播电视的规制就牵涉广电总局、原信息产业部、公安部和工商行政管理总局等部门,导致部门利益难以协调,规制效率低下。部门保护主义和地方保护主义的双重影响为跨媒介融合、跨地区发展和跨行业经营制造了难以逾越的障碍,严重阻碍了中国媒介产业做大做强的步伐。2006年11月28日成都传媒集团成立,在跨媒体的融合方面进行了卓有成效的探索和尝试,但仅仅因为申报程序方面的某些瑕疵,便遭遇了国家广电主管部门的严厉打压,声称"这种做法违反了中央关于文化体制改革的政策和总局的相关规定,是错误的"(广发〔2007〕87号文件),甚至拒绝按照广播电视管理条例给予合法登记。地区壁垒、媒体壁垒和行业壁垒就像"三座大山"压着中国传媒产业的改革。而反观西方媒介发达国家的现实,美国最大的25家媒介集团都包括广播、电视、有线电视、卫星广播电视、报纸、杂志、出版、电影、唱片、互联网、娱乐和体育等。[7]这种条块分割、划地为牢的媒介管理模式造成媒介跨地区、跨媒介和上下游的产业资源整合困难,这也是造成中国媒介产业无法做成"规模经济"和"范围经济"的一个主要原因。

国家广电总局作为全国广播电影电视事业的最高业务主管部门,应该从国家大文化产业发展的大局出发,为跨媒介组建传媒集团提供尽可能的政策支持,但在对2009年1~6月间天涯、凯迪社区的网络民意分析显示,在全国十个窗口行业主管部门的网络信任评价得分中,国家广电总局名列倒数第二[8],与其他部门相比,广电总局的相关议题能够引起网友关注,但共鸣度不高。从网民对广电总局议题的倾向性看,超过50%的信息是负面的,对广电总局的正面信息不到10%。在网民关注的议题中,评价、质疑和质问广电部门是博客和论坛的主要议题,占到了总体的近1/2。在广电部门网民议题涉及的行政级别中,广电总局是主要涉及部门,针对广电总局的论坛占到了总体的60%,博客占到了总体的90%,并且随着广电部门行政级别的提高,负面信息的比例不断上升。网友的理性情绪占大多数,其次是质疑和愤怒的情绪类别。最受质疑的是任意封杀的危机议题;网民最为愤怒的是数字机顶盒的推广议题;网民最戏谑的是禁用"大锅盖"的议题。[9]广电总局应高度重视此评价结果,更多倾听群众声音,改变自己的外在形象。

第二,中国媒介既是事业单位又按企业经营的双重角色规定,造成了实践中原本的社会正义和公益在逐渐被抽离,而市场化中的恶行却未能得到有效的制止,我们的媒介规制面临着与其构建的初衷大相径庭的悖论式尴尬。

从原本的意义上说,事业是为了保障全社会的公益而无偿占用公共资源,从而获得经济循环的一种方式;而企业化经营则意味着政府应在产业和市场领域尽可能退位,尽量淡化政府的干预,让企业主体通过自己的努力和市场的规则来占有资源和获得经济回报。但是,中国媒介所施行的"事业单位、企业化管理"的基本规制导致了媒介单位的角色错位,造成了传媒业的显规则和潜规则两套办法并行,进而导致宏观管理的某种失控状态:显规则是写在文件上、说给上级机关听的并不真心去做的行为规范;而潜规则则是为自己谋取市场利益、心照不宣、闷声去做的行为规范。它在相当程度上造成了媒介的具体操控者在实际部门管理中的阳奉阴违,说一套、做一套,致使相当多的宏观管理决策在下达中大打折扣。

更进一步说,它给我国传媒业的发展带来了很多特殊问题。一方面,一些媒介单位以"事业属性"为旗号,通过政府规制来谋取非市场的特殊利益,造成市场发展上的不公平竞争;另一方面,又在几乎所有的作为上都以一己的利益最大化为取舍而罔顾社会公益,挣钱挣得一副"大义凛然"的样子。

在实践中,某些媒体主管部门表面上在执行中央的政策,实际上是为本部门的利益而战,中国的媒介规制就像一块橡皮泥,需要什么样子就可以捏成什么形状,需要怎么解释就可作出相应解释。当报纸和电视进行跨媒介合并的时候,对自己有利了,就说融合在经济上促进媒介产业做大做强,在政治上可以实现高效的舆论引导,但当这种合并触及了自己的利益时,它又可以说,跨媒介合并不利于舆论的多元化,容易形成垄断……中国的媒介规制成了"可以随意打扮的小姑娘"。在很多时候,某一部门为获取自身利益,总能找到意识形态上的一个堂而皇之的"尚方宝剑",诸如信息安全、舆论导向之类。明眼人都看得出这里指出的是一种打着"红旗"的伪社会效益。

于是,在这双重属性的规定中,原本的社会正义和公益在逐渐被抽离,而市场化中的恶行却未能得到有效的制止,我们的媒介规制面临着与其构建初衷大相径庭的悖论式尴尬。

第三,中国媒介规制对于掌权者的限制性规定几乎为空白,导致权力者对于传媒规管的随意性极强,在实践上致使政治权力无法与经济利益分离,从而引发媒介寻租和腐败现象。

按照现代法理,任何法律的规范首先是对于权力者行为的规范。但是,现阶段我国媒介规制的构建中,这一内容几乎为空白。从所出台的这些媒介规制发布程序来看,中国的媒介规制多是行政性命令而少有法律条文,甚至有些规制就是一个会议上一位领导的讲话或者一个电话。2004年12月21日至22日博鳌会议上宣布停止审批事业性质的广电集团⑩,始于1999年的广电集团化政策鼓吹了5年后

"突然死亡"。有时候一个党政部门或是相关部门的领导一张批条或一个电话就可以对某一传媒横加指责,甚至给予没有制度与法规依据的处罚。于是便导致中国的媒介规制具有极大的随意性,缺乏规范性、权威性和连续性。这样也造成了媒介规制执行起来效率低下,往往需要通过行政上的三令五申、反复强调才能起到些许效果,而一些"胆大"的下级则出于种种原因屡屡"犯禁"。

目前我国的媒介规制对传媒业的产权制度的规定是极为模糊的。从经济学的角度看,只有产权明晰且具有排他性,才能带来责权利的统一,从而激励产权所有者寻求产权带来的最优价值。但实际情况是,正是由于中国媒介产权的非排他性,导致政治权力无法与经济利益分离,从而引发媒介寻租和腐败现象。[11]

从规制的内容来看,媒介规制更多的是限制性的"义务",而非保障性的"权利",如目前涉及广播电视、新闻出版方面的规制没有明确规定公民自由传播的权利,缺少有效的保护公民的知情权、监督权和大众媒介的采访权、报道权的规定。另外,很多媒介规制还存在空白点,譬如,如何清晰界定中国媒介领域中的公益型事业与经营型产业;媒介事业部分与产业部分剥离后,其经营主体如何真正落实;报纸"管"与"办"分离后,"管"的职能如何到位,哪些该由政府管,哪些由市场解决等都缺乏明确的规定,其执行起来的成本也是很高的。[12]

第四,现阶段我国的媒介规制缺乏规范性和透明度,因而极易滋生暗箱操作。

由于中国媒介规制缺乏规范性和连续性,正式制度供应不足,给各种"潜规则"提供了盛行的土壤,寻租现象四处存在,销蚀传媒产业的整体利益。[13]1982年度诺贝尔经济奖得主、规制经济学的创始人施蒂格勒曾经分析过"管制俘获理论(capture theory)",他指出,政府规制是为满足产业对规制的需要而产生的,即立法者被产业所俘虏;而规制机构最终会被产业所控制,即执法者被产业所俘虏,从而导致管理者本身变成了管制的既得利益者,于是他们就会寻找各种各样的借口,制定更多的规则。在这种情形下,媒介规制往往并不致力于将市场占有和资源利用最大化,而是追求权利的最大化和职位的最多化,利用政府赋予的合法权利来创造出更多的管制,导致规制无效率。

## 三、中国传媒规制的改革方向

针对前述的中国媒介规制中存在的诸多问题,为促进媒介产业的进一步发展壮大,需要对我国现行的媒介规制进行全面深刻的改革。

首先,从中国传媒的制度设计上进行规管制度的改革,建立传媒业统一的国家规制与管理部门。

条块分割的"井"字传媒布局以及由此带来的不同媒介间的平行结构(各类媒介平行发展,媒介之间融合度很低)和不同地区媒介的倾斜发展(媒介产业的空间布局极不平衡,包括东中西不平衡、城市与农村不平衡、中心大城市与大中小城市不平衡)给我国传媒业的总体管理、规划及按照媒介产业化潮流的发展带来了极大的困难,虽耗费了很大的人力、物力但成效甚微、效率极低。

为提高规制效率,我国急需设立专门的传媒业综合管理部门,尽可能避免政府部门之间画地为牢及衍生出的寻租行为。从中国传媒业目前的现状来看,横向的不同行政级别媒介属地管理现状在政治体制基本不变的格局下难以打破,可以打破的是条块分割中的"条",即取消各级广播电影电视、新闻出版、文化管理和信产部门的多头管理,代之以可以统领新闻出版、广播电视乃至整个文化产业的综合管理协调部门。这样既有利于协调部门分歧,实现产业融合,更有利于国家发展文化产业的大政方针的推进与落实。

在这方面,我们是有诸多国际上的先行经验可以借鉴的。譬如,美国政府根据1934年国会通过的《通信法》(*Communications Act*)设立的联邦通信委员会(Federal Communications Commission,简称 FCC)负责常规的州际、国际通信、电视机、电线、卫星、电缆等方面的工作,涉及美国 50 多个州、哥伦比亚以及美国所属地区,为确保与生命财产有关的无线电和电线通信产品的安全性,FCC 作为一家独立的政府机构,直接对美国国会负责;2003 年 12 月 29 日,英国通讯办公室(the Office of Communications,简称 Ofcom)作为新的国家电信及广电行业管制机构成立,Ofcom 正式接替了电信办公室、无线电通信管理局、无线电管理局、广播标准委员会以及独立电视委员会等五家机构的职能,成为电信及广电行业唯一的管制机构,英国政府希望这一简化机构的举措能带来更高效的监管。

这两个机构在英美两国的媒介规制方面发挥了重要的作用,促进了本国媒介产业的发展。这些国家的媒介产业发展比较成熟,其政府媒介规制的经验可供我们借鉴。2003 年伊始,新加坡政府把原来的广播管理局(Singapore Broadcasting Authority)、影片和刊物局(Films and Publications Department)和电影委员会(Singapore Film Commission)合并起来,成立了统一的管理机构——传媒发展局

(Media Development Authority，MDA)，合并之后的 MDA 能更好地协调媒介融合所带来的不同媒体之间的发展和管理。[14]

在建立超越单一部门的媒介规制管理部门的时候，管理部门的规制制定者应该有超越小部门利益的眼光和思维，从文化产业发展的大局、从为国家和人民谋福祉的高度来考虑规制问题、制定对应的规制。不同媒介之间的融合和交叉是未来媒介发展的大势所趋，因此从规制上打破行业分割，促进相互渗透和融合符合社会的最大利益及媒介业发展的内在逻辑。

媒介融合发展并非仅需遵循技术和市场的逻辑，媒介融合的进程已经深受政府规制的影响。传统的传媒规制按照单一的基础平台垂直管理，已不再适应于横向交叉的媒介融合现实。伦敦城市大学传播政策研究生项目主任彼得·埃斯菲迪斯(Petros Iosifidis，2002)提出了"规制融合"(regulatory convergence)的概念，即通过展开一系列媒介技术、市场和产业融合的媒介规制变革，建立一个能够适应所有融合领域的共通的规制框架。[15]在建立统一、精简、高效的媒介产业管理机构上中国已经做了一些有益的探索，2009 年 8 月 14 日召开的全国文化体制改革经验交流会透露，近年来全国开始试点"建立大部门体制、推动大文化发展"，包括北京、上海、杭州、南京等数十个城市被列为文化体制改革综合试点城市，在这样的背景下，在部分地区，文化、广电和新闻出版局等部门都已实行"三局合一"，实行了"大部制"[16]，但是三局合一在中央层面还没有改革的具体安排，要真正做到三局合一，理顺管理，中央层面的文化、广电和新闻出版机构合并要尽快提上日程。

其次，要建立科学有效的媒介规制效果的评价体系。

到底媒介规制的效果如何？这不应该凭主观感觉，不能赶潮流，更不能凭领导机关甚至是某个领导的一句话、一个电话就决定的，在制定媒介规制之前，要做充分的科学可靠的可行性论证，这里要从经济效益和社会效益两方面来衡量。

在评价媒介规制的效果时，说到底就是评价媒介社会效益和经济效益的双发展效果，社会效益就是媒介的社会影响力，社会影响力是指媒介对其受众在认知、倾向、意见、态度、信仰和行为等方面所起的一定程度的影响和控制作用，决定媒介社会影响力的关键因素是媒介的公信力(credibility)，即媒介所具有的赢得社会公众信任的职业品质和能力。只有这样，媒介才能满足受众需要、引导社会舆论、整合社会和提升国家形象等。如果再进一步细化，其社会效益的评价指标就是公信力和影响力。

社会效益的评价指标目前很大程度上还停留在主观、定性的判断上,而经济效益指标相对更容易量化,即媒介生产过程中的投入产出比,反映一定时期媒介所生产的最终产品的消费水平,可简单地用公式表示为:经济效益的概率＝产出量/投入量。

另外一类重要的评价标准就是规制本身的效率如何,即比较规制的成本和所带来的收益,如果规制的成本大于收益,这种规制无效率,反之则规制有效率。不过即使是规制带来的收益大于规制成本,还需要考虑的一个问题就是,在确定的规制收益下,有没有更小的规制成本或者在确定的规制成本下有没有更大的产业发展的收益,用公式来表示就是:规制效率＝规制成本/规制带来的收益。而在过去,规制成本是较少被纳入到规制者的考虑范畴内的。如果将同一时期中国同类型媒体制度创新的成本视为一个常数,那么,潜在收益即成为制度创新概率的决定因素,也就是说,收益越高越可能进行媒介制度创新。[17]

在评价媒介规制的建构效果上,国外已有一套相对成熟和科学的方法,美国从保护竞争和公众利益的角度出发,对于集中的限制、对于意见多样性的保护是否成功成为衡量 1996 年电信法是否达到立法意旨的主要依据。美国采用的多是集中率,比如简单的集中率(concentration ratio,简称 CR、CR4 或 CR8)测量,如果 CR4≥50%,或者 CR8≥75%,那么,这个市场就被认为是高度集中的。更常用的是赫芬达尔－赫尔希曼指数(Herfindahl-HirschmanIndex,缩写为 HHI),自 1982 年以来,美国司法部和联邦通讯委员会采用此指标作为反托拉斯的依据:HHI＝0 为完全竞争状态;HHI＜1000 为非集中市场,即竞争性市场;HHI 在 1000～1800 间,即为中度集中市场;HHI＞1800,即为高度集中市场;HHI＝10000,说明一家企业完全垄断了市场,拥有了 100% 的市场份额。英国在社会效益的测量和评估方面所作的多种尝试中,权变评估方法(Contingent Valuation,CV)获得越来越多的应用。[18]根据经济学和管理学的理论,在考虑企业控制权和所有权的时候需要考虑到的因素包括:(1)企业所有权和控制权的分离程度;(2)企业决策的机构成本;(3)企业所有者和经营者的信息不对称的程度;(4)进行融资的能力;(5)企业自我造血的能力;(6)赢利的动力;(7)企业保值增值的动力;(8)企业长期的稳定程度。[19]其中(2)和(3)是负向的,其余指标是正向的。当然,有必要指出的是,我们可以根据国际经验,尝试构建一整套既符合中国特点又科学有效的传媒制度绩效评价体系来用于我们的政策绩效评估。

第三,以健全的法制体系替代政策或临时性的规管,以增强媒介规制的透明度、权威性和规范性。

前面已经论及,我国当前媒介规制中存在着大量的缺乏规范性、媒介规制不够透明、缺乏连续性和常规化的现象,由此滋生了暗箱操作的情形。要改变这种现状,除了前述的要从规制和管理机制上建立统一、有效的综合协调管理部门外,还必须做到"有法可依",就是说不能"换汤不换药",要让新的综合规制管理部门在实际执行中有一套可操作的条例、法令。相对于在媒介规制中经常用到的部门规则、政府文件甚至会议发言或领导讲话外,法律更具严谨性和权威性,只有从机构设置和法治建设两方面来健全,规范、持续的媒介规制才能建立起来。

当前,我国媒介技术、媒介管理手段日新月异,包括传媒在内的文化体制改革还处于不断深化阶段,媒介规制还处于探索阶段,技术融合导致不同媒介间的界限日益模糊,制定详细完备的媒介法律体系的条件还不够成熟,于是尽快制定一部横跨不同媒介的规制的"根本大法"已成必要,在根本大法的框架下,可以逐步完善各媒介规制的子法律,最终形成一个比较完备的媒介规制法律体系。这方面欧美国家同样给我们提供了可资借鉴的经验,早在1934年美国就通过了联邦《通讯法》,据此成立了联邦通讯委员会;英国则在2003年通过了《通讯法》,成立了新的通讯办公室(Ofcom)。

第四,由于长期形成的东西部、城乡差别,加上文化差异,不同地区媒介发展水平差别很大,另外,不同类别媒介性质迥异,因此对不同地区、不同媒介要区别管理。

中国地域广阔,和改革开放后中国的经济发展类似,中国的媒介产业化起步更晚,也就十多年的时间,导致不同地区的媒介发展差异更大,中国媒介产业呈明显的倾斜式发展,东西部、内地和沿海、大城市和中小城市之间发展存在显著的差异。北京、上海和广东三地的广告业长期占据了中国广告业的半壁江山;再如以联合国教科文组织所规定的衡量传媒发展水平的常用指标千人日报拥有量计,2006年上海地区的千人日报拥有量为204.13份,北京的千人日报拥有量为184.86份,但西部贵州的千人日报拥有量仅为21.85份,青海为19.79份,[②]媒介发展的地区差异可见一斑,所以,针对不同地区的媒介规制不可一概而论。为保护舆论的多样性,同时要培养媒介集团的竞争力,在受众规模大、媒介集中度低的城市可以加强合并,媒介规制相应放松,反之则加紧。

从不同媒介看,广播和电视因为其通过电波传播,传播范围广、速度快。媒介传播的无线电波、卫星和有线网络都是相对匮乏的公共资源,其影响也相对较大,这种特性使其与电信、互联网有相似之处,因此西方国家的媒介管制多集中于对广电媒体和电信业的管制,如美国、法国、墨西哥等国家的媒介规制主要是针对广播和电视,而对报纸和杂志的媒介规制相对较少,美国的报纸和网络主要是受《宪法第一修正案》的保护,享受高度的自由,FCC 主要管理广播和电视[21]。在中国,情况也类似,虽然要打破管理部门和行政区域的条块分割,但针对不同类别媒介的规制应该体现出差别。还有就是,从媒介的性质上分,目前我国媒介分成公益性事业和经营性产业两大部分,两者具有不同的功能,相应的管理方式也应当体现出差异:前者是保导向,需加强规制;后者是保市场,需要给予更多的自由空间。

### 四、展望:中国媒介规制的渐进式改革

经济和政治两股力量在中国的媒介发展中相互作用、相互争夺,形成"拔河"态势,其结果依次经历政治主导形态、政治主导但市场增势形态、势均力敌形态、市场主导但政治增势形态和市场主导形态,经济因素逐渐占上风。[22]从前述中国媒介规制的发展脉络中也可以看出,随着经济因素的逐渐增强,媒介规制趋于放松,这也是世界媒介规制发展的大势所趋。

中国媒介主管部门对媒介既希望"马儿好"(提供宣传),又要"马儿不吃草"(财经自立),就不得不容忍甚至鼓励媒体另辟生财之道。上级部门对媒体的"犯规"举动往往最初不直接表态,以便自己进退有据。而当其他媒体改革力度过大,新制度的扩展可能"失控"时,上级部门就会以比较正式的形式对新制度作出规定。再经过新一轮的观察和考虑(视其是否危害自身的根本利益),一种更正式的制度形式又会产生。[23]媒体单位的创新和党政部门的规限不断互动发展,新制度逐步形成,中国媒介规制的改革是在媒介和政府之间不断的互动中"摸着石头过河"的。中国媒介规制的改革常常是进两步、退一步,由于受到政治经济(特别是政治)形势的影响,中国的媒介规制呈不断的加强规制—放松规制—强化规制的螺旋式发展。改革开放以来我国媒介改革的基本特点是:微观业务机制层面的改革远远超前于宏观体制规则层面的改革;边缘资讯领域的改革远远超前于主流资讯领域的改革;增量传媒(即新增媒介)的改革远远超前于存量传媒(历史上已经存在的媒介)的改

革;㉔边缘调整成为制度创新的最佳选择,先以边缘突破、再带动中心变革,对涉及媒介内容和其他核心管理制度的改革举步维艰。又由于中国的媒介市场化历史比较短,我们的特殊国情导致西方国家媒介市场化的经验又不能照搬过来,中国的媒介产业化只能遵循着"实践先行—理论跟进—政策追认"的模式,这些因素都决定了中国媒介规制的改革是一个缓慢的、渐进的过程。当然,这种实验推广的渐进式改革路径选择也降低了媒介规制的风险。这种增量改革、微观变化和边缘突破的媒介变革模式还将在较长的一段时间内存在,这也符合中国经济的整体渐进式改革的路线。

目前我国媒介规制还有诸多不完善之处,在正式媒介制度之外的灰色地带是媒介成长的良好空间。要尽可能地利用制度的灰色地带,国家明文禁止的活动虽不能违背,但是如果国家没有明令禁止,实际上媒介单位是可以尝试的。中国媒介制度的完善是一个渐进的过程,这是当前乃至今后较长一段时间我国媒介发展的一个逻辑。中国媒介市场化过程中的一些成功尝试,尤其是报业的经验正说明了这一点,如《天津日报》1979年1月4日刊登"文化大革命"后大陆第一则广告、《洛阳日报》在1985年自办发行、2000年《成都商报》借壳上市、2006年成都传媒集团组建成为国内第一家中心城市跨媒介集团等都是采取这种方式来尝试的,这些宝贵的尝试也是中国媒介在走向规范的市场化过程中不可缺少的环节。当然媒介单位的种种尝试都要在我国现存法律允许范围内进行,要牢牢坚持党管媒体不能变,坚持四项基本原则。

政府及其主管部门宜多从规制中退位,开辟更多的媒介规制改革的"试验田"。在放松媒介管制成为大势所趋的情况下,政府起的作用更多的是把握全局发展方向,而不能管得过死,如果管得太多,反而让媒介产业在改革的大潮中缩手缩脚,贻误了发展的良好时机。遗憾的是,2009年8月14日,国家广电总局下发《关于加强以电视机为接收终端的互联网视听节目服务管理有关问题的通知》,要求通过互联网连接电视机或机顶盒等电子产品,向电视机终端用户提供视听节目服务,必须取得《信息网络传播视听节目许可证》,互联网电视一时遭到封杀。㉕政府主管部门应该突破本地区、本部门的狭隘思维,从发展振兴民族文化产业的高度,尝试放宽外资、私营媒介的进入门槛,尝试跨媒介融合、跨地区和跨行业经营,为传媒产业乃至文化产业的做大做强创造更大的制度空间。

2009年9月26日,国务院常务会议通过的《文化产业振兴规划》中,多次提到文化企业跨行业经营,如文中指出"以资本为纽带推进文化企业兼并重组取得重要进展,力争形成一批跨地区跨行业经营、有较强市场竞争力、产值超百亿的骨干文化企业和企业集团"。为贯彻落实《文化产业振兴规划》,文化部已经出台《文化部关于加快文化产业发展的指导意见》,希望国家广电总局也以此为契机,联合文化部、新闻出版总署等制定相关措施,共同为文化产业的大发展奠定政策基础。

---

注释:

① 陈富良:《放松规制与强化规制》,上海三联书店2001年版,第2页。
② 胡正荣、李继东:《我国媒介规制变迁的制度困境及其意识形态根源》,《新闻大学》2005年第1期。
③ 周劲:《转型期中国传媒制度变迁的经济学分析——以报业改革为案例》,《现代传播》2005年第1期。
④ 陈怀林、陈韬文:《鸟笼里的中国新闻自由》,载何舟、陈怀林编著:《中国传媒新论》,香港太平洋世纪出版社有限公司1998年版,第50~53页。
⑤ 冯建三:《中国大陆传媒变迁的经济分析1979—2002》,http://www.jour.nccu.edu.tw/wp-content/pdf/research/912412H004001.pdf.
⑥ 邵奇、张健:《省级广电集团跨地域经营策略探析——解读上海文广2003年跨地域经营的三大攻略》,《新闻传播》2004年第12期。
⑦ 谢春林:《中国电视产业做强做大的路径选择——政府规制的视角》,复旦大学2006年博士学位论文。
⑧ 十大窗口部门的网络民意指数得分依次是公安部、工信部、铁道部、教育部、卫生部、社会保障部、住房和城乡建设部、环保部、广电总局和税务总局。
⑨ 中国人民大学舆论研究所:《广电总局网络舆情分析报告》,2009年9月。
⑩ 孙正一、柳婷婷:《2004:中国新闻出版业回望》,《新闻记者》2004年第12期。
⑪⑫ 张君浩、刘寒娥、贺利艳:《媒介产业政府规制应注意的几个问题》,《北方经济》2007年第5期。
⑬ 戴元初:《中国传媒产业规制的解构与重构》,《青年记者》2006年第2期。
⑭ 蔡雯、黄金:《规制变革:媒介融合发展的必要前提——对世界多国媒介管理现状的比较与思考》,《国际新闻界》2007年第3期。
⑮ Losifidis, P. (2002), "Digital Convergence: Challenges for European Regulation", *The Public*, 2002(2).
⑯ 蒋芳、刘巍巍:《全国文化体制改革经验交流会8月14日在南京召开》,http://www.gov.cn/ldhd/2009-08/15/content_1393079.htm.
⑰ 陈怀林:《试析中国媒体制度的渐进改革——以报业为案例》,《新闻学研究》(台湾)第62期。
⑱ 喻国明、戴元初:《如何评估媒介规制的建构效果》,《新闻与写作》2008年第11、12期。
⑲ Picard, R. G., & Weezel, A. (2008), "Capital and Control: Consequences of Different Forms of Newspaper Ownership", *The International Journal on Media Management*, 10:22−31.

⑳ 喻国明主编:《中国媒介发展指数报告2008》,社会科学文献出版社2008年版。
㉑ McKenzie, R. (2005), "Comparing Media Regulation Between France, the USA, Mexico and Ghana", *Comparative Media Law Journal*, 引自 http://www.juridicas.unam.mx/publica/rev/comlawj/cont/6/arc/arc5.htm。
㉒ 何舟:《从喉舌到党营舆论公司:中共党报的演化》,载何舟、陈怀林编著:《中国传媒新论》,香港太平洋世纪出版社1998版。
㉓ 陈怀林:《试析中国媒体制度的渐进改革——以报业为案例》,《新闻学研究》(台湾)第62期。
㉔ 喻国明:《当前中国传媒业发展客观趋势解读》,《现代传播》2004年第2期。
㉕ 张颖:《广电总局严管互联网电视 彩电厂家担心遭封杀》,引自网易科技频道:http://tech.163.com/09/0814/22/5GN9NQDP000915BF.html。

# 三网融合:构建中国式"媒信产业"新业态[*]

◆ 黄升民

## 一、关于三网融合的由来

2010年一开始,国务院关于三网融合的基本政策方向一经推出就引发市场的回应,各种热烈的讨论也随之而来。其实我国的三网融合并不是个新鲜话题,而是一个沉积了十余年的历史问题的尘埃落定。

1. 十余年前:替代性融合的搁置

我国关于三网融合的讨论最早开始于上个世纪90年代中后期,受美国FCC三网融合和广播通信之融合的促动,当时在政府高层,基于避免重复建设的原则,出现了广电网并入通信网[①]、仅在通信网的基础上构建我国的信息高速公路的思路,并且在上海等地还进行了实践。但在随后激烈的讨论中,政府高层顾及广电网的特殊性,尤其注意到信息传输的安全性、舆论引导的重要性,于是搁置了这种替代性融合的思路。

在产业实践方面,相互融合的理性产业结构也没有成熟。虽然数字技术的发展给广电和通信提供了业务拓展的可能,广电开始涉足互联网接入和话音业务,通信业开始涉足有线电视,但是,此时不论是广电还是通信,在进入对方传统优势领域方面均准备不足,竞争只是被当作捍卫生存空间的手段,双方都把抢夺对方用户看作是主要成绩,甚至出现了互剪电缆、流血冲突这样的你死我活的低层次野蛮竞

---

[*] 原载于《现代传播》2010年第4期。

争。现在回头来看,在当时的历史环境下,即使能够把对方的业务抢到手,也不见得能经营好,这种野蛮的低层次竞争缺少政策层面的指引和管制,无法推动产业的健康发展。

因此在当时各种因素的促动下,1999年9月,由国务院出面,出台了影响深远的82号文,其核心思想就是明确规定了通信部门不能经营广播电视业务,而广电部门也不能经营通信业务。从此,网络融合的问题成为敏感问题,被搁置下来。

2. 十余年中:搁置争议,专心谋发展

在政策层面平息了恶性竞争的可能之后,广电和通信两大产业从盲目替代他人的思路中解脱出来,搁置争议,专心沿着各自的产业发展路线推进。

在这十余年中,广电和通信两大行业不断深化技术探路,调整产业布局。

广电方面,逐渐形成了以有线电视网络为核心的广电网的建设,形成了一个由有线、无线和卫星三大行业交叉发展、全面开花的数字化格局,业务范围也从单一的广播电视信号传输拓展到了综合性的多媒体信息平台。

通信方面,在通信网的基础上,不仅完成了行业内部的结构调整,形成了固网和移动网融通运作,电信、移动、联通三家运营商市场运作的基本格局,而且还搭建起资本格局下的现代企业制度,更是在技术推动下由2G发展到3G,业务也从单一的话音服务拓展到了综合信息服务上。

在这个过程中,两大产业的竞争和融合不断发生,出现了数字电视与IPTV、网络视频、CMMB与3G手机媒体等矛盾冲突和局部的合作。随着这些新兴产业自身的发展和推进,进一步模糊了两大产业之间的业务界限和壁垒,也为日后发生的产业融合打下了基础。

3. 十余年后:重提中国式的三网融合

2010年被称为中国"三网融合"的启动元年。

广电和通信产业在经历了十余年的发展之后,到今天已经形成基于数字技术、内容业务、传输网络以及服务平台等各个方面融合的事实,因此重提三网融合,就有了比较充分的现实动力,而且,中国的国情也使得这个融合是一个其他国家和地区所见不到的具有中国特色的三网融合。

从历史发展过程来看,三网融合的产业政策出台背后都会映射出所在国家和地区的产业战略思路与产业发展规律。中国现时所提出的三网融合,当然也会受制于两种力量的牵制:其一,广电和通信两大产业在各自十余年的发展过程中,已经形成了自己的产业格局和利益诉求;其二,国家高层从满足社会发展、民众公共利益的角度出发,必然对三网融合提出相应的规划思路。从这个意义上说,我国现在的三网融合不是技术融合和单纯的产业融合,而是一个多重力量共同作用的融合,它既包含商业的、市场的成分,也包含了公共服务的国家意志的成分。

因此,看待中国的三网融合问题,必须用中国式的思维来考虑,需要看清三网融合背后是产业利益诉求以及国家意志导向,而不仅仅是一次单纯的技术进步触动的产业融合。

## 二、三网融合的产业利益诉求

在时间流逝和博弈冲突中,经过十年的搁置争议,各谋发展之后,今天的中国,广电和通信两大产业已经形成了各自的产业格局和利益诉求,形成了三网融合的动力之一,这就是今天讨论三网融合的逻辑起点。

1. 通信:下一代通信网 NGN,直指媒介化

对于通信产业来说,传统产业的衰退预期是全世界所面临的共同问题。从全球范围来看,通信传统的优势业务——话音和宽带接入业务已经达到了产业发展的顶峰时期,未来并没有新的增长点,预期收益在不断下滑,通信急需进行产业转型,进行二次创业,于是通信提出了建设下一代网络"NGN"、提升产业价值的战略规划,其中"媒介化"正是 NGN 的重要战略方向。

从现在的业务发展前景来看,单纯依靠现有的语音和宽带接入业务,根本不足以支撑产业升级到 NGN 所需的成本,此时,以"电视机＋家庭需求"为诉求的 IPTV 和以"手机＋个人需求"为诉求的手机媒体这些新业务就成为通信行业巩固既有市场、增强用户黏性、提升用户价值的必由之路,是事关生死存亡的大事。而在现有的 IPTV 或手机媒体的运行模式中,通信只是作为通路传输存在,内容制作、集成、管制都在广电,通信自然不满足,三网融合恰恰给它提供了进一步深化和拓展的想象空间。

2. 广电:下一代广播网 NGB,核心是双向全业务

对于广电来说,提供广播式服务、依附广告生存的模式也触摸到了天花板,广告市场的衰退引发了广电的担忧,与此同时,基于有线网所产生的 ARPU 值一直低得可怜,而初期的数字化改造并没有从本质上提升 APRU 值,由此广电提出了

升级到下一代广播电视网 NGB 的战略,希望通过开展全方位业务来提升 ARPU 值。

在 NGB 的战略规划中,广电首先希望能够通过增加业务范围来提升产业价值,其核心问题就是双向化。在把有线网改造成双向网之后,看电视、点播、时移回看、玩游戏、在线支付等都可以全线铺开,广电网将成为基础性的全业务信息平台。

另一方面,对于通信传统的宽带接入业务,广电则希望能够拥有自己的独立出口资源,因为现在的广电宽带接入业务模式中,广电只是通信的一个流量分销商,需要向通信部门缴纳高昂的流量费。哪怕是中国网络电视台,眼看着一年有8个亿的营收,可是大部分都用来支付了流量费。因此,如果广电能够拿到独立的带宽出口资源,成为跟通信行业一样的全业务运营商的话,除了能够增加业务之外,首先势必大大降低成本。此外,广电还可以通过捆绑提供话音业务来进一步增强用户黏着度。

3. 以平台竞争替代楚河汉界

在分析了目前通信和广电各自的利益诉求之后,我们发现,通信行业要做媒体,广电行业要做双向全业务,各自的诉求点都已经从根本上触及了对方的核心利益。

十年力量演变的发展,已经使得双方的竞争符合了平台竞争的内在逻辑:平台竞争的初期,还可以存在竞争双方相互替代的可能性选择,但是当个体发育到一定规模,且市场一旦成形,只能相互共存,在业务层面展开针对对方的复制性的竞争。当前,两大产业均已经形成了平台竞争的现实,在竞争的作用下,两大产业的网络基础设施、业务承载能力、用户需求等都在不断趋同,只不过各自的侧重点有所不同而已。广电的优势在于占领了内容高地,传输带宽,可管可控;而通信的优势在于用户服务和市场营销运营经验。这种情况下,平台已经具有一定规模,市场也逐渐成形,平台的核心价值——双边对等开放——就使得产业之间的竞争从基础网络的替代性竞争转向业务层面的复制性竞争。[②]

所以,2010 年重提的三网融合就有了前提条件:不再是十多年前的替代性融合,而是在通信网的三家(电信、移动和联通)和广电网的一家(广电诸有线网络的整合)这样的"3+1"基础上的融合。

### 三、三网融合的产业遐想

然而中国的三网融合前景非常矛盾,一方面,融合是构建在广电和通信已经形成的产业格局和利益诉求的基础上,另一方面,融合还需要顾及现实的中国国情。那么,中国三网融合的产业格局将是一个什么结构,而且又是谁来主导这个融合进程呢?

1. 一个大脑、两条腿的松散式的混业结构

上述的平台竞争分析中,我们给出了一个这样的结论:融合是潮流趋势,但是融合的过程中双方都不能被消灭,也不能置对方于死地,因此,中国式三网融合很可能构建出"一个大脑、两条腿发展"的松散式的混业结构:

通信和广电各自所拥有的基础网络属性不变,以"3+1"的网络基础构成了未来的三网融合的两个传输基座;但是两个基座之上必须拥有一个融合的大脑,即构建在"3+1"网络基干上的统合内容、业务、传输、终端、服务的交叉相融发展的神经中枢。

2. 谁主导这个结构

既然构建的是一个松散的混业结构,那么谁来主导这个结构并引导融合的发展呢?

如果按照国际的惯例或者市场竞争的思维方式,在利益最大化的驱动下,依循资本和经营实力决定主导地位,一网通吃,强者主导的逻辑,那么三网融合的未来就是通信主导,广电只不过是一个很小的经营盘子,被逐渐边缘化。但是在中国不是,必须考虑国家行政的力量,考虑国家意志对融合的现实需求和制度安排。

所以在这样的背景下,一方面,不可能按照资本实力的大小由通信网来主导三网融合[③]。通信网是一张纯粹的商业网,一切要从商业利益角度考虑问题是很自然的事情,所以,发生诸如高额的装机费、双向收费以及垄断专横之类的流弊也不足为奇。从国际的经验来看,单一的商业网是很难行使公共服务的职责的。笔者曾经说过,如果有人从财政节约考虑一定要三网合一的话,那么,最好就把同样性质的通信网如中国移动网、中国联通网和中国电信网合在一块好了,这才是物理意义上的三网合一[④]。另一方面,也不可能单独依赖广电网去主导三网融

合,广电网带有公共服务属性,长年来收费低廉而且承载许多公共服务,是"可控可管"的"安全网"。但是广电网地方割据利益纠结,有系无统,目前还不具备现代通信所要求的全程全网功能。若以广电网替代通信网就会延误网络信息业市场化运作、发展的好时机,会损害多样化、个性化信息服务产业的蓬勃发展。

因此,中国式的三网融合由于其特殊背景和现实,不是简单的技术融合,也不是单纯的市场融合,而是在意识形态参与主导下的融合,是要构建一个以媒介为高地,以内容、网络和服务为骨干基础的崭新的媒信产业,即媒介思维为主导的三网融合。因此不管是广电还是通信,在三网融合过程中,二者都必须符合并且围绕着媒介思维进行融合,只有符合这个思维才可能达到做大做强的目的。

什么是媒介思维呢?

30年的媒介改革,一直有两个不同思路,其一就是彻底的改制,进入市场,按照产业思路去组建符合经济利益导向的格局;其二是体制绝对不能碰,一碰就是触红线,不发展、不产业化也就不存在风险。

笔者追踪研究媒介近20年,发现媒介改革问题在理论上根本没有得到解决,而是限于一个死结,不改革被批评为"保守",改革却又不能放任资本、市场力量横行,走完全西化的道路。然而,值得注意的是近年来国家层面提出发展大文化产业的动向,广电领域的"制播分离",出版领域的"双转",通信行业提升服务能力、实现信息安全的产业升级等,这些其实是在实践层面上对上述理论死结的解扣。媒介改革依循的思维逻辑依旧是:既有行政主导的一面,又有市场参与的一面,根本体制不变,组织系列一分为二,核心资源牢牢握在手中,"可经营"、"可剥离"地积极进入市场参与竞争,依循"做大做强"目标进行产业运营。这样的思维逻辑在"大国崛起"、"国进民退"的背景下更加具有可操作性,其理由笔者曾经分析道:"具有双面属性,产权不清却能承载公共服务、可管可控的特性更能得到行政资源的支持,也获得了更多的市场发展机会。"⑤

因此,中国式的三网融合是媒介思维主导的结构,是中国媒介改革的缩影,这样的结论有两个理由:

其一,这样的结论符合中国现实。中国式的三网融合带有鲜明的中国社会主义的特色,充分尊重市场这只"看不见的手"的作用,同时又重视发挥"看得见的手"的力量⑥,这样的制度特性决定了三网融合跟其他中国式产业一样,躯干是市场化的,但是大脑是集权、计划经济、政府主导的。现有的体制和现有的意识形态不可能放弃媒介思维,任由其变成一个边缘化的角色,因此,三网融合的进程中,媒介的色彩不是被边缘化,而是被强化,强调对以媒介为核心的信息产业的可控可观,强调舆论引导,然后才强调产业在市场获得的利益,因此就构成了以媒介为主导的媒信产业,这个产业的运作思维是媒介式的,即强调内容管控、传输安全、服务的公共属性等。

其二,这样的结论符合三网融合的发展目标。中国式的三网融合,既顺应技术的潮流,遵循市场的原则,又强调在竞争中的双赢,广电和通信两大行业将依循"存量不变,增量分成"的融合原则,在各自利益确保之下,完成所谓"大内容,大网络,大服务"的大媒信产业的平台格局构造。因此,原来的广电和通信,不管是哪一方,都要继续在未来的三网融合中做大做强,双方在一个媒信产业平台下可以进行内容业务品质、传输速度效率、终端服务能力等各个方面的竞争,但双方的融合竞争有三个终极目标:

内容多样、优质发展,但要可管可控。

传输高速、海量,但是要强调安全。

服务是针对个人、家庭、社区和国家来构建信息平台,但是强调公共服务。

因此在这样的三网融合终极目标指导下,不管是广电还是通信,都要接受媒介的思维主导,遵循媒介运作的游戏规则,被媒体的特殊性所规制,接受媒介运作理念的管制。

### 3. 法律和组织架构的未来合体

混业的融合形态,媒介思维的主导,三网融合未来的指向似乎已经露出端倪:

在法律建设上,迟迟不能出台相关法律,不符合三网融合发展潮流。只强调部门利益最大化的《电信法》或许会出现新的合体,出现一个广播与通信平分秋色的具有中国特色的《媒信法》。

在组织架构上,或许通信摆脱与盐业、稀土、烟草为伍,脱离工信部,跟广电、新闻出版、文化等合为媒信委员会。也许这只是遐想,但三网融合确实需要现实的法律规范和组织架构,参见图1。

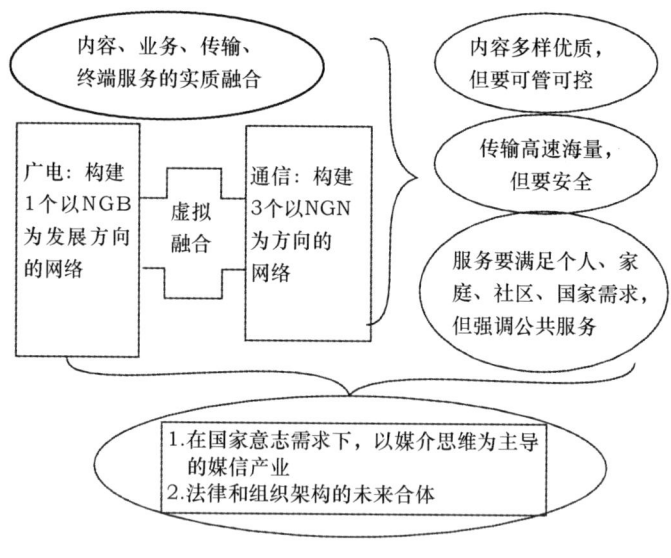

图1 三网融合的产业架构

## 结语：迎合国家信息战略布局

基于上述关于三网融合的历史发展、平台竞争现状，以及未来发展的一些遐想，笔者认为：中国式的三网融合的背景是中国的大国经济成长，中国式的社会主义形成与发展，所以，它不是单纯行政的融合，也不是单纯市场利益的融合，而是一个双面属性支配下的融合，这是现实国情下的现实选择，是一个客观事实。

笔者从上个世纪90年代初期就研究媒介，也一直纠结于媒介体制改革和制度创新，但是逐渐发现媒介改革所依循的逻辑和路径的核心是双面属性下的做大做强，既不完全市场化，也不完全事业化，"看得见的手"和"看不见的手"同时起作用，相信该逻辑也将影响三网融合的发展路径，因为中国的三网融合说到底是要迎合中国国家信息战略布局的现实需求。

---

注释：

① 国家层面推动"三网融合"的思路详细可见1998年92号文（《印发国家广播电影电视总局职能配置内设机构和人员编制规定的通知》）。其中明确指出："将原广播电影电视部的广播电视传送网（包括无线和有线电视网）的统筹规划与行业管理、组织制定广播电视传送网的技术体制与标准的职

能,交给信息产业部。"
② 黄升民、谷虹:《数字媒体时代的平台建构与竞争》,《现代传播》2009 年第 5 期。
③ 黄升民:《为什么做 NGB》,《媒介》2009 年第 9 期"升民视点"。
④⑤ 黄升民:《三网融合的优势顺延与死穴制衡》,《媒介》2010 年第 3 期"升民视点"。
⑥ 梅宁华:《对中国发展进程新历史现象的思考》,《北京日报》2009 年 11 月 30 日。

# 在文明较量的时间差中坚守[*]

## ——中国电视走向世界的宏观命题探讨

◆ 夏 骏

20世纪90年代初,当西方电视通过卫星信号覆盖中国领土上空时,中国电视界第一次发出了"建设世界一流大台"的呼喊;21世纪伊始,当中国以更为积极的身影在世界舞台上活跃时,国家广电总局正式提出实施中国广播影视的"走出去"工程。中国电视走出去,从大格局上讲,应该是和中国经济、中国文化的走出去同步。如果中国的文化传媒产品不能出口,那么世界对崛起中的中国的了解和信任就无从谈起。积贫积弱的中国通过改革开放获得空前发展,资源流动、财富增长、国力增强,但中国之外的人士无法断定国家那么大、人口那么多的中国到底要做何举动,到底要走向何方。这个时候可以想象,尤其像日本、印度这样的邻国,肯定会猜疑,会臆想。于是"中国威胁论""中国崩溃论"等一些失实言论、极端思想就会出现。而我们自身的文化表达能力、影响世界的传播能力在这个时候却恰恰非常滞后。

日本当年走向世界的时候,一项重要的举措是设定了出版物的出口指标——日本的文化产品在哪一个时间段内要出口到哪个国家多少亿、出版物在各国书店出现的速度、影视节目翻译的速度等都有具体指标。它要求自己在经济走向世界的同时,文化衍生力能够同步。

而反观中国,文化贸易中的巨大逆差揭示出我们距离对国际受众真正产生影响还有很长的路要走。我们自身的文化传播能力在这个时候如果一直滞后下去,将会成为一件非常失策的事情。2009年底哥本哈根世界气候大会上,中国被要求

---

[*] 原载于《现代传播》2010年第5期。

与发达国家履行同样的减排标准,谈判迟迟无法达成,因为外国人大多只看到过北京与上海的身影,便以此为标准——中国的"发达"与发达国家没有什么区别,因此中国必须履行与发达国家同样的义务。然而,他们看不到的是,中国广大的农村与西部,复杂的经济格局与社会形态。而在我们的文化产品中,对此没有相应的、全面而深入的体现,国际社会的类似误解层出不穷。

**互动:真实的中国需要共同打造**

中国文化传播能力目前处于滞后状态的一个主要体现就是上述真实表达的缺乏。由于信仰体系、精神体系的不同,不同文明之间其实是有巨大差异的,这就需要沟通。而沟通的前提必须是真实,哪怕是给定情境下的真实,这才有可能让对方相信我们,也才能让对方真正理解我们这个悠久、复杂、多层面的中国以及这片土地上的人为何会这样想、这样做。

事实上,西方对东方文明也没有很深的理解,但为什么它能够让自己的电影、电视在全世界成功传播呢?比如《越狱》,相当大一批中国年轻人在通过盗版碟、网络下载观看它,重要的一点就是因为它更多地根植于人类的自然情感、事件的真实过程。很多东西只要是真实的,就容易沟通,而虚假的就很难沟通,因为虚假的东西很难说服人,虚假也容易被普遍的人性感知所识别,尤其在当今这个信息发达的时期。我们的传媒产品首先要让中国人自己深信和感动,我们的许多对外宣传品连感动本国人的力量都不够,何以感动外国人?而比如去年的电视剧《蜗居》,比较真实地反映了中国人的生活,稍加解释,外国人就会感兴趣,那是真实的活生生的中国人的日子。

中国的问题是,真实的中国故事很难说出来,创作领域的一些有形无形的限制影响了这种真实的表达。比如《活着》这部电影可以说是真实的中国近现代百姓命运的写照,而《三枪拍案惊奇》这样的电影就谈不上是一种文化层面的表达,仅限于娱乐层面的玩闹,但前者不让出去,后者不值得出去。在这样的游戏规则中,跨文化传播本身就面临"鸡同鸭讲"的挑战。

世界需要了解中国,以张艺谋导演为例,他在一定程度上掌握了世界可以理解的语言手法,也有过成功的案例。但一部伟大的《活着》的受挫却成为他创作风格的一个转折点,类似的还有姜文的《鬼子来了》,把中国人的立体性格和苦难与沧桑拍得非常真实,但从这部富于震撼力的大作成为转折点之后,姜文拍的《阳光灿烂的日子》《太阳照常升起》等,真实的精魂不复存在。

真实的中国故事难以呈现,表面看来,是因为创作领域的一些政策影响了这种真实的表达,但深析起来,是创作者与管理者之间缺乏良好的沟通机制。文人是很敏感的群体,作者容易文人气:他能看到整个社会的问题,但他也习惯于让问题凸显、放大。而中国如此庞大的文明体系,在转型期肯定会有很多问题。作者面临的任务是以更加客观的立场讲述中国故事。如果文人和导演不能客观讲述中国故事,政策就会进一步反弹缩紧。另一方面,政策的制定者也应该以更加智慧的方式引导作者的文化表达。当然,这种引导需要宽广的知识面、深厚的学养与洞察力。只有用更加高明的精神引导力来沟通作者群,才能使作者们心悦诚服地以既自由又客观的立场来讲述中国故事。只有我们的文化传媒产品展示了真实的中国,才有可能实现有效的跨文化沟通。遗憾常常在于:其实并不是缺少现实可能性,而是缺少沟通的高手,以至于落得两败俱伤的局面。

这种沟通机制的建立,一方面需要审查制度的改革和明确的法律支持,使得编剧与导演在创作中的自由度和边界都非常明晰。只有明晰,创作者才可以发挥创作智慧、明确规避风险、壮大传播能力,以实现与国际受众的有效沟通。

另一方面,一个国家文化艺术的成就也来自创作者与管理者有发自内心的对于这个国家和民族的爱心与责任心。只有这样,其国策里才会拥有强大的智慧力量来策划传播国家形象;也只有这样,创作者才会拥有真切的热情去全面地、深入地看待国家与民族的历史和现实。在两方合力下,展现在电视屏幕上的就会是具有真实血肉、具有动人魅力的国家与民族形象。在这一点上,韩国就做得非常好。细看一下韩国的古装剧就会发现,它的宫廷斗争都在展现人性美的胜利,是对国家责任心与仁爱领袖光辉的彰显,它在冲突的故事下宣扬的是真、善、美,而我们古装剧里的宫廷斗争往往很血腥残酷,让外国观众觉得这是一个历史上充满血腥与权谋的国度。也许中国文人眼中的政治就是这样的,也许他们对现实不满就会去历史倒影中寻求笔墨书写的空间,但是韩国艺术家和官方互动造就的美好而可爱的韩国历史剧,就这样悄然占领了亚洲市场,而且感动了韩国以外的无数人民。政治家与艺术家的合谋只有基于精神相通的合谋才会真正有效,对于这两方面而言,更需要政治家具备高超的艺术领悟力和高明的与艺术家的协调能力,因为相较于艺术家这个敏锐而善感的群体,政治家应该更具理性的宽广度。

## 坚守：文化传播依赖长效机制

中国电视行销世界，内容层面固然是其表现，但更为深厚与宽阔的基础则是作为一项文化产业所必须遵从的长效机制的建立。而这种长效机制，是包括产业政策的持续性、人才培养机制的耐性以及创作者个人对于文化传播事业的坚守在内的立体工程。

在中国电视目前的对外传播格局中，真正以完整片的形式"走进去"了的是华语市场以及韩国、日本和东南亚一些受儒家文化影响的区域。而事实上，走向欧美主流市场、影响国际社会是我们电视从业人员及行业管理者一直以来努力的方向，但在这个市场，我们目前还是以素材销售与订单加工为主，上述形式的对外输出伴随着文化主权的让渡，不具有文化的原创性。

而如果真正为欧美市场量身打造完成片的话，则又面临另外一个重要的问题。由于存在着巨大的文化差异，适合国际市场行销的文化产品不一定适合中国观众的口味，在中国很难卖出播映权，且收视率不一定好。同时，由于国际市场又对来自中国的产品相对陌生，因此产品很难产生很大的价值和效益。因此，对一个公司来说，花费很多的时间和费用，最后可能还要面临亏损——欧美市场上是能售出几个拷贝，艰难地走向了世界，但同样的时间和费用，或许能制作出一部适合中国语境的产品，在国内能够卖出几倍的收益——"走出去"的那一步，无法解决国内企业的生存问题，而国内的原有阵地，又极有可能因向外走而失守，由此产生的商业风险，很少有企业有实力去承担。因此，国内的企业不会贸然选择进军海外市场。

美国、英国等世界影视节目输出强国有一个共同特点：这些国家国内的产业环境十分成熟，受众市场规模很大，成为它们在出口市场具有优势的强大后盾与推力。而国内当下的产业格局，要使中国电视机构做到去与国际对手竞争是很难的。比如若聘请一个像斯皮尔伯格这种国际大导演来参与制作，他的酬劳就有7000万甚至1亿人民币，中国没有公司能付得起这么高的费用。20世纪80年代中日合拍黄河题材纪录片，NHK对这一部纪录片的总投入是400万美金，那还是在20年前，现在又高出来许多。而即便是在今天的中国，能够投入几百万人民币拍一个电视纪录片已经是凤毛麟角了，这种差距是显著的。

因此，中国电视机构进军海外的前述两难状态，终归还要靠正视自身的产业基础问题来解决。中国的电视行业中有三个核心领域:新闻,广告,电视剧。新闻制作是不放开的;广告是电视行业最为主要的收入来源,然而广告市场基本是被电视台垄断的;电视剧是市场化做得比较好的,也是相对具有出口实力的。但是电视剧有一个致命的瓶颈:它的生产环节是市场化的,但是国内购买终端是垄断的、带有行政化色彩的电视台。演员等生产要素都是市场化的,价格依照资源的稀缺度而上升,但电视台垄断着各省广告市场,一个电视台只有一个节目交易中心,电视剧提供方不可能具有很强的议价能力,而且还要花很大的公关费用,以维护和电视台的关系。同时因为广告市场被电视台垄断,使得广告的张力也不能进一步释放,电视整体赢利空间有限。中国电视目前的这种格局,影响了电视机构的长效成长。因此我们会看到很多电视剧的社会影响很大,但经济效益不高,比如《士兵突击》;也会看到有的电视剧挣了钱,但只能走成本低的室内剧路线而远不能像《越狱》那样拍出国际大片的档次,比如《潜伏》。

在这种情况下,想实现真正的产业飞跃便需要长效机制的建立。政策层面的改善或倾斜至关重要。21世纪以来,国家已经施行了大量支持文化产业的政策,但这些政策的力度还有待提升。文化产业的特殊性决定了对它的扶持需要长期的坚守。以韩国为例,韩国的文化产业园区里的企业,五年之内国税与地税全免(包括营业税在内的所有税)。第六年和第七年,国家只收应缴税收的二分之一,地方税收全免。第八年到第十年,国家和地方各按照50%的比例收税。这意味着,十年之内的税收都很少。而在中国,目前还没有任何一个省市有这样的力度。一般税收优惠两年左右,两年时间可能一部大片的制作还没有结束,还没有进入市场,优惠期结束了,优惠的意义便无从谈起。大家都非常浮躁:今天立一个项目,明天就希望出效益、出税收,伟大的企业就可能早殇于梦想阶段。文化产业恰恰是一个需要长期经营的领域,它的特点是后发效应。

以2006年成立的华人文化集团为例,它目前在京津交界的蓟县尝试做类似"特区"的文化产业园区。作为各方力量的整合者,华人文化集团通过争取最大的政策优惠,建立一个类似硅谷一样的孵化基地,让弱小的文化企业慢慢成长,慢慢具有规模。做这样的奠基很难,因为如何能够避免产业园区由于高额的物业成本以及初期的使用率不高而变为单纯依靠房地产开发获利,又不至于让美好的文化梦想因为政府后续补贴的不足而产生风险、半途而废,这需要太多人的意志力和复杂的整合与规划,需要当地政府持续的热情及发改委、税务局、财政局等各个部门的跨届支持耐心。这种需要政府实际投入支持的项目,在实施过程中的落实难度是相当大的,而且参与投资方还需要忍受时间较长的后发节奏,这对政府和企业家的挑战都很大。

强大的生产机构的诞生不仅需要优惠政策的长期支持,更需要人才的长效培养机制。在很多省台的国际频道以及绝大多数的民营电视制作公司,人才的短缺与人员的频繁流动成为制约这些机构长效成长的重要问题,究其机制层面的原因,也许包括整个产业现有赢利空间有限,处于产业链不同环节的就业机构其人员的社会地位也相应不平等,电视行业里不同属性的就业机构对人力资源的管理与开发模式也极为不同,等等。那么在创作者层面又存在哪些需要解决的问题呢?

作为文化传播领域从业者,自身也是需要一些坚守的。我们的作品走向世界,首先需要中国作者的精神与知识层面要有走向世界的能力。要想具备这个能力,就必须能沉得住气、能坚守。一个人只有沉得住气,才能具备完善的知识结构、思考深度与情感关怀,才有可能成为世界级的传媒事业家和艺术家。仍以斯皮尔伯格为例,他的片子里有信仰、有底线、有一贯的艺术风格,在艺术上和商业上都取得极大的成功。他的作品的主题是对人类命运的关注,因此各个国家的人都看得懂。通过看他的作品,观众个人的生命感受和视野都会得到拓展,灵魂得到升华。

在中国电视界对外开放热情高涨的 20 世纪 80 年代,中央电视台的电视工作者参加过一系列中日合拍活动,切身地感受过在技术力量的悬殊对比之外,我们与国际同行在知识结构、视野、情怀以及职业精神方面的差距。例如在合拍黄河题材纪录片时,日方的导演是一位在东京帝国大学讲述鲁迅文学及中国近现代文学史的教授,他对于中国的文化符号有着深刻的研究与思考。与此同时,作为 NHK 的导演,他在电视领域也有着近乎严苛的敬业精神。在拍摄"龙门石窟"这一部分时,洞窟本身是没有通电的,因此,为了实现对影像清晰度和色彩还原度的追求,现场导演所在的摄制组动用了 17 块反光板,把洞外的一束阳光反射到佛像身上,而不是像我们一样在面对这样的情况时只是打开了光圈。这一幕让很多当时的中方参与者记忆深刻。为了拍摄《大黄河》(央视版本名为《黄河》),这位导演花了整整五年的时间。这部片子对于问题的思考广度与深度、它的艺术表现力以及依次产生的变焦、推拉等每一个动作,和我们是完全不一样的,这是需要从业者的文化责任感以及体制对于国际化作品运作的耐心的。

从个人角度而言,他们讲究做一件大事就好好做,要有成熟到位的知识和素质积累。他认为要拍摄一部黄河题材的纪录片,就要下大功夫去研究中国的历史与文化,因此光筹备就用了五年。从行业角度而言,他们的行业机制是有职业耐心的,尤其对于期望获得国际化市场目标的产品而言,这种耐性可以允许一个人在五年的时间里只筹备一部《黄河》,同时可以获得巨大的传播影响力,所以日本版的《丝绸之路》《大黄河》不仅在亚洲市场而且在欧美市场也取得了出色的市场成绩。从国家的角度而言,日本将民众自身与对国家、民族的责任与情感成功地整合在一起,自己的利益与国家的利益没有丝毫的剥离,这最终体现为对待文化事业的态度的差异。他们在做电视的时候,觉得是在参与一项国家工程,是在做一件传之后代的事,因此他们的态度非常严谨,在拍摄现场,任何的不认真、不精准,都被视为一种不敬业、一种耻辱。他们所拍摄的《大黄河》的所有素材,都被仔细地存放在国家档案馆里,而我们的版本《黄河》,大量的电影胶片素材恐怕早已烟消云散了。由此可见,只有深入骨髓的系统的责任心才能保证效率与效益的自动自发,这已经被其他产业领域一再证明了的规律何时才能在我国的广播电视产业得以实现?它包括国家对民众、对资源的整合能力,包括优良的社会心态、优秀的文化人才,中国电视达到国际一流水准需要一系列要素,如果只是具备其中一个而其他九个都不成熟的话,中国电视仍无法真正影响世界。

**追赶:利用可能出现的时间差**

在这样长效机制的建立过程中,在文化传播能力渐渐成长的不可省略的漫长岁月里,中国电视传播所处的世界文化格局与历史阶段,也正在以它自身的进度与逻辑发生着演变。电视在文化传播中存有的问题并不是这个行业所单独面对的,它是整个经济文化格局中的一个问题,是一个历史性的问题——中国在国际传播格局中的滞后,也与我们当下所处的文明体系、当下所处的历史阶段有关。这是一个历史阶段的问题,也是我们的传媒人才在焦距、色彩等技术性问题背后需要思考的格局性问题。这种格局性的问题不思考,单纯从技术上赶超的意义是微小的。

从17、18世纪至今的整个现代化进程以来,西方文明成为整个世界的强势力量,它不仅导致中国从枪炮到经济不断受压,而且也导致东方文明处在一种很卑微的格局中。我们的文化只提供价值观,只提供行为模式,已经不足以在这个地球上与那种已融入人类生存状态的文化相抗衡了。包括中国人自己,也正在以工业化、现代化的方式,憧憬和选择西方的生存状态。可事实上,这是一种"过把瘾就死"的文明,如果再继续这样下去的话,能源将难以持续,地球将变成废墟,那就是西方文明面临高度危机的时候了。到那时候,如果还没有发生世界大战,如果还没有遭遇生态灾难,如果人类还有时间和机会重新选择一种生活方式让自己能够活下去的话,那么可能是印度文明、伊斯兰文明、儒家文明成为更新一轮文明酝酿的重要原料,从而参与可持续的新文明的发育和创造。

这个时间差的创造是很重要的,东方文明要尽快向世人展现出其魅力之处。中国目前对于世界的吸引大多在于为他们提供了赚取金钱的机会,而不是真正的文化上的吸引力。我们的物质是模仿西方文明的结果,包括生产力的解放也包括对资源的掠夺;我们的骨子里却还没有学到西方文明的优秀成果,比如司法、契约、公民社会。而只有当我们这块土地上的人民过得比西方好得多,只有当西方都快活不下去时东方社会仍然祥和、安乐,这里的文明形态与底蕴才会真正被别人所正视、所尊重、所向往。

但在中国迈向现代化的进程中,我们的生产方式、社会组织形式都在发生着巨大的变化,而文化是会随着社会组织形式的变化而变化的。这就意味着儒家文化的内核:传统的家庭关系、人伦秩序等,都可能随之改变,这个时候我们所传播的文明形态一直处在不断重塑的过程中,处在不断确定的过程中,我们现在已经是一种文化混血状态,如何从混血的混沌中逐渐显示出带有中华贡献的鲜明特色脉系,是中华民族下一阶段的文明使命。

因此,当现今世界建立在资本、技术与消费理念上的文明已病象频显,当有人以为来自东方的文明体系可以成为未来人类文明再次超越的参照资源,这一切都需要在有效的传播与交流中融汇选择。如果我们的话语能力长期弱势,文化大国也只能停留在自说自话的幻觉之中。

其实所有努力的出发点都需要我们回到常识,说真话,面对现实,再也不要用本国的知识界和人民都不信都不想看的作品去传播中国,那样的效果只能适得其反。时下紧要的是尽快从产业可持续成长的目标出发建立健全法制体系,使游戏规则明确化,想方设法支持那些真切感动了中国人的作品得到更广泛的海内外传播空间。在中国经济总量已到达全球前三位的今天,中国文化产业的成长和国际影响力必须尽快承担时代责任,因为这个产业所关联的是中国与世界的心灵沟通,而这个产业的长期滞后必然越来越严重地牵累到国家的文化安全甚至更深层次的国家安全。

(本文由张梓轩与郭云强采访整理而成)

# 我国跨地域跨媒体传播发展研究*

◆ 徐舫州　张静滨

## 前　言

临近2010年时,在传媒界,两则跨区域媒介资源整合的重磅消息先后出炉。2009年12月28日,"湖南卫视并购青海卫视"的消息传出,它第一次打破了行政规划的制约,为省级传媒集团提供了更大的发展空间,在中国传媒产业改革进程中具有里程碑的意义。紧接着在12月31日,上海广播电视总台与宁夏台就合办宁夏卫视频道签约,双方将结成长期、稳定的战略合作伙伴关系,以实现优势互补和资源共享。

经过多年的资源整合,中国已经基本形成了"北央视,南凤凰,东上文广,西湘广电"的传媒资源整合的战略版图,这意味着组建强大的跨媒介、跨地域、跨行业的传媒集团已成为未来中国传媒业发展的必然趋势,是中国媒体生存与发展的现实选择。

## 一、中国广播电视体制改革发展进程分析

2009年可以说是中国广播电视改革历史上值得大书特书的一年。回溯改革开放以来我们为之所做的一切努力和奋斗,可以更深刻地体会到其中所蕴含的战

---

\* 原载于《现代传播》2010年第7期。

略发展意义。

### (一)跨地域发展的萌芽阶段(1983~1990年)

这是中国传媒第一次大发展阶段。1983年,在改革开放的大背景下,全国各省市总动员,按照"四级办电视、四级办广播、四级混合覆盖"发展方针快速发展,进入了广播电视的"大跃进"时代。按行政区划,每个省、地、市、县都相继建立了电台、电视台。十几年的时间,电视台及电视频道数量猛增到2000多个。"四级办电视"的政策,在当时对加速我国广播电视事业的发展起到了积极的作用。

由于"四级办电视"体制的影响,国内广电产业呈现"条块分割"的格局。"条"就是按照国家的行政系统组织,强调纵向的"归口专业管理";"块"就是各级地方行政对广播电视的直接管理。媒体实施条块分割,形成了森严的行政壁垒和区域市场局限,容易形成地方保护主义,阻碍资本和资源的跨区域流通,导致媒介资源无法通过市场实现最优化配置,跨地域、跨媒体的经营也无法实施。当时只有中央电视台可以获得全国各省市、地区新闻节目资源的无偿支持。换句话说,长期以来,中央电视台独领风骚,有全国最好的设备、最广的覆盖面,享用全国各地电视台信息资源的无偿选择、整合及使用权,是最早具有"跨地域"信息整合优势的电视台。"条块分割"的电视格局是我国媒介产业发展缓慢的主要原因之一。

### (二)跨地域的快速发展阶段(1990~2000年)

20世纪80年代中期,除央视外,广电部又批准云贵台、新疆台等五个省级电视台上星,解决贫困地区、边远山区的电视覆盖问题。这使其他省级电视台看到了打破地域覆盖制约的曙光。

20世纪90年代,省级电视台开始全面上星,这时虽然行政壁垒没有松动,但办台思路和节目制作已明显地由地方性视野转向全国甚至全球视野。视野开阔带来的是思想解放和创新意识。上星后的卫视台呈现群雄逐鹿的竞争局面。为提升电视台的核心竞争力,各台开始努力创建品牌栏目,打造精品。这一时期广播电视改革的重要突破,还表现在电视文化产品进入商品销售渠道,它标志着中国广播电视领域的产业运作被激活,市场意识逐步确立,开始从计划经济向市场经济转轨。

省市台上星后,失去覆盖优势的央视,积极思考应对策略。1993年央视推出《东方时空》节目,开始了局部体制改革的尝试。《东方时空》创立的意义是把市场经济运作方式引入电视台,推出了中国电视领域最早的制片人制和灵活的用人机制,跨地域、跨媒介、跨行业引进了大批精英。此后,制片人制在央视全面开花,助央视在卫视频道竞争中占尽先机。

这一时期,中央电视台"一家独大"的旧电视格局被打破,逐渐形成央视、省级卫视、地方城市台三足鼎立、多元发展的中国电视新格局。

当然,这期间出现的问题也十分尖锐,上星台皆以央视节目设置与编排为模板,内容题材撞车、节目形式相互克隆、节目同质化现象严重,同时也突出了资源浪费的问题。

**(三)集团化整合、发展阶段(2000年始)**

到2001年,由于产业化的发展需要,我国媒体在政府力量的引导下基本完成了集团化改革。全国广电集团如雨后春笋般在全国各地涌现,陆续成立了20多家广电集团。经过资产重组、资源重新配置、结构重新调整的集团化发展的改革尝试,我国传媒发展走上行业内"整合经营"之路。

由于市场经济运作导致竞争加剧,迫使省市台不断寻找新的突破口与央视抗衡。2006年10月,全国省级台民生新闻协作体正式成立,最初的7个成员台已经发展到28个。有了这个平台后,各地新闻资源共享,有效地打破了地域限制,延伸了地面频道的触角。协作体成员台还经常携手来对重大新闻事件进行联合报道,并依托协作体资源开办了新节目,取得了相当好的社会效益和经济效益,为国内的跨区整合提供了成功经验。

但是,中国传媒集团的成立,大多是行政力量的推动而不是市场竞争的结果。其内部管理、运行仍然保留着计划经济时代的印迹,资源优化配置目标并未真正实现。传媒业仍然存在着森严的行政壁垒和地域市场壁垒,跨行业、跨地区经营存在诸多限制,并没有达到理想的融合效应。

**(四)跨地域、跨媒体、跨行业多元发展阶段(2009年至今)**

随着媒介形态加速演变,不同媒介间的依存关系、功能边界也发生了变化。2009年,我国文化传媒领域频频组建跨地域的合作联盟,争取更大的市场发展空间,其影响力和辐射面越来越大,带动电视传播领域发生了一系列具有突破意义的大动作,我们仅以2009年为例:

- 1月以来,长沙广电集团先后和山西公共频道、湖南教育台和海口经济频道等进行跨市场经营。
- 2月24日,广州、佛山宣布2012年实现同城化,实现了广佛两地电视市场的初步融合。
- 5月,新华悦动传媒①获得陕西卫视10年的广告经营权。这意味着民营电视企业与国营电视企业的跨所有制、跨媒介合作已逐渐从新闻走向常态。
- 9月1日,新华社手机电视台在中国移动、联通、电信全面上线。同时开播的还有CFC手机财经电视频道,打造手机一流媒体成为新华社的重要战略目标。
- 11月,央视推出两个视频网站"爱布谷"和"爱西柚"进行公测。②
- 11月,湖南电广传媒与青海卫视达成并购合作协议。青海卫视的加盟,将有利于巩固湖南卫视在卫视市场的霸主地位。
- 12月初,央视与暴风影音深度合作,目的是为国家网络电视台的上线储备用户。
- 12月28日,央视"中国网络电视台"正式开播,中国最大规模的网络视频正版传播机构诞生。
- 12月31日,上海电视台和宁夏电视台签约合办宁夏卫视频道,上海第一财经成为其电视内容提供商。
- 12月31日,新华通讯社主办的中国新华新闻电视网(CNC)在京举行开播仪式,于2010年1月1日正式上星,面向亚太地区和欧洲部分地区播出。财经频道也同时开播。

从2009年我国电视改革发展势头可以看出,跨越地域行政局限、跨越新旧媒体局限、跨越行业及所有制局限的多元发展成为新一轮改革的热点。它将深深影响并改变人们的传统接受方式和习惯,而且永远充满变数,充满魅力,充满对改革前景的期待。

挑战与机遇并存,现在是推动我国传媒体制改革的关键时期,梳理历史沿革,解放思想,寻找更多的媒体联合途径,创造传播大平台,打造国际一流的传媒集团势在必行。

## 二、我国传媒集团化发展研究

集团化是市场经济中的一种制度安排,我国传媒集团是市场经济领域竞争与扩张的必然结果。由于中国独特的经济制度和政治制度,它与国外大型跨国传媒集团的运作情况完全不同。国外传媒集团大多采用股份制形式,产权关系清晰;而我国传媒集团带有典型的中国特色,是以资源整合为目的,以行政力量推动而不是市场竞争的结果。其内部管理、运行仍然保留着计划经济时代的印迹。

### (一)中国传媒集团特殊性的具体表现

和国外大型传媒集团相比,中国的集团化发展之路带有明显的中国特色。中国传媒集团既不像美国彻底实施股份制,也不是西欧那样的双轨制[③]。中国有典型的中国社会主义市场经济的特色,具体表现在以下方面:

1. 治理目标的特殊性

按照中国目前的传媒管理体制,传媒集团属于事业单位企业运作。事业单位是非营利机构。非营利机构是不以营利为目的、向社会提供产品或服务的组织。但企业运作就要有经营目标,其最终目标是在控制风险的前提下实现利润最大化。作为非营利机构的传媒集团,要求在追求经济效益的同时必须兼顾社会效益。由于中国新闻事业的性质,中国传媒集团的市场角色有其特殊之处,那便是它首先要以社会效益为重,而不能把经济效益放在第一位。

2. 治理结构的特殊性

传媒集团内部治理结构包括经营和采编制作两大系统,二者分别形成独立的业务系统,并采取结构分离的形式。如何实现经营结构和采编结构的有效协调,是增强传媒集团市场竞争力、保证传媒集团持续发展的首要问题。

3. 政府对传媒集团特殊的控制权

传媒集团是一种特殊的企业集团,我国传媒业是政府参与和严格控制的产业之一。政府对传媒集团实施的新闻控制政策主要包括:规定传播内容不得损害国家利益和危及国家安全,控制传媒的政治倾向,禁止或限制传媒登载危害社会道德的内容,避免集团利益对编辑方针的控制而损害社会公正和公众利益等。政府对传媒实施的产业控制政策包括:产业进入管制、反垄断、价格政策、消费者保护等。

## (二)我国传媒集团公司运营治理中的问题

虽然我国传媒业在改革开放后迅猛发展,产生了一些很有经济实力的传媒集团,但在国有产权制度没有进行根本性改革的情况下,多数传媒集团实际上是"翻牌公司",挂牌之前与挂牌之后,集团体制、经营机制、报纸质量、广告收入和发行量并未发生实质性的变化。

在制度方面,特别是在传媒企业产权制度及公司治理方面的改革存在着诸多问题,主要表现为产权残缺、委托人残缺、激励机制欠缺,资源优化配置目标并未真正实现。随着媒介技术与信息技术的发展,各种新的媒介形态不断涌现,导致一些旧的传统媒介的裂变和重组,使集团化的媒介融合呈现出许多全新的特质,同时也带来媒介生产方式和经营方式的改变与革命。就我国新兴传媒上市公司而言,虽然其治理结构与国有传媒集团相比具有明显的制度优势,但其相应的治理机制也有待完善。如何解决这些存在的问题,从理论和实践上探索出具有中国特色的传媒集团道路,无疑是中国传媒业的当务之急。

## 三、我国传媒跨地域、跨媒体发展研究

国与国之间的软实力竞争,一定意义上是新闻媒体传播力的较量。西方发达国家拥有一批实力很强的世界级传媒集团,其舆论宣传的主体正是这些巨型传媒集团。我国传媒的规模、实力和传媒产业结构和西方发达国家相比还有一定距离。要改变我国在世界上相对弱势的世界舆论格局,就必须形成自己的世界一流的传媒集团。目前我国传媒业体制改革已进入实质阶段,加速跨地域、跨媒体、跨行业甚至跨国发展,是打造世界一流传媒集团的重要条件之一。

### (一)跨地域、跨媒体、跨行业发展的动力支持

国家文化体制的深入改革、传媒技术的迅猛发展、传媒产业市场化的推进都为中国传媒的跨媒介、跨地域、跨行业的全面展开提供了强有力的动力支持,为新时期传媒之间相互渗透、融合的道路点亮了一盏明灯。

*动力支持之一:国家政策*

政治是传媒变革的直接动力。近年来,由于开始意识到传媒产业面向市场竞

争的重要性,政府广电管理部门在一定程度上放宽了对传媒产业的管制,表现为由微观管理转向了宏观管理,由直接管理转向了间接管理,由部门管理转向了全行业管理,坚持宏观管理、微观开放的原则,使得广电集团能够在相对开放的国家政策环境下进行传媒产业的资源整合。另外,国家对广电媒体由原来的国家财政供养转变到现在的差额拨款也意在培养传媒业独立自主面向市场经营的生存能力,传媒业为不至于在日益激烈的传媒市场被淘汰出局,就必须进行适应市场需求的机制改革,实现产业化发展。国家的政策可谓直接推动了广播电视产业跨地域、跨媒体、跨行业改革的进程。

2009年,国务院颁发的《文化产业振兴规划》文件,进一步推动跨地区、跨行业联合或重组,充分发挥市场机制的"优胜劣汰"作用,运用市场和政策双重机制,突破传媒业不同形态媒体相互分割的产业壁垒,鼓励、促进传媒业以资本、业务、市场为纽带实行跨地区、跨行业、跨媒体经营,实现集团化、集约化、专业化发展,这是中国传媒产业发展壮大、迎接未来严峻挑战的战略需要和保障。

动力支持之二:技术发展

新媒体技术的发展、数字化技术的普及不仅仅带来了传输频道的大幅增加和播放平台的多元选择,更重要的是模糊了原本独立的媒介之间的界限,打破了传统传媒之间各自为政、独立经营的生产形式,实现了广播、电视、网络、电信的融合,从而使传媒的人力、财力、物力等资源得到优化配置,避免重复生产的资源浪费。

技术的发展还实现了传统媒体与新媒体的有效对接,使得双方在技术、内容、终端、生产、应用等方面实现了深度融合。传统媒体与新媒体利用各自优势在技术的支持下联手合作,将在最大层面上覆盖更为广泛的受众群体,传递更巨大的信息量。技术的发展重新搭建了广播电视媒体的架构,推动了广电媒体资源的横向与纵向的整合。

动力支持之三:传媒行业生存与发展的需要

20世纪末,国际传媒集团的一系列收购、兼并给我国分散而弱小的传媒产业带来了不小的冲击,但同时也为我国传媒业的发展提供了有益启示:媒体集团的重组和整合是媒体实现资源共享和优势互补的一条现实路径,是媒体扩大自身实力和影响力的有效方式;组建跨国界、跨媒介、跨行业的传媒集团是世界传媒发展的大趋势。我国在加入世贸组织后,必然要积极顺应媒介集团化的国际趋势,整合媒介资源,积极推进媒介集团化改革。

从国内的动因来看,我国广播电视各自为政、地区垄断的经营格局导致了资源开掘和使用闲置、浪费等现象,区域市场垄断不仅阻碍了媒介资源整合,而且限制了资本市场的开放,封锁了融资渠道,传统的"一省一报业集团一广电集团"模式也不能适应新技术背景下传媒行业的生存需要。为了提高资源的利用率,在不同媒介与不同市场间产生规模效应和协同效应,传媒集团必然要通过跨媒介、跨地域、跨行业对外扩张,以获得更大的市场空间与经济效益。

### (二)"跨媒介、跨地域、跨行业"是国内传媒业发展趋势

传媒集团的资源整合有两种途径:一种是横向整合,即跨媒介、跨地域,通过收购、兼并、重组等形式进行资源整合;另一种是纵向整合,即整合上下游产业链,通过多元化的产业经营,拓展赢利模式。在国内广电独立分散、势单力薄的状况下,通过横向与纵向的资源整合,通过跨媒介、跨地域、跨行业的集团化发展,可以做强做大传媒产业,从而打造中国的强势传媒集团。

1. 跨地域合作:传媒市场竞争与扩张的必然结果

省级卫视跨地域合作并非弱肉强食,而是在优势互补的原则下进行的互惠互利。如湖南卫视看中青海电视台是内地少有的一家同时拥有两套上星节目的电视台,可以通过资源输出,实现内容资源价值的发掘和播出平台的扩张,扩大受众覆盖面,进一步打造强势媒体品牌;而青海卫视通过与湖南卫视合作,将改变其内容制作能力弱的现状;双方合作的实质是优势互补,获得双赢的结果。

跨区域的整合,有三个关键因素不可忽视。一个是双方的合作要在各自的地域文化之间找到契合点。每一个地域都有自己独特的文化特色,青海作为多民族聚居省份,具有多元的民族文化。所以湖南卫视在提供内容时,不能原封不动地输出节目,而应该在充分了解青海的文化和青海观众的收视习惯的基础上,对要输出的节目进行挑选和重新编排。只有在双方文化交流融合的前提下,内容资源的拓展才有价值。

二是双方资源整合的深度。此前许多省级电视台之间的合作仅限于节目交流或合办节目等方式,并没有形成真正意义上的合作。此次,湖南卫视与青海卫视将合作推向了更深层次,涉及频道、团队、节目、广告经营多种资源合作。只有从形式上的简单联合转向内容上的深度合作才能实现双方"携手进步"。

三是合力打造媒体品牌。如今的时代不仅是"注意力经济"时代,还是"影响力

经济"时代,一个有影响力的媒体品牌在提高社会公信力、树立媒体权威的同时,还要能够吸引更多广告客户,收获丰厚的经济利润,从而实现经济效益和社会效益的双赢。

跨区域的资源整合是强势媒体对外扩张、提高自身影响力的必由之路,也是弱势媒体在激烈的媒体竞争中弥补实力不足,求得生存的需要;同时,跨区的联手合作还将提高媒体抗风险能力。正所谓"道相同,相与为谋",通过跨区域合作,媒体之间将在互惠互利的基础上扩大自身实力和影响力。

2. 跨媒体经营:分众时代传播最优化的必然途径

目前,媒体的目标受众已呈现分众化、碎片化的特征。受众根据自己的个性化需求对媒介进行选择。跨越不同的媒介形式进行同一内容发布,从传者的角度来说,就是传播内容的"跨媒体"传播。不过真正意义上的"跨媒体"不是原封不动地"平移"内容,而是将同样的内容根据不同平台的特点和传播规律进行重新调整、编排、设计,从而开发出相互补充的内容,更好地满足受众的需求,使信息传播效果最优化。另外,跨媒体传播还将使多种媒体通过优势互补和资源整合,产生协同效应和规模效果,以覆盖更多受众,扩大影响力,树立媒体品牌。

近些年来国内跨媒体经营虽然取得了一些长足的进步,但由于起步阶段政策的不明朗和传媒内部的经验不足,使得跨媒体传播发展遭遇瓶颈。

困难一是行业壁垒和多重监管。我国广电、电信、互联网由于长期以来的独立运营模式,形成了行业壁垒,相互不易进入。国内新媒体运营的牌照只有几家实力强大的传媒机构才能获得。其他城市广电媒体因受到准入限制,对新媒体业务的拓展只能是望洋兴叹。另外,广电、电信、互联网的融合必然要接受广电总局、信息产业部、文化部三方面的共同监管,多重管理部门的监管必然导致媒介管理的混乱无序,不利于跨媒体项目的健康发展。所以打破行业壁垒,协调管理目标就成为发展跨媒体运营项目的重要前提。

困难二是不同媒体之间缺乏有效合作。在寻求跨媒体经营时,应首先考虑不同媒体之间是否有合作的可能,在确立双方媒体间有相同的价值观和组织文化时,合作的前提才成立。此后,合作双方还需进一步建立共同的合作目标、合作方式、合作方案,以确保有效的合作,而不是形式上的合作。2002年,美国在线与时代华纳合并形成的美国在线-时代华纳,因两公司企业文化没有得到很好的融合而创下了美国公司亏损的最高纪录,这个美国历史上最大的媒体合并案最终以失败告终。这也给国内跨媒体经营合作以警示：不同媒体之间应追求切实有效的跨媒体合作，单纯形式上的合作只能削弱双方实力。

困难三是赢利模式不明。新媒体赢利模式不成熟成为跨媒体发展的屏障。绝大多数新媒体依然沿用传统媒体的经营方式，即单一依靠广告来赢利，致使新媒体业务的运作极易受政策、市场、媒体竞争的影响。目前除广告以外的赢利模式，如在线游戏、电子商务、信息服务等还处于探索阶段，效果并不明显。所以如何创新新媒体的赢利模式是传统媒体向新媒体进军时必须解决的问题。

困难四是跨媒体人才的缺乏。在视网融合的背景下，搭建跨媒体平台，只有"全媒体型人才"（可以在电视、电台、网络等多个平台采编信息的人）才能够符合媒介融合时代的需求。在一些传媒发达国家如英国，其新闻机构的许多记者在近几年已经接受了"全能记者"的系统培训，而在国内，对跨媒体人才的培养还刚刚起步，大部分在新媒体平台工作的人员都是从传统媒体调来的，头脑里还是传统媒体的制作理念和操作方式，很多电视台经营的网站只不过是其母台节目的"电子版"。要真正实现跨媒体运营，就必须熟悉和了解新媒体的媒介特点和传播规律，尽快培养跨媒体的"全能型"人才。

### 3. 跨行业经营：拓展以文化信息产业为主的产业链

国家加大推动文化体制改革的力度，鼓励发展文化创意产业，广电产业作为文化产业的重要组成部分，是深化产业化改革的重点。要打造成熟的广电产业链，不仅需要跨媒介、跨地域的横向媒介资源整合，还要延伸到其他行业进行纵向整合，即跨行业经营，以通过拓展产业链来增加收入渠道，优化产业结构。

跨行业经营的优势在于广电可以利用自己的品牌和资源涉及多项产业，扩大自身影响力，同时在多个领域有所作为，分散经营风险，增加收益。

一般来说，跨行业经营分两种方式：一种是经营和媒介产业相关的业务，扩大媒体品牌的影响力。一种是广电在做好本业外还涉及非相关的产业。如江苏省交通广播网依托自身节目资源和品牌优势涉足汽车服务领域，力争做最专业的汽车服务运营商。交通台的主要听众和汽车市场的服务对象一致，这样在交广产业链上的各个环节就形成了互动机制，形成了完整的产业圈。

以上两种方式，最重要的是先做大做强主业，把基础打牢，然后再逐步扩展到其他行业，因为广电只有先巩固和发展自身产业，才能利用积累起来的社会影响力和品牌优势获得更多的投资机会。

目前跨行业经营的一个观念误区是认为经营的行业种类越多越好。但如果投资范围不是媒体所熟悉的领域,这种盲目投资不仅不能带来收益,还可能因复杂无序的管理体系和资源的过多投入而分散媒体的精力和资本,削弱媒体的实力。所以传媒集团在打造产业链时,应注重以文化信息产业为主开发相关的多元化产业。国际传媒巨头迪士尼就是利用其动画片的品牌优势开发衍生产品或发展相关产业,授权产品专卖店,打造迪士尼主题乐园、度假村等。这种以广告为主,多元化经营的赢利方式是国际传媒集团普遍采用的,也为我国传媒产业发展提供了有益借鉴。当然,这种运作方式的前提是要有具有核心竞争力的节目资源和无可取代的媒体品牌,也就是说媒体集团的主业一定要先做强做大。

在广电完善产业形态的商业模式过程中,跨行业经营是至关重要的战略步骤,尤其是着重打造一条以文化信息产业为主的相关多元化产业链,是传媒产业跨行业的核心内涵。

### (三)改革的现实阻力与改进措施

近几年来,国家出台了一系列有利于广电发展的好政策,如提出推进"三网融合"、"完善投资环境"、"加快发展文化创意产业"等,以鼓励组建跨媒介、跨地域、跨行业的传媒集团。但是不得不承认,在全面展开"三跨"的现实路途中,广电产业还是遇到了重重阻力,阻力主要来自三个方面——体制、资本、内容资源。

1. 体制的限制和完善

宽松的政策环境和完善的管理体制,是广播电视事业有序发展的保障。不可否认,政府对传媒市场的管制是有其合理性的,但如果"管办不分"的话,就会制约传媒产业的健康发展。最近中央大力推行的制播分离改革就是一种体制的创新。所谓"制播分离"就是广电把除新闻及重大时政节目之外的内容交给社会制作机构生产,广电则成为审查和播出机构。制播分离改变了广电自制自播的生产模式,通过调动社会力量制作节目内容,可以降低生产成本,提高节目质量。随着广播电视体制改革的深化,"分离"将体现在以下几个方面:

一是事业与产业的分离。中国传媒产业推行跨媒介、跨地域、跨行业的集团化改革的难度首先来自于传媒集团"事业单位企业化运作"的性质定位。显然这种运作机制不能适应现代传媒的发展需要,身份的模糊不清使得传媒集团不能成为市场主体,无法在市场上拥有足够的生存空间,要打破这种尴尬局面,只有将事业和产业分开管理运营,才能使传媒集团真正面向市场,进行"三跨"的资源整合。

二是管与办的分离。我国传媒产业还是由中央或地方政府垄断经营,这种"管办合一"的模式使得传媒企业在面向市场进行生产经营时,只能是戴着镣铐跳舞,无法真正壮大自身实力,所以政府主管部门应从"办"广播电视转向"管"上,给予传媒企业更多生产经营的决策权,使传媒企业在市场的洗礼下真正做大做强。

2. 资本的匮乏和解决途径

集团化改革的另一个难题来自于资本的缺乏。经营新媒体业务、涉足其他行业和跨区域的业务整合都需要巨额的资金投入。而我国传媒资本市场长期封闭,传媒集团的投资和融资能力都很弱小。要解决资金短缺这个困难,就必须与资本市场对接,进行资本运营,拓展融资渠道。

所谓资本运营,即利用能够动用的各种社会资源和生产要素作为资本进行优化整合来盘活现有资本,使资本获得保值和增值。资本运营不仅能打通广电资金短缺这个瓶颈,还能够充分动用社会力量,实现社会效益和经济效益的双赢,所以应该鼓励多元化的投资主体参与和经营广电业,引入民营资本和各种所有制类型的社会资本,使得传媒市场资本运营更为市场化。同时,投资主体的多元化还可为传媒产业带来市场化的运营理念和管理方式。

传媒产业的资本运营途径主要有上市经营和并购两种,其中上市融资是最主要的资本化运作方式。目前共有12家传媒集团在国内上市,还有大约十多家传媒集团也在准备上市。

与资本市场进行联姻时,一个重要前提是明确产权。传统上,我国广播电视产权制度为一元产权主体下的事业单位体制,这种垄断模式已经不适应新的社会条件下传媒业的发展。在资本运营的新模式下,应该把广电看作是企业,引入现代企业制度,同时,要把传媒资产纳入国有资产的监管体系中,对传媒集团实行国有资产授权经营。只有明晰产权,资本市场的流通才得以实现。

传媒与资本的有效结合可以使投资主体和投资渠道从单一化走向多元化,从而分散产业经营风险,使资本得到最大增值。有了资本的坚实后盾,传媒集团向外扩张的步伐才能够平稳迈进。

3. 节目创意的缺失和内容的创新策略

媒体之间的竞争实际上就是内容的竞争,本质上是创意的竞争,拥有优势的内容资源是跨媒介、跨地域、跨行业经营的传媒集团的核心竞争力。国内的几大传媒集团十分注重内容的创意和品牌打造,如湖南卫视的《快乐大本营》《天天向上》,上海文广的《舞林大会》等。但整体上,我国电视内容缺乏创意,各个媒体甚至同一媒体的不同部门对同一内容重复制作或互相抄袭、模仿与跟风导致了同质化现象严重。同时在传统媒体与新媒体融合的过程中,两者不是互相依存的,而是处于一种不平等的地位,新媒体仅被作为传统媒体的一个内容的投放平台和营销渠道,没有针对新媒体的特性和传播规律开发和设计内容,没有利用新媒体真正实现内容资源的增值。传媒集团若缺乏无可取代的创意内容是无法在竞争激烈的传媒市场中占据一席之地的,所以,开发创意资源,打造优质内容,就成为传媒集团实行"三跨"的核心步骤。

目前国家大力推行制播体制改革就是提高节目质量和内容生产能力的重要路径。一方面,传统媒体需要注重内容创意,提高制作能力,把积累的优质内容资源拿来大力发展新媒体;另一方面,深度挖掘出传统媒体的内容资源,使其在传统媒体和新媒体之间互联互通,也是传统媒体在内容设计上需要解决的问题。这就需要在一个内容品牌下,针对不同媒介特性和受众需求,开发不同风格且相互补充的内容,而不是原封不动地把内容复制到新媒体平台上。传统媒体与新媒体平台的有效对接需要建立资源共享的互动机制,使得内容在多渠道发布能够得到最大增值。

国外一些知名的传统媒体已经搭建了统一的内容生产平台,在节目设计一开始就考虑电视台、电台、网络都能使用的东西,为此进行一体化的内容生产,再根据不同媒介渠道的特点进行内容发布。在我国,也有一些传媒机构在做这方面的积极尝试,如央视网已经建立起媒体资产管理系统,其内容积累不仅来自于央视海量的内容资源,还有地方台的内容及用户的原创内容,力图建立中国最大的视频资源库。同时,央视网还将加大对新媒体内容的开发,实现传统媒体与新媒体有效的互动机制。

在"内容为王"时代,谁拥有了内容优势,谁就会在竞争激烈的传媒市场中拥有核心竞争力,毫无疑问,内容资产的积累和创意资源的开发是传媒集团化发展的核心战略步骤。

## 结 语

国内传媒业跨媒介、跨地域、跨行业的集团化改革已全面拉开了序幕。随着文化体制改革的逐渐深入,国家给予了传媒改革以政策上的支持,新技术的迅猛发展和来自传媒行业内部的发展需要也在很大程度上推动了传媒产业集团化的进程。广电媒介需要通过跨区域合作,实现资源优化配置,扩大自身影响力;需要通过跨媒介经营,综合利用媒介资源,满足目标受众的个性需求,实现传播效果最大化;需要通过跨行业经营,打造出一条以文化信息产业为核心的产业链,实现赢利模式的多元化,增加经济效益。同时,在广电媒介改革发展过程中,来自体制、资本、内容资源方面的限制也不可忽视,要破除阻力,就需要改革和完善广播电视体制,实行资本运营,开发和创新内容资源。在国际传媒集团化的大背景下,中国传媒也将顺势而上,通过跨媒介、跨地域、跨行业的资源整合,努力打造中国的强势传媒集团。

---

注释:

① 新华悦动为民营传媒机构,即原新华财经传媒,通过与电视、互联网、手机等不同媒体平台的内容合作,为广告商提供专业传媒服务。

② 前者提供所有的电视内容,包括精品节目视频互动直播、点播;后者是以用户上传视频作品为核心内容的视频分享与互动社区,体现媒介机构与个体的融合。

③ 以美国为代表的股东控制模式兴起于19世纪,其特点是由独资向招股集资的方向演变;所有者和股东明确,产权关系明晰。以西欧和日本为代表的双轨制模式是由国家委托公共广播电视机构从事服务的方式。这种公共服务体制大多是通过一个强大的,通常是高度集中的、有国家财政支持的、服务于全国的公共广播机构来体现的,其特点是理事会由政府首脑提名、议会批准,吸纳各党、各派、各利益集团的代表参加,理事会一经成立,就独立运转,不受政府的领导或控制,尽可能不让政府涉及电台、电视台的日常运作。

# 论中国广电在"三网融合"新阶段的战略方位*

◆ 黄 勇

## 一、"三网融合"的权威界定

关于"三网融合",广电、电信等有关部门和业界学界已讨论多年,是一个老话题了。但究竟什么是"三网融合",直到今年才有了权威、明确的界定和解释。其一,今年1月21日,国务院国发5号文件即《国务院关于印发推进三网融合总体方案的通知》,对"三网融合"的含义作了如下表述:"三网融合是指电信网、广播电视网、互联网在向宽带通信网、数字电视网、下一代互联网演进过程中,其技术功能趋于一致,业务范围趋于相同,网络互联互通、资源共享,能为用户提供话音、数据和广播电视等多种服务。"这是中央政府第一次对"三网融合"的含义作出明确、权威的政策界定。其二,今年3月,人民出版社出版的温家宝总理在第十一届全国人民代表大会第三次会议上作的《政府工作报告》的注释中,对"三网融合"的含义作了与上述文件大体相同的表述:"三网融合:是指电信网、广播电视网和互联网融合发展,实现三网互联互通、资源共享,为用户提供话音、数据和广播电视等多种服务。"这同样是一个权威性的政策解读。

以上表述有四个关键词:融合发展、互联互通、资源共享、多种服务。在笔者看来,这种融合是三网业务的融合,或者叫全业务融合。这是符合我国基本国情和发展方向的正确选择。最近,有电信专家在接受《人民日报》记者访谈时说:"对于三

---

\* 原载于《现代传播》2010年第9期。

网融合的概念,可以从三个层面理解:第一层面是业务融合,即'一网三用',就是不管哪家企业都可以用一张网为用户提供话音、数据和广播电视等多种服务。第二个层面是终端融合,即所有的功能都可以整合在一个终端产品中。第三个层面是网络融合,即'三网合一',就是电信网、广播电视网和互联网等不同的网络初期彼此共享资源,未来在物理设施层面实现深度融合。"这位专家还表示,"从各国情况来看,往往是终端融合带动业务融合,最后推动网络融合"。我认为,这种理解是有偏颇的,也是脱离中国的实际的。无论是业务融合,还是终端融合,都应是各种业务在三网互联互通、以不同方式或通过不同终端提供给用户服务,而不是"一网三用",或把所有功能整合到一个终端之中。因为用户对服务业务和使用终端具有自主选择权,而且需求是多样化的。至于物理层面的"三网合一"(实际只有广电网和电信网),我认为是不现实的。无论是从国家信息文化安全的角度讲,还是从市场竞争的角度讲,全中国不可能只有一个物理网络。"三网合一",那是一种想当然的想法。现在世界上任何发达国家都还没有做到"三网合一",何况国务院5号文件明确提出要"探索建立符合我国国情的三网融合模式,走中国特色的三网融合之路"。

## 二、"三网融合"已上升为国家发展战略

据初步查阅,第一次把"三网融合"作为国家发展政策提出来,是在2000年中央关于制定国家第十个五年计划的建议之中,当时的提法是:"促进电信、电视、计算机三网融合。"2001年国家第十个五年计划和2005年国家第十一个五年计划均将"三网融合"写入其中。到2008年1月,国务院办公厅转发的发展改革委员会等部门颁布的《关于鼓励数字电视产业发展若干政策》中明确提出发展目标是:"以有线电视数字化为切入点,加快推广和普及数字电视广播,加强宽带通信网、数字电视网和下一代互联网等信息基础设施建设,推进'三网融合',形成较为完整的数字电视产业链,实现数字电视技术研发、产品制造、传输与接入、用户服务相关产业协调发展。"2009年8月,国务院以30号文件印发《文化产业振兴规划》(即国发30号文件),其中提出:"积极推进下一代广播电视网建设,发挥第三代移动通信网络、宽带光纤接入网络等网络基础设施的作用,制定和完善网络标准,促进互联互通和资源共享,推进三网融合。"今年1月21日和6月9日,国务院5号文件和国务院办

公厅35号文件先后印发了《推进三网融合总体方案》和《三网融合试点方案》,明确规定了"三网融合"的指导思想、基本原则、工作目标(包括总体目标和阶段目标)、主要任务、内容步骤和政策措施,对"三网融合"的实施和推进作出了全面部署。两个重要文件都强调,"推进三网融合,是党中央、国务院做出的重大决策和战略部署,不仅是当前和今后一个时期应对国际金融危机的重大举措,也是培育战略性新兴产业的重要任务"。这意味着,"三网融合"已经上升为国家发展战略,已经进入全面推进和具体实施的新阶段。

### 三、"三网融合"的战略意义

对于"三网融合"的战略意义,结合国务院文件精神和我国广电发展的实际,可以从以下四个层面作解读。

从经济层面看,实施和推进"三网融合",发展信息网络产业,有利于加快转变经济发展方式和调整优化经济结构的战略目标的实现。我国正处于全面建设小康社会的关键期和经济发展的战略机遇期。转变经济发展方式,调整优化经济结构,扩大国内消费需求,实现经济可持续和又好又快发展,已经成为紧迫的战略任务。电信网、广播电视网和互联网都属于高科技支撑的信息网络产业,在科技创新和社会需求的推动下,都获得了快速的发展,形成了相当的规模,具有极其广阔的发展潜力和市场前景。在融合条件已经具备的情况下,适时地推进"三网融合"和全业务开发,将会产生倍增的效益,既可以扩大内需、培育新的经济增长点,又可以促进经济和社会信息化水平的提升。信息网络产业是科技手段与内容生产的有机结合,其内容产品和服务属低碳服务性产业。因此,国家将其列为六大战略性新兴产业之一。实施和推进"三网融合",是国家经济社会发展的迫切要求。

从政治层面看,实施和推进"三网融合",可以拓展、优化传播平台和渠道,为更好地宣传党的路线、方针、政策和社会主义核心价值体系提供强大的物质技术支撑和保障。"三网融合"使传统媒体的传播渠道大大拓宽,传播链条得以延伸,传播方式更加多样,传播覆盖面有效扩大,传播影响力大为增强。"三网融合"也为广电传统媒体与新媒体融合创造了条件。近年来,广电传统主流媒体开办新媒体,与新媒体联动传播党和国家的重大活动与重大突发事件,已在实践中取得很大成功。这种传播平台和传播渠道的拓展和优化,实质上巩固了主流媒体作为党的舆论阵地的地位,具有政治上的战略意义。

从文化层面看,实施和推进"三网融合",有利于促进文化产业的发展和广电自身现代化水平的提升,能够不断满足人民群众日益增长的精神文化需求。"三网融合"可以发挥市场对社会资源配置的基础作用,实现业务相互渗透和资源共享、优势互补,同时形成适度的竞争,大大促进精神文化产品和服务的生产和供给,最大限度地满足人民群众多层次、多样化、个性化的信息需求和精神文化需求。"三网融合"将会加速推进电信网、广播电视网、互联网的技术升级并向下一代网络演进,为业务深度融合开发和今后的"四网融合(加物联网)"奠定物质技术基础。"三网融合"将有力促进广播电视系统的数字化升级改造、有线电视网络整合、有线电视数字化整体转换,有力促进数字电视、高清电视业务开发和内容生产制作,有力促进视听新媒体的发展和传统广电媒体与视听新媒体的融合发展,从而全面增强广播电视的制作、传输、覆盖、传播能力,推进全国广播电视的现代化进程,使广播电视成为社会主义文化建设的主力军。

从社会层面看,实施和推进"三网融合",可以为党和政府与人民群众的信息交流互动架设桥梁,有利于构建社会主义和谐社会。"三网"是当代中国规模和覆盖面最大的信息交流平台和基础设施。目前,全国(未包括港、澳、台地区)手机用户达7.47亿,有线电视用户达到1.737亿(其中数字电视用户达6175万),互联网用户达3.84亿,广播电视受众超过12亿。而且,上述用户数量还在持续上升之中。如此庞大的用户群和受众群,对中国社会建设、发展和稳定有着举足轻重的作用。"三网融合"可以为党和政府了解民意、改善民生,为人民群众表达民意、建言献策,实现党和政府与人民群众的信息交流互动,提供最先进、最直接、最广泛、最畅通的平台和渠道。党和政府及其工作人员将在这种交流互动中增强公仆意识,提升整体形象和威信;人民群众将在这种交流互动中增强主人翁意识,增强对党和政府的信任,从而增强全民族凝聚力、向心力。由此,推动社会主义和谐社会的构建。

### 四、广电在"三网融合"中的战略优势

广播电视是"三网融合"的主体,在"三网融合"中承载着重大的使命和社会责任。一方面,由于它的喉舌性质和多重属性,在推进和实现"三网融合"的过程中,需要探索和解决一系列难点问题,比如,网络分散,技术水平千差万别,网络公司多

未建立现代企业制度,市场意识和经营能力不强;体制上以块为主,层级利益矛盾突出,有系难统,资源整合困难。这些问题都需要破解,才能在业务双向进入的市场竞争中提高竞争能力。另一方面,要充分认识到自身所具有的有利条件和战略优势,在推进"三网融合"、开发传媒和信息网络新业务中,充分发挥自己的战略优势和主力军作用。由此,确立自己的战略地位。

广播电视就其特性、功能和业务来讲,是唯一横跨传媒、文化、信息产业三大领域的部门和系统。它在实施和推进"三网融合"中,拥有资源、基础、能力等方面的战略优势。从资源拥有方面看,广电系统具有三大优势:一是频谱资源。频谱是广电的战略核心资源。由于广电的特性和性质,历史形成了广电拥有的频谱资源较电信更为丰富。而且,这是其他传媒、文化部门不具有的资源,具有很强的垄断性。在数字和宽带技术广泛应用于"三网"的条件下,广电的宽带业务可以从信息源端直达目的端,这使这种频谱资源更显出它的战略核心价值,是广电核心竞争力的核心资源。二是内容资源。各级广电媒体尤其是中央和省级广电媒体,几十年来积累了大量的节目资源,仅中央电视台就有上百万小时的节目资源。广电部门还拥有大量的故事电影、新闻纪录电影和科教电影的内容资源。这些资源经过数字化转换之后,可以得到有效开发和应用,成为各种媒体各种节目形态的原材料,是十分宝贵而丰富的战略资源。三是人才资源。目前,全国广电系统拥有专业技术人员 32 万人以上,专业类别包括编、导、摄、播、演等创作制作专业和科技专业。这是"三网融合"中提供内容和技术保障的最重要的人才资源。

从基础条件看,广电系统具有两大优势:一是网络技术基础。广电网络是由无线、有线、卫星等多种现代科技手段构成的综合性传输网络。目前,广电系统拥有发射台、转播台 6 万多座,有线网络总长达 320 万公里,卫星地球站 34 座,卫星收转站 1738 万座。随着广电网络数字化转换、双向化改造的推进,特别是随着国家高性能宽带信息网暨中国下一代广播电视网的自主创新和示范网建设的推进,广电系统在网络技术基础方面将形成强大的优势,可以在"三网融合"中与电信基础网络实行强强联合与合作。二是广电覆盖基础。由于广电传输网络技术基础方面的优势,广电信号已经覆盖全国和全球,其覆盖面和覆盖率居各类传媒覆盖之首。目前,全国广播和电视人口综合覆盖率分别达到 96.3% 和 97.23%,广播电视受众达 12 亿以上。有线电视用户已达 1.737 亿户,其中数字电视用户达 6175 万户。对外广播使用 59 种语言向全球播出,海外听众俱乐部达 3158 个。对外电视有中国长城电视平台，共传播中央和省级电视台 23 套节目，拥有海外付费用户 10 万户；中央电视台的 6 个国际频道在 140 个国家和地区落地入户，整频道落地用户超过 1.3 亿户。这些都是广电在"三网融合"中的基础优势。

从能力建设方面看，广电系统具有三大优势：一是制作和播出能力。目前，全国广电系统拥有广播电台 251 座，电视台 272 座，县级广播电视台 2087 座，国有电影制片单位 38 家，全行业共有节目制作机构 4189 家。全系统年制作广播节目 650 万小时以上、电视节目 260 万小时以上。各级广电媒体年播出广播节目达 1160 万小时以上、电视节目达 1490 万小时以上。全行业年生产制作电视剧在 500 部 1.4 万多集，动画片在 13 万分钟左右。可以看出，广电节目在制作和播出方面均有很强的优势。二是公信力。广电媒体作为党和政府的喉舌，历来承担着宣传党的路线方针政策、传播党和政府的声音及法令政令、报道国内外各种新闻信息的责任，以其真实的内容、正确的导向和价值取向，赢得了广大受众的信任，形成了很强的公信力。广播电视自身特性和传输覆盖方面的优势，使广播电视的公信力与影响力形成正向的合力，进而在各类传媒中居于优势地位。三是控制力。"三网融合"意味着传播网络和传播内容更加开放，因此必然带来监管的困难。广电系统在近年来的探索中，除不断完善传播的监管方式和手段，更注重运用法律、行政、科技、自律等综合方式和手段，建立和完善了包括内容和技术在内的监管机构、设施和科技手段，形成了比较完善的监管体系。这是在应对"三网融合"并使之健康运行和发展过程中所必不可少的条件。广电系统已经基本具备这方面的控制能力。

## 五、广电应对"三网融合"的战略对策

从以上我们可以看到，广电系统在"三网融合"中具有战略优势。但是，这些战略优势并不会自然而然地得到发挥。当此"三网融合"的时间表和路线图已由国家确定并付诸实施之时，广电系统上下是否已充分做好了准备？是否考虑好怎样才能发挥广电自身已有的和潜在的各种优势？这是广电人不可回避的课题。

依我之见，广电系统实施和推进"三网融合"，要解决好以下五个创新问题：

一是理念和共识创新。在国家与社会信息化时代，在新老传媒激烈竞争时代，广电人必须树立开放、融合、合作和共同发展的新理念。国家的现代化进程，始终与改革开放相伴。开放同样是促进发展的强大动力之一。新媒体的出现，已经打

破传统媒体一统天下的格局。要想始终占据舆论阵地和传媒市场，广电人必须走开放、融合、合作的道路，以开放的心态对待融合，以融合的方式实现最大限度的传播，以合作的意愿和举措推动广电与电信以及其他相关市场主体的多种方式合作，寻求双赢、多赢和两个效益的最大化。这就是共识问题。更为重要的是，广电系统应从国家层面、战略高度来看待"三网融合"问题。应当充分认识到，大力实施和推进"三网融合"，对于促进国家经济、政治、文化、社会建设具有重要的战略意义，是大势所趋、势在必行，必须以积极的姿态来面对新的挑战。

二是广电网络建设和科技创新。就是要继续着力推进有线电视网络整合、数字化转换和双向化改造，加快建设下一代广播电视网（NGB）。由于历史原因，我国有线电视网络长期处于分散、割据状态，而众多的利益主体又成为网络整合的客观障碍。这成了广电系统发展信息网络产业的瓶颈所在。近年来，许多省市区党委政府加大了行政推动力量，广电行政部门也在探索和实施适合当地实际情况的推进方式，有线电视网络整合有了较大的进展，其中有13个省市区已经实现或基本实现本区域内的网络整合。有线电视数字化整体转换已在全国229个城市进行，其中100多个城市已经完成转换，广西、海南、宁夏已经完成了全省区的数字化整体转换。同时，许多地区加快网络双向化改造，加强内容和服务本地化，大力开发高清电视、视频点播、电子政务、电子商务、生活资讯等各种新业务，使电视机逐步成为家庭多媒体信息终端。在国家提出"三网融合"总体目标和阶段性目标的新形势下，广电系统应当乘势而上，加大力度，攻坚克难，全力推进有线电视网络整合和转企改制，尽早形成全国全程全网、互联互通、统一运营的新格局；着力加快数字化整体转换和双向化改造，提升网络的整体水平，普遍开发信息网络新业务；积极推进国家高性能宽带信息网暨中国下一代广播电视网的自主创新和示范区建设，努力构建适应"三网融合"的、更加先进的现代广播电视网络，为我国广播影视未来发展拓展新的空间、新的领域、新的阵地和新的市场。

与此同时，要加快广电媒体数字化、网络化建设，加强高清电视制播能力建设，构建面向多种播出平台和多种终端用户的内容制播管理系统；加快地面数字电视发展规划的制定和实施，逐步实现全国县级（含）以上城市的地面数字电视覆盖；加快研制数字声音广播技术体制，推动声音广播的数字化及新的服务模式的推送；加快移动多媒体广播电视（CMMB）的网络覆盖、运营体系建设和内容、形态创新，构建全国统一运营、共同发展的新格局。

三是市场体系创新。要加快广电市场主体的塑造,培育有竞争力的广电市场主体。广电作为"三网融合"的重要一方,既具有资源、基础、人才等方面的战略优势,又存在经营体制、经营人才、经营经验、资本和融资等方面的劣势。面对三网融合的新形势,应当在深化体制改革中,全面推动广电网络体制改革,即彻底打破事企不分、事企兼容的旧体制,在全面整合的基础上转企改制,建立现代企业制度和法人治理结构,组建国家级有线电视网络公司,实行全国有线电视网络的统一经营。与此同时,在具备条件的地区,积极推进制播分离改革,组建由广电媒体控制或控股的节目制作公司,并将其塑造为合格的市场主体,为"三网融合"后的新业务开发提供内容服务,逐步成为与网络运营商并驾齐驱的内容提供商。在"三网融合"、适度竞争的新格局中,广电应当在网络经营和内容提供两大方面,培育一批有较强竞争力的市场主体参与竞争,赢得市场。

四是内容产品和服务创新。要充分发挥内容资源优势,大力开发和发展以电影电视剧、影视动画、纪录片等为重点的内容产业。适应人民群众消费需求的新变化,适应"三网融合"的新要求,创新节目形态、内容产品和服务方式,增强内容产品的文化含量和科技含量,打造具有自主创新和核心竞争力的内容产品和服务品牌,不断满足"三网融合"对不同形态内容产品的极大需求,并借此培育文化消费热点和消费市场,全面提升广电内容产品和服务的经济社会效益,全面促进广电产业的大发展。

五是体制机制和政策体系创新。这就是国务院常务会议提出的要求,第一步,要"探索形成保障三网融合规范有序开展的政策体系和体制机制";第二步,要"基本形成适度竞争的网络产业格局,基本建立适应三网融合的体制机制和职责清晰、协调顺畅、决策科学、管理高效的新型监管体系"。这是实施和推进"三网融合"的关键所在,也是难点所在。由于我国广电具有与国家政治社会制度和意识形态相一致的特殊性质和特殊作用,在发展进程中必须坚持社会效益第一的原则,因此它在体制、机制和政策体系方面,事实上与信息产业部门存在着差别或矛盾。比如,正确导向和安全播出,始终是广电系统压倒一切的任务和最重要的评价标准,其政策体系也是建立在这个基础之上的。这同信息产业部门以追求经济效益最大化为目标显然是有很大差异的。如何使现行广电体制、机制和政策体系与"三网融合"相适应,确实需要认真地探索和慎重地选择。我们从雷日科夫的《大国悲剧》一书所总结的沉痛教训中可以得到启示:媒体一旦失控,就会导致一个国家不可挽回的灾难。因此,在推进"三网融合"中,必须牢牢掌握党和政府对广电媒体及所开办的视听新媒体的主导权和控制力,使"三网融合"和各种新业务的开发始终坚持正确的发展方向和舆论导向。

当前,加快推进"三网融合"已进入关键时期,广电系统既面临严峻的挑战,也面临难得的机遇。广电系统应当认真学习贯彻国务院5号文件和国务院办公厅35号文件精神,积极参与主导和推进"三网融合"进程,切实抓好"三网融合"的试点工作,加快广电网络整合和升级改造,加快培育市场主体,组建国家级有线电视网络公司,探索"三网融合"业务运营模式,积极参与制定适应"三网融合"的网络、业务、信息服务国家标准,探索建立"三网融合"的网络信息安全和文化安全管理体系,逐步形成保障"三网融合"规范有序开展的政策体系和体制机制,努力实现试点阶段目标。在此基础上,全面推进"三网融合",到2015年全面实现"三网融合"发展的总体目标。

综上所述,坚持业务融合和战略合作,参与主导融合进程和产业格局构建,发挥广电战略优势和主力军作用,实现服务人民、共同发展,拓展宣传舆论主阵地,培育信息文化产业新市场,提升国民经济和社会信息化水平,满足人民群众的信息文化新需求,这就是中国广电在"三网融合"新阶段的战略方位。

# 中国数字电影的现状与发展战略[*]

◆ 朱 虹

数字电影是现代电影发展的基本趋势。所谓数字电影,是指以数字技术和设备摄制、制作、存储的故事片、纪录片、美术片、专题片以及体育、文艺节目和广告等,通过卫星、光纤、磁盘、光盘等物理媒体传送,将符合技术要求的数字信号还原成影像与声音,放映在银幕上的影视作品。

电影由胶片向数字演进,是继无声电影向有声电影、黑白电影向彩色电影发展之后的又一次根本性巨变,是中国从电影大国走向电影强国的关键环节,是电影发展历史中的重要里程碑。信息技术是电影数字化演进的根本动力。电影数字化演进,为现代电影产业发展注入了崭新活力。电影数字化不仅仅是一场单纯的技术革新,而是一场深刻的产业革命,涉及电影技术、工艺、设备、政策、运营、管理、发展思路、商业模式等诸多要素。电影向全数字化演进已成为电影产业发展的必然选择。

## 一、全球数字电影发展态势

当前,全球数字电影处于高速发展期。从前期拍摄、后期制作到发行放映,都在进行着从模拟向数字的转变和过渡。电影的制作手段、发行方式、放映形式及其管理模式,也在发生转变和过渡。传统影院的数字化改造和数字影院的建设速度愈来愈快。数字电影在技术、设备、标准、规范、运营、管理等方面已基本成熟。数

---

[*] 原载于《现代传播》2010 年第 11 期。

字电影取代胶片电影,成为电影产业的核心与主流已为期不远。

从2000年开始,全球部分国家就拥有了数字银幕,但各国数字银幕数量均在100块以内。2005年7月,国际数字电影技术委员会正式发布《数字电影系统规范》V1.0,数字电影进入一个崭新的发展阶段。2005年下半年,欧洲数字银幕从93块增至227块,北美数字银幕数从104块增至332块;2006年全球数字银幕增幅更是达到了历史最高水平,为253.30%。2008年,由于金融危机的影响,全球数字银幕增长率第一次从三位数滑降到36.33%。2009年,随着全球经济不断好转以及多部3D大片的推动,数字银幕建设有所恢复,增长率回升到85.66%。截至2009年12月份,全球数字银幕超过1.6万块,占银幕总数的11%。其中,北美地区7736块,北美地区以外8669块,欧洲地区是推动数字银幕增长的主要力量。

数字银幕增长最快的是3D银幕。2009年全球3D银幕数量达到9016块,占全球数字银幕的55.2%,总银幕数的6.1%。其中,北美地区3548块,占全球39.4%。美国3269块,居全球首位,平均每9.4万人拥有一块;欧洲3387块,占全球37.6%,法国710块,居欧洲各国之首,英国、德国、俄罗斯、意大利的数字3D银幕分别为449、419、351、348块。亚太地区为1662块,占全球3D银幕总数的18.4%,中国900块,居亚太地区首位、全球第二;日本317块,虽然数目不如中国多,但其占数字银幕和全部银幕的比例分别为72.1%和9.3%,位于亚太地区第二位。亚太地区数字3D银幕占数字银幕和全部银幕比例最高的则是澳大利亚,分别为90.3%和13.4%,这个比例在全球名列前茅。影片发行方面,数字3D影片增势迅猛。以美国为例,2009年,美国发行影片总数为558部,比上年减少75部,但数字3D影片数量却从上年的8部迅速增至20部,占到发行量的4%。

全球数字电影发展,呈现出四个发展态势:

1. 在电影拍摄技术方面

数字电影摄影与数字高清摄像的技术差别将会越来越大,数字电影摄影的图像分辨率正由高清HD(1920×1080)向2K(2048×1080)和4K(4096×2160)发展,而且数字摄影机的传感芯片、信号格式、输出接口、记录方式、操作便利性以及与数字后期处理的结合性,正在向越来越适合于电影拍摄的方向发展和完善。

2. 在后期制作技术方面

电影正在向全数字化快速发展和推进,数字化、网络化发展,使电影数字后期制作的国际分工更加精细化、专业化,有利于资源整合和高效利用。随着数字后期制作技术在处理能力、实现功能和实现效果等方面的不断提升,电影数字后期制作部分环节正在向前延伸,覆盖前期拍摄部分环节,使前期拍摄和后期制作之间的界限日趋模糊,加速了巨幕电影、立体电影等非常规形式电影的大发展。

3. 在影院和放映技术方面

数字影院和电影数字放映技术在技术原理、系统结构、实现功能、技术规范、技术标准等方面基本成熟,相关设备和产品的功能和性能也在不断完善和提升。数字电影 2K/4K 系统正在向全面符合 DCI 技术规范和 SMPTE 技术标准的方向快速升级和完善。JPEG2000 图像压缩编码技术、MXF/XML 封装打包技术、AES 对称加密算法、RSA 非对称加密算法、数字水印、数字签名等均已被公认为数字电影的核心和关键技术。影院播放服务器和数字放映机正在向全面符合 FIPS 140 安全认证标准和 DCI 符合性测试方案(CTP),以及构建服务器—放映机一体机的方向发展和完善,影院服务器设备正由基于多片 ASIC(专用集成电路)专用芯片向基于单芯片 FPGA(现场可编程门阵列)加速转变。

4. 在中档数字影院(1.3K)方面

中档数字影院正在向统一数字母版编码和打包格式的方向快速发展。随着市场发展和 2K/4K 系统价格的下降,部分影院会将 1.3K 系统升级为 2K/4K 系统。基于卫星通信传输网和光纤通信传输网进行数字电影节目传输,将实现电影由物流传输向信息流传输的重大转变。数字 3D 立体电影已成为电影产业发展的一个热点,以及电影数字化转换的重要助推器。

## 二、我国数字电影发展现状和意义

在党中央、国务院的高度重视和国家广电总局的具体组织推动下,我国数字电影呈现快速发展的态势。使用数字技术拍摄的影片连年增长,在北京建成了亚洲最大的国家中影电影数字制作基地,建立了国家电影数字节目管理中心,实施了电影档案影片数字化修复工程,建立了完整的电影数字中间片工艺生产线,数字电影正按照专业(2K/4K)、中档(1.3K)和流动(0.8K)三个等级蓬勃发展。我国电影产业正处在胶数整体转换的关键时期。

截至 2009 年底,中国拥有数字银幕 1800 块,其中 900 块支持 3D 放映。到 2010 年 6 月,中国已拥有 2679 块 2K 数字银幕,其中 1460 块支持数字 3D 立体放映,仅次于美国,位居世界第二;流动数字电影放映系统数量已超过4万套;1.3K中档数字电影正在积极推进之中。已建成并投入使用的国家中影数字制作基地,总投资近20个亿,是一个以影视前后期制作为核心,将影视拍摄、声音录制、数字制作、动漫制作、设备租赁、光盘生产等众多功能融为一体的电影生产工厂,年生产能力可满足80部故事电影片、200部电视电影、500集电视剧的制作需求。

"十二五"期间,我国将进一步深化数字技术在电影领域的应用,逐步形成并完善支撑电影产业发展的数字电影技术体系,构建信息化、网络化、标准化和存储安全、监管可控的数字影院技术运营及管理新格局,构建集卫星、网络、有线和硬盘于一体的数字电影发行传输技术平台,积极推进数字电影核心技术和关键设备的国产化,尽快全面实现中国电影的数字化转换。

当前,我国数字电影市场呈现出四个方面的显著特征。

一是数字电影已经成为中国电影发展的新增长点。数字制作与数字放映不仅可以大大提高电影品质,创造视觉奇观,而且可以改变传统电影的生产方式和运营模式,拓展电影产业的发展空间和服务领域,带动电影体制变革、管理变革和产业变革。在数字电影制作方面,2009年我国生产的影片中,数字电影306部,占总量的67.11%,比2008年增长17.69%。电影频道节目中心供电视播映的数字电影110部。在数字电影播放方面,2009年,我国农村数字电影放映场次为578.6万场,其中公益影片555.1万场,商业影片23.5万场。城市院线数字电影放映场次为173.9万场,占市场份额的29.24%。在数字电影收入方面,2009年,城市院线数字影片票房收入18.45亿元(胶片影片票房收入41.74亿元),占市场份额的30.65%。农村流动放映数字电影技术服务费2273084.58元(公益1905652.58元、商业36743元)。全年,城市院线观看数字电影的观众人次达5864万,占市场份额的29.26%。

二是数字电影为中国电影发行提供了广阔空间。我国电影数字放映分为三个层次:面向广大农村农民观众的电影流动数字放映(0.8K),面向中小城市观众的中档商业影院(1.3K)放映,面向大城市观众与国际相兼容的商业数字影院(2K)放映。农村数字电影流动放映(0.8K)是我国自主研发的数字电影流动放映系统,为农村电影公共服务体系建设提供了有力支撑和保障。经过多年努力,基本完成流动数字放映发行的制作、分发、授权、回传系统建设,搭建起了便捷的交易服务平台。全国已成立农村流动放映院线249条、流动数字放映队40271个,建立卫星地面接收站127个,全国32个省市自治区基本覆盖,基本实现"一村一月放映一场电影"的预期目标。中档商业影院(1.3K)已在全国50多个中小城市安装了239台具有自主知识产权的1.3K数字放映电影设备,累计制作完成1.3K影片发行版199部,完成中档授权15920个。高端城市商业影院(2K)的银幕数已超过2400块,而且每天还以平均1.7块银幕的速度在迅猛增长。在2009年新建的142家电影院中,数字影厅达到500多个,占新增影厅的80%,部分影院实现了全部数字化放映。全国运营的2K数字电影放映设备达到1938台,约占城市总银幕数的42%;3D数字放映电影设备已近900台。未来几年,我国将实现影院的全部数字化,城市影院数字银幕数达到3万块。

三是3D电影成为中国数字电影发展的新动力。同欧美发达国家一样,我国3D电影增速很快。2008年上映《地心历险记》时,全国仅有80块3D银幕,2009年上映《冰川时代3》时,全国3D银幕已达到300多块,2010年《阿凡达》上映时,全国3D银幕突破500块,目前3D银幕数已经发展到900多块。《地心历险记》平均每块银幕赚取70多万票房,远远高于同期上映的其他影片。《冰川时代3》上映不到20天,每日平均银幕票房在1.5万元左右,而票房突破4.5亿元的《变形金刚2》这一数据才不过万元。《阿凡达》的数字放映票房更是高达该片总票房的70%,成为中国数字放映史上第一部数字票房赶超胶片票房的影片。很多影院看到了3D影片的前景,纷纷引进数字放映设备。在《阿凡达》上映期间,数字放映机供应甚至出现脱销现象,折射出中国电影市场的巨大容量与需求。

四是我国数字电影技术开始与国际技术标准体系接轨。为加快中国数字电影发展,国家广电总局提出了面向城市、社区和农村流动放映的数字电影放映系统技术要求、电影流动放映检测以及数字影片放映系统技术要求,制定下发了中小城市1.3K数字电影技术标准,建设研发了电影数字节目库、农村电影数字节目制作平台、农村电影数字节目交易平台、农村电影数字节目卫星发送平台、农村电影数字节目技术监管平台、农村流动数字放映系统等。通过这些完全由我国自主创新的技术支持系统,用3万元就可装备一个农村流动放映队,可放映画面5米、具有立体声的高清晰度电影。电影科研所近年修订和发布了数字电影发行母版、数字源处理、数字电影打包、数字电影运营、数字电影质量、数字立体电影等一系列数字电影技术标准,使我国数字电影技术发展从一开始就采用国际标准,避免走弯路、走岔道。

同传统电影相比,数字电影具有明显的优势,主要体现在:

技术优势。数字电影可以避免胶片因光源照射、片路运行等导致的老化、褪色、划伤、磨损、油腻等物理及化学现象,确保影片画面如新;可以迅速抹掉不成功的拍摄,减少拍摄材料损耗;可以凭借其像素的稳定性,确保画面没有任何因放映造成的抖动和闪烁;后期制作全过程数字化,有利于提高画面质量,容易采用更多更好的特技效果;数字传输技术的保障,使整部电影在传输过程中不会出现质量损失;数字电影属于低碳技术,不像传统电影洗印对环境产生污染,有利于电影产业的环境保护。

管理优势。数字电影推动了我国电影发行放映的管理模式从传统的物流手工方式向网络化电子化转变,促进了相关标准和规范的形成,培养造就了一批高水平的影视人才,建立了覆盖城镇的电影数字化发行放映网络,全面提高了中国电影的经营管理能力、科技创新能力、公共服务能力和传播能力,显著提升了我国数字电影发行放映服务效率和受众服务质量。

经济优势。数字技术能够显著地降低成本并缩短制作时间,为资金短缺的独立制片人提供机会。数字文件传输取代了电影拷贝发送,节省了拷贝洗印和运输的费用(目前国际上每个拷贝的制作费用约为1200美元),降低了字幕成本。发行方可以精准地确定数字拷贝的数量,避免出现胶片电影发行时拷贝洗印数量与市场需求不吻合的问题。对电影院来说,数字电影意味着更丰富的商业机会。数字放映机不仅能够放映数字电影,还可以转播各种电视节目,如球赛、演唱会等,或者投影计算机内容如商业演讲,电影院可以在不同的时段安排不同用途,增加总体收益。电影院方面可根据需要,往其数字电影服务器里插入数字广告片段,这是胶片电影无法企及的。数字电影投资少、成本低、周转快、受众面广,是中国这样的发展中国家电影产业发展的理想选择。

体验优势。观众在电影院里体验到的数字电影画面和音响效果与电影导演在后期审片室里体验到的一模一样,而且第一次放映和第一千次放映质量毫无区别。数字3D影片精美的画面和强烈的视听冲击力,能够让很多观众心甘情愿地掏出腰包走进电影院看电影,它正成为电影产业发展中一支新的生力军。3D影片是未来电影工业发展的必然趋势,立体电影时代即将来临。随着3D技术的普及和主流化,观众会越来越青睐数字电影。

数字电影的发展,对推动中国电影产业的快速发展和战略转型具有重大意义。

首先,发展数字电影有利于中国电影产业做大做强。从国内传媒行业发展来看,电影的数字化可以积极利用数字媒体整合带来的电信、计算机和家电等行业的技术制造能力和资金力量,迅速提高产业的技术水平,完成产业组织结构的调整,凭借内容优势,使数字电影院线很快成为跨媒体、跨地区、跨行业的超级媒体,成为数媒经济时代整个信息传播业的交换和消费枢纽。网络、卫星等传输通道的迅速发展,为实现数字电影比较优势创造了条件,最终使网络发行、传输、交易等在电影业中得到更广泛的应用,从现在的农村流动放映拓展到更多领域。三网融合也将为电影后期产品开发开创更广阔的天地,实现除主流院线外的更多样的发行方式,等等。所有这些都将推动中国电影产业超常规、跨越式发展。

其次,发展数字电影有利于推动中国电影产业管理模式和运营方式的战略转型。从总体上看,我国电影产业在管理方式、运营模式和思维观念等许多方面还基本停留在胶片时代,数字时代的管理和运营模式还没有形成和建立。在农村流动数字放映方面,农民喜欢的影片供应量还不充足,卫星接收站覆盖率还不高,卫星传输影片能力还不够,放映商业片比例较低,不能与公益放映形成互补,放映场次和放映时间的统计手段还不够有效。在中档放映系统方面,目前有两种格式在市场中共存,造成母版重复制作、管理不统一。在2K/4K数字影院方面,没有正规管理和现代化运营方式。数字电影的发展,特别是数字影院管理支撑平台的建设,将实现对数字化环境下电影市场的有效规范与监管,促进我国数字电影传输、发行、放映等方面管理、运营和服务的智能化、网络化新格局的形成。数字电影将提升我国电影发行放映创新能力,促进一批具有自主知识产权的标准、规范和终端设备的形成。数字电影将促进我国电影影片发行放映交易中心的形成,改变电影发行放映的营销模式,使电影发行放映的营销渠道更加简捷、快速和高效,整体促进电影产值的快速增长。

最后,发展数字电影有利于拓展中国电影市场。由于胶片电影拷贝成本很高,一部35毫米的电影胶片重达20多公斤,再加上电影放映机、音响等设备,运输起来很困难。一些电影发行商考虑到成本回收问题,往往不会把电影的首轮放映权分放给中小城市。全国有330多个地级市、2800多个县市区的电影观众,不同程度地存在看电影难的问题。数字电影使得电影拷贝成本大大节省,制约中小城市看电影难的问题迎刃而解。能与大城市同步放映影片,是推动二、三线城市影院发展的重要动力。二、三线城市电影市场的潜力占全国电影市场的八成以上。数字电影对推动整个电影产业特别是中小城市影院的发展起到了至关重要的作用。

### 三、我国数字电影发展有利条件和主要问题

数字化和产业化是中国电影发展的必由之路。大力发展数字电影,推进电影产业数字化转型,对于促进中国广播影视业发展方式转变,具有十分重要的意义。当前,我国数字电影发展面临着许多有利条件和难得的机遇。

首先,党和国家高度重视数字电影的发展。国务院制定发布了《关于促进电影产业繁荣发展的指导意见》,明确提出,大力推动我国电影产业跨越式发展,实现由电影大国向电影强国的历史性转变,把电影技术创新和电影数字化发展作为促进电影发展的重要举措。刘延东同志提出,要完善数字电影标准体系,大力推广数字技术,在电影制作、发行、放映、存储、监管等环节广泛应用,加快推进数字化转换,推动我国电影科技水平赶超世界先进水平。总局在"十二五"规划中明确要求:建立并完善数字电影技术服务监管平台,强化电影市场监管,促进数字电影健康有序发展,提高对监测数据的综合分析处理和应用能力。所有这些,为加快数字电影发展提供了有力的政策保障。

其次,加快数字电影发展的技术环境已经具备。电影是科技进步的产物。纵观电影一百余年的发展历程,从无声电影到有声电影,从黑白电影到彩色电影,从胶片电影到数字电影,从2D平面电影到3D立体电影,每一次发展和演进均与技术进步密不可分。电影是技术与艺术的结合体和辩证统一体。电影技术是电影艺术的基础,电影技术始终引领着电影艺术的前进道路。当前,电影正由胶片电影向数字电影加速转变,数字拍摄、数字制作、数字发行和数字放映已经愈来愈普遍和流行,数字电影已成为现代电影发展的必然趋势和推进重点。新技术催生新产业,数字电影涵盖许多关键技术,成为电影产业链中的重要组成部分。国内外电影新技术急于获取新市场,为我国数字电影有选择地引进、吸收、消化、集成再创新提供了良好的技术环境。我国电影行业正在发生重大转机。巨大的发展潜力和市场需求为数字电影科技创新提供了广阔空间,数字电影作为战略性新兴产业,其大发展的时机和条件已成熟。

最后,我国数字电影已有良好的发展基础。有了政策的大力支持,借助全新的技术手段,我国数字电影从起步阶段便形成良好有序的发展基础。农村流动放映

在国家政策与资金的支持下,顺利完成了流程数字化管理系统的研发与应用,在提供高效服务的同时,也实现了有效监管。在城市数字影院管理中,农村流动放映系统的成功模式成为重要参考与借鉴,推动了城市数字电影市场监管服务模式的不断完善,促进了整个数字电影产业的有序发展。

当然,在看到我国数字电影发展有利条件的同时,还要看到我们目前发展数字电影还存在一些问题。突出表现在如下几个方面:

一是技术问题。由于我国数字电影发展起步较晚,数字化、信息化技术方面基础薄弱,缺乏数字电影发行放映相关核心技术、关键技术,无法提供相应的技术产品,致使我国的数字放映终端、编解码器、显示芯片等关键技术与设备只能全部依靠国外,我国原有的98%以上的国产电影放映设备市场,已在这场数字化转换中被国外占领,国产专业数字电影设备制造几乎是空白。同时,我国原有的电影工业尚未完成转型,仍然采用传统的管理和服务手段、方法和体制,与数字电影的发展很不适应。目前,我国专业电影数字拷贝的发行传输仍以硬盘邮寄为主,尚未利用网络进行大规模数字电影传输,影院未能实现信息化、网络化管理,数字电影发行放映质量保障与检测系统尚未建立,电影发行放映服务与管理平台缺乏整体运行方案。我国虽然已经掌握了国外主要数字3D电影放映系统的技术特点,但数字3D影片的拍摄、制作才刚刚开始探索,数字3D放映辅助设备尚未国产化,目前生产的数字3D影片的内容和数量还不足以支撑市场的发展,等等。因此,积极开展电影科技创新,加快数字电影技术应用研究与试验,加快数字电影系统与设备国产化进程,加速推进电影数字化转换进程,已成为我国数字电影发展必须尽快解决的重大技术难题。

二是监管问题。由于我国数字电影发展太快,急需建立一整套安全、高效、覆盖城镇的电影数字化发行网络和全国统一的数字电影发行放映服务技术支撑平台,使之具有发行传输、版权保护、交易服务、编目管理、影院管理、市场监管等多种公共技术服务与管理功能,以更好地实现对数字电影节目制作、传输、存储及版权内容安全的保障,同时防止非法放映,保障我国电影的文化安全与交易安全,实现对数字化技术环境下电影市场的有效规范与监管,进而促进我国数字电影传输、发行、放映等方面管理、运营和服务的智能化、网络化新格局的形成。这既是中国数字电影持续健康发展的重要保障,又是实现电影强国的重要标志。

三是经济问题。由于数字放映技术没有标准化,数字放映设备成本长期居高不下,影院在数字化过程中,不能很快获取较大收益,影院积极性严重受挫。放映机、服务器、放映管理系统等都需要投入巨资。在美国,电影院购置一个35毫米胶片的放映机只需要3万美元,可以使用几十年。而一部数字电影放映设备,需要10万美元以上,还面临着升级问题。根据摩尔定律,升级期限为2年,且机器每次升级还需要缴纳新的费用。我国数字影院的设备投入,主要靠从影院的票房中回收,因分账比例少于胶片电影,影院都不愿意放映数字影片,这种现状在相当程度上影响了数字电影及其设备的市场发展。由于技术原因,不论是国产片还是进口片,都存在着发行商和放映商利益脱节问题,存在着比较严重的票房瞒报现象,导致发行商不敢投放影片、影院拿不到好影片的恶性循环,长此以往,势必影响数字电影的可持续发展。

四是人才问题。发展数字电影,需要大批的高端、复合型人才。一部优秀的电影,离不开艺术和技术的结合。我国虽然大量引进了高端数字电影设备,但买不到国外的高端创意、技术和艺术。由于缺乏高端的复合型数字电影人才,同样的设备,却生产不出与国外一样水平的优秀作品。数字电影涉及尖端技术,对从业人员的专业水平要求比较高,既要能研发又要能操作。由于数字电影是一个崭新的发展领域,没有成熟的技术、模式和经验可资借鉴,也没有专门的学校和学科培养输送此类人才,有经验的数字电影专业技术人才极为难得。目前用人体制和分配机制,也对稳定和壮大数字电影人才队伍产生了一定影响。技术专业人才、后备力量匮乏短缺,成为制约我国数字电影快速发展的重要瓶颈。

五是版权问题。数字电影技术含量高,每个环节都涉及法律和版权问题。例如,数字转换处理后著作权属于谁?电影作品数字化,是否产生新的著作权?数字转换过程中裁剪和处理、校正和修复是否构成侵权行为?等等。再如,我国著作权法规定,电影作品和以类似摄制电影方法创作的作品、摄影作品的著作权利保护期为50年,未经许可的胶转磁不得作为数字影院的节目源。但电影数字化转换必然涉及上述影视作品,是否对现行的著作权法进行修订,也需要尽快明确。传统电影发行链条中,电影拷贝流通,基本是靠人来把关的,如果出现盗版,多是人的疏忽或者渎职造成的,责任比较容易追究。电影数字化后,从母版到发行拷贝效果都是一样的,虽然可以采取条件接收系统(CA)进行加密,但被"黑客"破解的可能性仍然存在。如果在传输过程出现差错,可能招致严重的后果。对安全问题的担忧,很大程度上阻碍了电影公司进军数字电影的信心。因此,如何进行数字电影著作权和版权保护,是发展数字电影必须解决的法律问题。

## 四、加快中国数字电影发展的主要对策

当前,世界主要电影强国都在进行以数字化为主导的战略转型。在传统电影领域,我国在科技水平、艺术水准、管理模式、运营方式等方面,同发达国家存在很大差距,而且在短时期内很难赶上。在数字电影领域,我国和它们几乎处于同一起跑线。如果我国能在数字电影领域迎头赶上,对于缩短中国电影同发达国家电影行业的实力差距,提升中国电影产业竞争力,具有重要意义。国家应把发展数字电影,加快中国电影制作、传输、放映、监管等方面的数字化转型,作为一项长期的国家战略任务来抓。

1. 积极推进电影制作数字化,加快发展3D数字电影

鼓励各制片单位积极运用数字技术拍摄影片,推动我国电影数字多维技术发展,提升数字技术在影片制作中的应用水平,不断丰富数字影片片源,最大限度地满足受众需求。中国影像市场潜力巨大,及早进入数字电影领域,可争取到对我国有利的国际分工地位。在全国建立3~5个布局合理、具有世界先进技术水平和较大规模的、适应产业发展的集约化大型数字化制作加工基地,形成规模生产能力;加快3D数字电影制作和设备国产化,制定3D数字电影技术和影院放映技术要求,规范3D数字电影制作、发行和放映等各个环节;完善产业发展政策,依据"谁投资、谁获益、谁担风险"的市场原则,调整数字电影拷贝价格体系,兼顾设备投资方、制片方、发行方、院线方、影院方等各方利益,将有利于建设数字影院持续健康发展的新格局。

2. 加快建设数字电影发行系统,提升数字电影监管能力

省市地县四级办发行、四级放映所形成的地方利益保护,条块分割造成的利益分割,是中国电影发行和放映业的体制顽疾和最大难题。数字技术为发行放映管理权和所有权分离改革,提供了外部推动力。建立周密完备的数字发行放映体系,既是共享数字影像信息的需要,更是参与数字电影产业国际分工的基础。建议在中国建立多个数字节目控制中心,负责加密和解密、地区传输,以及对具体放映影院的认证、授权、结算和技术维护等工作。这既是我国电影参与国际分工的前提,也是数字电影产业整合影像娱乐经济消费的重要平台,还是电影有效利用电信和

计算机产业技术和资源的自然途径,更是实现电影产业结构由劳动密集型向信息化、数字化的高附加值经济快速转型的当然选择。加快推进数字电影监管,推进节目的数字化转换、传输与多层次应用,建立完善的适应产业化发展的数字电影监管体系,形成以节目数字化转换、传输为龙头,以平台技术为支撑,以有效监管为保障的可持续发展的完整的电影产业链。研究开发数字电影技术服务体系,加快建设全国和省级电影数字化服务监管平台,完善 0.8K 数字电影流动放映,1.3K、2K 数字电影放映的市场服务和技术监管系统。加快研发网络实时监控系统技术,完善数字化分发和接收系统。加强数字电影的法律研究,保护和解决电影数字化过程中的版权问题。

3. 加快推进数字电影研究应用,完成资料影片的数字化修护工程

积极跟踪、研究和试验国际上具有前瞻性的新技术,建设国家级电影技术质量检测室,提供技术质量检测和监督保障,建立完善的电影质量认证评定体系。加快数字影片节目库和多媒体馆的建设和利用。到 2020 年,完成 3000 部影片的修护任务,达到 6000TB 以上的修护影片多版本存储备份数据管理能力。充分利用电影节目源开发电视付费频道、高清电视频道,扩大电影 VOD 点播规模,发展互联网电影视频点播等多媒体、新媒体业务。调动社会力量来共同参与这项工作。鼓励有能力的企业,主动把自己出品的影片直接做成数字母版,采取国家予以一定经费补偿的办法,从源头解决新影片的数字化问题。

4. 加快推进数字院线建设,构建数字媒体综合娱乐服务体系

数字院线的建立,既可解决发行和放映环节利益脱节问题,还可以为数字电影大发展吸收更多的新的社会资源。由于种种原因,中国放映场所陈旧和放映技术条件相对较差,影响了观众消费的心理和情绪。建立数字电影院线,有利于吸引信息产业、金融部门或者国外投资的进入。尤其是我国加入 WTO 以后,外资参与国内电影院线建设的持股比例可以达到 49%,将为我国电影产业大发展提供非常好的融资条件。实行统一由发行商投资改造数字院线建设模式,实现发行商和放映商重合,将两者的利益捆绑在一体,有利于市场统一策划和精准控制,并以一致立场与国际制片商谈判。当数字电影具备了电视和网络的双重能力后,开发电影本身更多的特色价值和其他非电影类的内容放映收入,成为电影产业未来非常诱人的机会。近几年,数字影院仍然会以电影展映为主,在与电视、录像带、DVD 光盘和因特网在线播放等的竞争中,影院要突出"展现"自己的特性,向观众提供环境舒

服、视觉奇观的影像享受。随着知识版权保护和数字技术控制的加强,盗版影片将受到遏制,现代化的数字电影院将成为人们安全、舒适消费视觉快感的当然场所。数字影院力争成为新型数码创作艺术的文化中心。网络技术和DV等微型数字影像设备的普及,导致各种新型媒体艺术的流行。这些流媒体艺术展、数码艺术节等活动,都可以在数字影院找到合适的舞台,成为人们日常影像消费的重要内容。数字影院可以提供丰富多彩的音乐会、体育比赛、自然探险、游行庆典、远程教育和商业会议等高品质实时影像放映。当原来和新的观众重新走回电影院时,广告商也便紧随其后。规模化的数字电影影院建设,必然增加发行和放映的规模收入。

5. 加大对数字电影的经济投入,加强数字电影人才队伍建设

加大政府投资力度,支持国家重点科研基地基础设备设施建设。中影新农村数字电影放映公司承担着繁重的国家4个亿设备的全国性投放任务,承担着农村电影公益放映和有关部委涉农政策的公益宣传工作,国家每年应给予一定额度的财政补贴。为实现农村电影由室外放映向室内放映的转变尝试,应将扶持乡镇影院建设作为一项重要工作来抓。全国农民工有2.3亿,建议将在城区、厂区、矿区等地方向农民工放映服务纳入政府公益场次补贴范围。人才是科技进步和产业发展的基础和关键,要加大对电影领域科技领军人才和复合型人才的培养与储备。通过推动数字电影工艺的研究,培养造就一支基础与专业知识扎实、实践能力较强且具有战略思维的科研团队,为开展数字电影发行放映服务关键支撑技术与应用示范项目提供技术人才支撑和保障,为项目的研究与试验创造必要基础和条件。随着电影的数字化发展,要推动国内高科技企业的高新技术人才向数字电影科研与研发领域聚集。要加大数字电影人才交流力度。中影新农村数字电影放映公司限于经济条件,难以面向社会高薪聘用数字技术、广告和经营等方面高级人才,人事部门可以定期挂职干部的方式,由电影科研所、广科院、央视广告部、电影频道广告部及相关单位对口支援专业干部和人才,实现全国广电数字电影人才的综合利用和资源共享。

# 三网融合下的"全媒体营销"建构*

◆ 黄升民　刘　珊

三网融合是当下一个热门话题,无论是传媒学界还是实务界都无法回避这个发展趋势及其带来的影响。关于三网融合的走势,我们 2009 年曾经最早提及"平台竞争与 3+1"[①]的可能,2010 年 4 月又提出了关于"媒信业态"[②]的构想。随着三网融合的发展进程不断加深、加快,融合后的商业模式构建也被提到议事日程之上。由此,本文将讨论与之相关的三个议题:

第一,建立在 3+1 基础之上的"三网融合"最可能的走势应该是"融而不合"而非三网合一,基础网络的"分治"和业务层面的"融合"可能会成为持续相当一段时间内的一种常态;第二,在这个常态之下,融合的力量将怎样突破?融合会频繁发生在哪个层面?谁是推动融合的主导力量?第三,面对"融而不合"的局面,广告、媒体等运营方新的商业模式应该如何建构?

## 一、"融而不合"局面的形成

### (一)国际三网融合的发展模式

从国际上网络融合发展的历程来看,美国应该是起步最早的国家。1996 年在美国联邦通讯委员会(FCC)的多番努力和主导之下,《1996 年电信法》出台,从而彻底打破了美国信息产业混业经营的限制,正式掀开了美国三网融合的大幕。

---

\* 原载于《现代传播》2011 年第 2 期。

2003年,英国成立新的通信业管理机构Ofcom,融合了原有电信、电视、广播、无线通信等多个管理机构的职能,极大地促进了网络融合的产业发展。加拿大也已经建立了融合的管制机构CRTC,对融合业务进行管理。日本、法国等国家的网络融合也多半从法律、机构等方面入手,推动产业之间的融合发展。从多国经验来看,如果有统一的制度管理的监管机构的话,三网融合在产业层面的实际推动会更易进行,但是这对于中国来说却是较难借鉴与实施的。

## (二)"3+1"的不融局面

### 1. 从争议、搁置到重提三网融合

中国的三网融合发展历史需要追溯到20世纪末。1998年3月,以原体改委体改所副所长、时任粤海企业集团经济顾问王小强博士为首的"经济文化研究中心电信产业课题组",提出《中国电讯产业的发展战略》研究报告,随后展开了"三网合一"还是"三网融合"的大辩论。隔年9月,国办第82号文出台,明令禁止广电与电信行业之间的业务互营,三网融合的议题由此被搁置。2001年3月15日,"十五"计划纲要第一次明确提出"三网融合"的议题,在此之后,通信行业进行了较大规模的重组和发展,广电行业也在积极进行网络的升级改造与数字化转型。2010年1月13日,国务院总理温家宝主持召开国务院常务会议,决定加快推进电信网、广播电视网和互联网三网融合,三网融合被提上了前所未有的高度,并且拥有了明确的时间表和路线图。6月,三网融合试点方案出台,12个城市被纳入试点规划中并就此展开实践。③也因此,2010年被称为三网融合的启动元年。

### 2. 三网融合在制度与管理层面遇阻

虽然三网融合在政策层面获得了一定的保障和有利的推动条件,但是在具体实践和操作上仍然遭遇了较大的困难,而最大的阻力来自对"如何融合""谁来融合谁"的讨论,也就是说,我国的三网融合缺乏统一的主管机构和统一的运营主体。

我国对于三网融合的定义是指电信网、广播电视网、互联网在向宽带通信网、数字电视网、下一代互联网演进过程中,其技术功能趋于一致,业务范围趋于相同,网络互联互通、资源共享,能为用户提供语音、数据和广播电视等多种服务。从技术和业务上看融合已经成为现实,然而三大运营主体想要实现融合却是阻力重重。首先,广电、通信以及互联网三大行业已经形成了各自的产业链和运营模式,广电代表着媒体与内容,通信代表着网络与渠道,两大行业的管理方式、政策法规、资源

范围均存在着极大的差异,"融合"对于这两大行业来说显得尤为不现实。

3. 三条理想化道路均无法实现

那么,根据三网融合的定义和构想,结合我国的实际国情,大致有三条道路是较为理想的实现三网融合的方式。第一条道路是根据各个行业的主营业务进行资源的分拆、合并,即广电主要负责内容生产、监管与提供,通信行业主要负责网络建设和渠道改造,剥除广电行业的网络业务,并划归至通信行业。十年前我国就曾经尝试过这条道路,并以失败告终。因此,这条道路并不可行。第二条道路是进一步推动通信行业的媒体化转型,然而一旦要进入媒体领域的话,就需要从现在的工信部管理中剥离出来,划归为广电总局管理之下,与现有广电媒体行业接受同样的管控,这显然也充满了阻力。第三条道路是借鉴国外经验,成立一个责权统一的机构,对三网融合进行全权管理,同时管辖通信、广电和互联网三大行业。但是在我国目前的社会发展需求中,稳定是最为基本和重要的诉求,因此,这种大的变革举措很难实行,第三条道路无法实现。

当这三条道路都由于各种原因无法实现之时,我国的三网融合才产生了"3+1"的发展局面,三网融合不会是三网合一,也不是网络的相互替代,而是演变成在每个网络上都能开展多种业务。"融而不合"的局面就此诞生。

4. 广电行业在三网融合中暂获优势

根据2010年6月6日国家三网融合协调小组会议通过的三网融合试点方案第六稿内容来看,IPTV集成播控平台的建设管理将由广电负责,电信部门负责传输,同时广电总局下属单位有权开展有线互联网、IP电话等业务。而电信前几稿试点方案中坚持要求获得"集成播控权"的想法,仍未获得明确肯定。这其实与我国对于三网融合要实现传输内容和网络安全可靠、可管可控的目标是较为一致的。在一定程度上而言,现阶段广电行业暂时取得了三网融合发展中的政策优势,通信行业略处下风。

在"融而不合"的基本局面之下,几大力量的博弈不可避免地展开,基础网络的"分治"和业务层面的"融合"会成为持续相当一段时间内的一种常态。

## 二、终端对于融合的推动与影响

前文提到"融而不合"局面的形成,但事实上我们也能够感受到融合实际的发生,各种手机媒体业务、移动业务、数字电视业务、IPTV业务、互联网电视业务等其实都是业务层面的融合,而智能手机、电子阅读器、平板电脑等终端也正是融合业务的重要承载和表现。就媒体发生作用的几个重要环节而言,包括内容、渠道(网络)、终端和受众。虽然融合是大势所趋,但是在我国的实际情况下,广电与通信行业博弈的直接后果就是融合在内容和网络两个层面都无法发生。于是,媒体发展要求融合的这股内在力量最终在管控还相对宽松的终端领域爆发出来。这也是本文的第二个观点:在三网融合成为"融而不合"的局面时,终端其实是推动三网融合在业务层面的实践和进一步发展的重要力量。

### (一)混媒终端成为融合的重要承载

所谓混媒终端,是指较为智能的,能够同时承载多种类型媒体业务的媒体介质。目前较为典型的混媒终端主要包括以iPhone、黑莓、三星、诺基亚等为代表的智能手机,以iPad为代表的平板电脑,以Kindle为代表的电子阅读器,以及以谷歌TV为代表的互联网电视机以及数字电视产业中的双向互动机顶盒、一体机等。这类终端的出现使得受众可以通过单一终端完成多项媒体业务的接触和使用,并且被随时随地连接在网络上。视频播放、图文资讯阅读、移动互联网接入等多种业务在混媒终端之上的整合颠覆了原有单一媒体介质的承载能力和表现形式。也正因此,混媒终端充分地体现了三网融合发展对于未来媒体业务双向互动、多元整合的规划和目标。

一方面媒体业务的融合在混媒终端上是最为直接的体现;另一方面,这种终端由于日益获得消费者的青睐,并且逐渐加深了对于受众的控制,因而开始改变整个营销传播环境,改变了媒体内容生产和商业模式的建立,从而进一步推动三网融合的发展。

### (二)混媒终端对于三网融合发展的推动

三网融合改变了内容的生产、集成方式,改变了网络传输和内容传输方式,也会改变受众的信息接触、媒体使用方式。而混媒终端对三网融合在这几个方面都有极大的推动作用,并且最终促成了新型商业模式的建构。

1. 混媒终端对于营销传播环境的巨大改变

在三网融合的大背景下,混媒终端的出现和发展进一步加速了营销传播环境的改变。施拉姆在其《传播学概论》中对于传播的双向性做过很详细的论述,也将大众传媒在传播中的功能做过界定,"大众媒介既是了不起的信息增值者,也是信息的输送管,还成了信息所走的道路上权力很大的把关人,能很快增值和被极其广泛地利用,一直使控制和扩散信息的能力出现了两边,聚集了人们的注意力"[④]。然而,混媒终端所强调的个性化、互动性和对于受众主动性的极大鼓励促使媒体碎片化和受众碎片化同时发生,大众媒介无法再像以往那样轻松地聚集人们的注意力,低成本的大面积覆盖无法再通过传统的营销传播方式来实现;传播的双向性特质也日益明显,受众开始利用手中的终端成为信息、内容的生产者,"人人媒体、处处传播"的局面出现。

SNS 社区、微博的诞生,iPhone、iPad 等移动多媒体终端的出现,终端媒体业务的不断丰富都在持续提升受众的传播主动性和积极性,使他们能够更主动地使用传播工具进行信息的交换和索取,也能够更明确地表达自身的需求,更加及时地进行信息反馈,并且在传播与信息中形成了社区的概念,混媒终端完成了传统营销传播向三网融合之后新型营销传播环境的转变和转型。

2. 混媒终端对于内容生产、集成方式的改变

在混媒终端改变传播环境的同时,其对于内容生产、集成等方面的影响也日益明显。三网融合将会带来一个受众实时在线,固定网络与移动网络相结合的时代。而目前的混媒终端的功能性已经实现了将受众连接在物理网和虚拟网之上,让他们无法离开新型的传播,让他们因为终端的便利性和便捷性而产生极大的依赖,从而控制住受众。

作为传统媒体运营方,直接接触受众是非常困难的,而现在的终端却能够轻松地接触到受众,因此媒体也开始朝终端靠拢,开始适应终端对于内容的需求,适应传播的新特性。例如,苹果开始向媒体合作方定制特殊内容,在内容集成上也更加注重受众自制内容的使用等。在用户内容提供上也更加注重对于用户选择权的尊重、对其个性化的满足等,这正是三网融合发展所规划的重要特征。

而当内容生产、集成和提供、表现形式都发生变化之时,新的商业模式建构的需要也就日益明显了。

### (三)融合迫使原有的营销、广告模式转型

在菲利普·科特勒的《营销管理》一书中,营销被定义为包括分析、计划、执行和控制的战略管理过程,是透过交换过程满足消费者需要和欲求的活动,强调营销

资讯系统在营销管理中的重要性。而作为营销传播的重要环节,广告活动承载着传递并控制信息,说服消费者,诱发消费者潜在需求等多项任务。广告之所以被称为科学的营销手段,乃是因为它能够控制信息,捕捉到用户的需求,同时也能够低成本、大规模地科学实施。

但是,正如上文所述,由于融合趋势带来的混媒终端已经改变了传播、营销与广告的环境,这一结果从三个方面导致了传统营销与广告的失灵。第一,碎片化的媒体和受众环境中,传统的广告营销方式无法再利用大众媒介低成本地覆盖尽可能多的受众,也就无法完成有效的信息传递任务;第二,传统的广告与营销将大样本的受众调查作为重点,这是一种较为单纯的量化研究方式,但是目前的传播环境以及受众变化使得关注内心"洞察"的方式更加受欢迎,但这种研究手段饱含很多的经验性和主观性因而无法实现大规模的复制;第三,因为无法再利用传统的方法和渠道来获取受众信息,了解受众的需求,所以也就无法再做出正确的市场预判,传统的营销与广告在混媒终端的冲击下失去了原有的价值,三网融合的发展亟待新型商业模式的建立。

## 三、三网融合环境下的全媒体营销

### (一)对于全媒体概念的研究与实践

正是因为上文所述种种现实和原因,对于新的营销方法的构建、商业模式的建立,学界与业界都在不断探索。在这种探索之中,双方都不约而同地注意到了目前三网融合带来的全媒体环境,也就是本文之前所述的混媒终端给传播和媒体带来的极大改变。这个特殊的环境,我们称之为"全媒体"。"全媒体"这一概念最初来自于业界,尔后学界也开始归纳和总结,试图建立起一个较为完整的理论体系,但是目前来看,这种探索和尝试都还没有与实际的营销方法相结合,因此在商业模式建立的实践和指导上还存在一定的空白。

1. 业界的全媒体探索

我国全媒体概念的提出和探索,最先来自于报刊行业。其中,烟台日报传媒集团2008年开始在全国率先实施全媒体战略,组建全媒体新闻中心,通过建立完善的多种媒体形态的组合,形成崭新的"全媒体框架",再造内容生产流程,按媒体内在传播规律制作和发布产品,以求实现从"营销报纸"到"营销内容"的转变,在全国报界引起了强烈反响。烟台传统报业要想扭转新媒体不断冲击的被动局面,就要有新的考量。烟台日报传媒集团的总编辑郑强在接受记者采访时曾就全媒体概念的提出做过这样的解释:"就如今信息技术日益全球化、社会化的现实背景来看,传统报业不可能与新的媒体形态、技术手段、传播渠道等'势不两立',必须融入其中,否则,就会与时代相逆。而要实现'融入',纸质媒体内部传统的生产方式、运行方式、传播方式首先需要实现自我转型,从传统报业独立作战向各种新旧媒体整合运营转变,进入到以互联网为中心进行整合传播、整合营销的新的媒体时代。鉴于此,我们提出了'全媒体'的概念。"事实上,烟台日报传媒集团的全媒体实践也确实在多种媒体渠道的使用和组建上做出了有益的尝试,将触角渗透到报刊、网络等多种媒体领域之中。

表1　烟台日报传媒集团全媒体布局构成一览表

| 类型 | | 名称 | 定位 |
| --- | --- | --- | --- |
| 传统报纸 | 日报 | 《烟台日报》 | 定位于机关、职场,致力于树立主流政经大报的品牌形象 |
| | 晚报 | 《烟台晚报》 | 塑造平民化的家庭报纸 |
| | 晨报 | 《今晨6点》 | 打造年轻、时尚、前卫的都市报 |
| | 行业报 | 《华夏酒报》 | 全国发行的权威主流经济新闻报纸 |
| 杂志 | | 《37°女人》 | 以都市成熟女性为受众的情感杂志 |
| | | 《优格》 | 定位中高端市场的新锐杂志 |
| 网络媒体 | | 水母网 | 烟台地区第一家新闻生活城市门户网站 |
| | | 光速资讯网 | 城市公共视频新媒体 |
| | | 黄海数字出版网 | 黄海数字出版社的官方网站 |
| | | 中国酒业新闻网 | 《华夏酒报》官方网站 |
| 数字报纸 | | 移动报 | 手机报、iPhone银钮、手机SP业务 |
| | | 电子纸读物 | 电子纸报—E媒介;电子杂志 |
| | | 数字报纸 | 旗下各个报纸的网络版 |
| 出版社 | | 黄海数字出版社 | 出版图书、音像制品 |

2010年7月28日,凤凰卫视董事局主席兼行政总裁刘长乐在香港会议展览中心出席香港中华总商会110周年会庆暨"香港高峰论坛"时,发表了题目为《做媒体时代的弄潮儿》的专题演讲。在其演讲中提到,"'全媒体'即'omnimedia',源自美

国一间名叫 Martha Stewart Living Omnimedia(玛莎－斯图尔特生活全媒体)的家政公司。这家成立于1999年的公司,拥有并管理包括杂志、书籍、报纸专栏、电视节目、广播节目、网站在内的多种媒体,通过旗下的所谓'全媒体'传播自己的家政服务和产品。限于当时的科技水准,玛莎－斯图尔特生活全媒体公司的'全媒体'显然并不全,我看它的真正含义更接近 multimedia'多媒体',然而,这个具有超前意识的'omnimedia'却在无意中道破世界传媒业发展的玄机"。

然而,我们也注意到,业界敏锐地注意到了全媒体这样一个环境,也对这个环境之下的传播模式以及经营方式做了一些探索,但是目前业界的改变多数还处在对于多种媒体渠道的占有和使用上,是一种对于自身内容分发和传输的改变,更加强调传者。然而营销却应该强调传者与受者的双方关系,正如全方位营销理论所言,应该建立起一种共创的价值平台。在这一点上,我国业界对于全媒体环境下的营销探索是有所欠缺的。

2. 学界的全媒体概念讨论

在学界中,对于全媒体这一概念的首次正式提出是2009年7月中国人民大学新闻学院彭兰教授的《媒介融合方向下的四个关键变革》[⑤]一文。彭兰在文中指出,全媒体是指一种业务运作的整体模式与策略,即运用所有媒体手段和平台来构建大的报道体系。她强调,从总体上看,全媒体不再是单落点、单形态、单平台的,而是在多平台上进行多落点、多形态的传播。报纸、广播、电视与网络是这个报道体系的共同组成部分。同年11月,南京政治学院军事新闻传播系的周洋则撰文表示,"全媒体"的概念来自于传媒界的应用层面,是媒体走向融合后"跨媒介"的产物。

当然,我们也看到目前学界对于全媒体环境出现之后如何营销也尚未做出解释,讨论的更多是全媒体概念本身,这也正是本文要对全媒体环境下如何借鉴全方位营销的理念来建立新型营销方式和商业模式这一问题进行解答的原因。

### (二)对全方位营销的重要借鉴

就在学界与业界纷纷为有效营销模式建立、各方新型商业模式建立而苦恼的时候,我们将目光转向了海外的全方位营销。

1. 菲利普·科特勒全方位营销概念的提出

全方位营销(Holistic Marketing Concept)指企业针对个别客户的需求,整合企业的全面关系网络,通过掌握客户占有率、顾客忠诚度和客户终生价值来达到获利性的成长。全方位营销观念与传统营销观念最大的不同在于:其起点是个别客户的需求,重心是客户价值、企业的核心能力和合作网络,手段是资料库管理、可联结协力厂商的价值链,结果是通过掌握客户占有率、顾客忠诚度和客户终生价值来达到获利性的成长。

最初涉及这一概念的是菲利普·科特勒,他在《营销动向:利润、增长和更新的新方法》(中文版译为《科特勒营销新论》)一书中打破其创立、传播并给其带来国际声誉的经典范式,提出了营销的新范式,即"全方位营销"的动态概念。他认为,互联网、全球化和超竞争,正戏剧化地重塑市场并改变企业的运作方式,而目前的问题是营销没有跟上市场的步伐,所以,传统的营销方法需要被解构、重新定义、扩展,以反映这一现实情况。"……公司将创业资源的安排、供应链的管理和客户关系管理等信息能量整合在一起,以换取市场上的更大成功。"⑥这就需要利用互联网、企业内部网络和外部网络,组合成合作网络以取得发展。它将是全方位的,因为市场营销不再被看作是以各个部门为单位,不相往来的活动,它还必须成为"企业中供销链和合作网络的设计师"。市场营销必须成为商业活动的中心,它的重点必须是在客户身上,"在一个产品泛滥而客户短缺的世界里,以客户为中心是成功的关键"⑦。

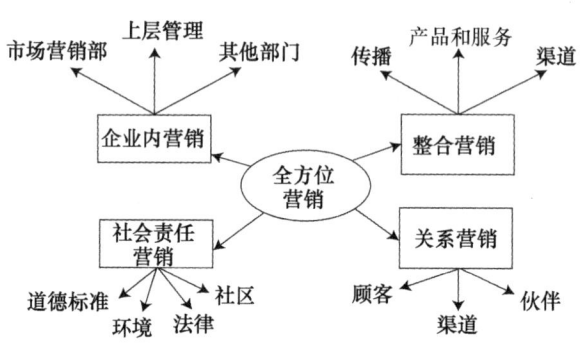

图 1　全方位营销示意图

来源:《营销管理》(第 12 版)(科特勒、凯勒,2006)

这一理论非常强调客户的重要性,全方位营销这个词被放在整合营销、内部营销、社会责任营销、关系营销的中间。虽说是全方位,但实际上是各要素的相互联系和系统说明还不够清晰,具体如何整合应用也还存在较多问题。因此日本的小林保彦与嶋口充辉等人在这之后将这一概念做了进一步的深化和拓展,尤其嶋口充辉根据全方位营销的理念提出了"共创价值的平台"的理论,对信息、价值的创造以及整合利用的营销新方法做了补充。

2. 嶋口充辉"共创价值的平台"理论

嶋口充辉在《全方位营销的开展——面向 IMC 的发展》一文中,将全方位营销定义为:"组织以顾客为中心,从整个公司的长期视点出发,有机、整合性地展开市场营销活动的过程或是思考方法。"⑧ 在嶋口充辉的理论范式中,全方位营销的根本要点是建造一个"共创价值"的平台,即在数字化时代,企业要将顾客放在一个对等的层面上,作为价值持有者来对待,而企业是以探索价值为目的进行市场调查,运用 4P 来发现价值、创造价值。然而,交换存在一个前提,那就是卖方要理解买方的需求,但是现实生活中消费者行为越来越复杂,意识也愈加高明,卖方难以发现买方的价值。也就是说,卖方明白买方的行为结构和消费者心理、理解其需求这一前提已经不存在。

因此,嶋口充辉的理论也认为,要实施全方位营销,必须要抛弃卖方能了解买方需要这一前提,向顾客推出所有的产品和服务价值,将顾客方产生的偶然性假说机制作为信息来获取,一边重新调整企业价值,一边将改良后的价值传达给买方,逐步创造出双方认同的"共创价值"。关于共创价值更详细的论述,嶋口充辉是这样表述的:"在建构卖方和买方关系的时候,首先要以卖方不能获取购买者需求为前提,向消费者推出以自身价值观或理念目的为基础的想法。这就是'营销活动的诱导'。推出之后,买方应该会有各种各样的反应,大多数都属于偶然性事件。巧妙地引入这些偶然性反应,一边调整自身的想法,一边进行下一个活动来加以引导,渐渐地达到卖方和买方都认同的相互愉快点。这个愉快点就是'共创价值',也可以叫作正当化价值、品牌价值。"

其实,这种全方位营销理论的提出揭露的正是数字化时代、媒体融合时代受众信息的重要价值以及对于企业营销的重要性。在三网融合的背景下,要使广告和营销更加有效,就需建立一个能够与消费者共同交换信息、创造信息,从而了解受众内心需求,通过产品与服务来准确满足这种需求的平台。但是全方位营销认为这种需求的了解和适应带有极大的偶然性,更多的是依靠"洞察"的方式来获得的,而且具有较高的偶然性因素,这也就意味着这种营销方式会带来较高的成本和经

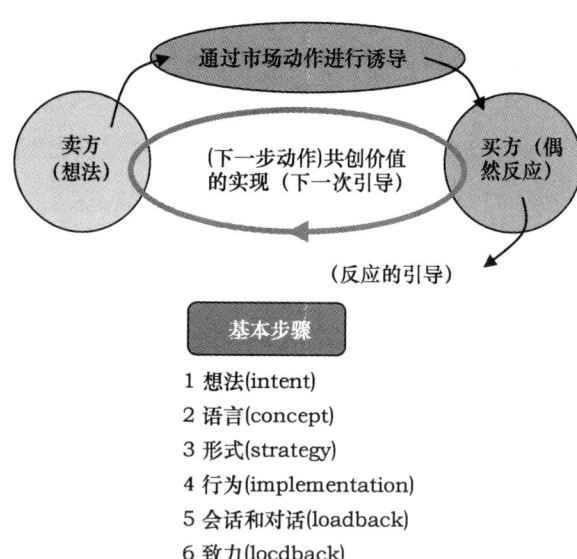

图 2　被诱导的偶然性过程

验性、主观性和不确定性,难以大规模地复制和使用,而这就成为全方位营销模式的一个弊端。

于是,针对全媒体的环境现实以及学界、业界目前探索和讨论的一些不足,本文希望能够借鉴全方位营销中的一些有效理论,重构全媒体营销的概念和理论支撑。

（三）全媒体营销的理论构建

三网融合带来的全媒体环境已经日益清晰,针对这种媒体环境,同时借鉴全方位营销的概念,本文提出了"全媒体营销"的新型营销模式,在传媒与广告圈内的各方应该以这样的营销范式为基本构建适合自身的,能够迎合三网融合发展要求的新型商业模式。

关于全媒体营销的概念,我们做了这样的界定:以三网融合的媒体网络和技术为基础建立起一个海量数据信息库,对受众和消费者信息进行大规模的客观普查,再以网络社区的概念对受众进行信息反馈的主动引导和互动讨论,从而形成客观信息与主动反馈的有效结合。以这种结合作为基础的营销即为全媒体营销。而这一理论的构建,由以下两个非常重要的方面组成:一是理论基座,二是操作表现。

1. 全媒体营销的两大理论基座
(1)海量信息数据库

在三网融合的发展规划中,广电制定了 NGB 发展战略,互联网及通信行业则将沿着 NGN 的发展方向前进,两者相同的是将建立各自的网络平台和信息平台。虽然受众的碎片化成为事实,但是被业界忽略的另一个事实是,实时在线的受众在网络上被重新聚集起来,这个网络可能是以互联网为核心的虚拟网,也可能是广电、通信所组成的物理网络。而受众在网络上的重聚带来的直接变化就是传统营销无法完成的海量信息数据库的建立。

所谓海量信息数据库包含两个方面的重要内容。第一是用户人口信息数据的海量收集,由于数字电视、IPTV、互联网电视、手机等终端能够接触到的是真实受众和家庭,因此也为传者搜集清晰、精确的用户数据提供了极大的可能。例如,有线数字电视利用广电安全、高速的宽带网络进入各个家庭,从而建立起一个完善而庞大的家庭信息数据库;而手机则通过通信网直接接触到个人用户,从而建立起一个精准定位的个人信息数据库。第二,在进行人口信息数据精确搜集的同时,这些终端还可以帮助传者详细、全面地监测终端使用者全天的使用行为,如数字电视可以从开机到结束持续监测家庭受众的电视收视、使用行为,互联网也同样可以实时监测用户的网络行为。在这方面,诸如百度和谷歌这样的搜索引擎可以完成的云计算、云搜索其实都是基于自身的庞大受众数据库来建立的。这就形成了一个巨大的受众信息数据库,并且这个库中的所有信息都可以实现真实寻址,可以与具体的受众身份相对应。

建立起这样的海量信息数据库之后,营销者完全可以根据受众的人口信息、行为特征来判断其基本需求和喜好,完成信息共创的第一个步骤。

(2)双向互动平台

要在全媒体的环境中实现营销的共创价值,另一个重要的基础就是双向互动平台的搭建。这一互动平台可以建立在许多媒体之上,例如互联网、手机、数字电视等,只要能够实现传者和受众之间的互动,使得双方可以在这个平台上进行对话,进行信息的交换,形成信息的共创即可。在这个平台上,传者可以向受众提问:是否喜欢这样的广告,对该产品及服务有怎样的看法,是否有意购买广告中的产品及服务等,受众可以利用在线、互动的混媒终端随时将内心需求与想法反馈给传者。同时,受众也可以向传者提问:我需要的这些产品或服务能否提供,能够以怎样的方式来提供等。这就完成了一系列的供需双方的信息交流和互动,而传者获取了这样的信息之后即可实现按需生产。这也是全媒体营销与传统营销方式的根本区别之一,更是其在碎片化了的社会环境以及融合的大潮之下能够行之有效的重要基础。

2."社区"是全媒体营销的重要承载形式

讨论了全媒体营销的两大基座之后,我们还需要了解这种营销方式的另一个重要特点,即"社区"的构建。对于"社区"概念的界定,可以分为广义社区与狭义社区,可以是地缘上的也可以是概念上的,本文根据营销需求分为以下两种:

第一种是地缘集合社区。所有受众都不可避免地生活在大大小小的社区之中,形成了一定的生活圈。在这个生活圈中的受众会有各种各样的消费需求,在这个社区之中会形成独特的供需信息交换,营销者需要从最基层的社区进入消费者的生活,从而全面地了解其需求,从物流、渠道等各个方面为满足这种需求做工作。

第二种是需求集合社区,这也更加接近互联网上常见的社区概念。受众在各种网络上主动或被动地根据各种指标对自身进行了分类,比如人际关系、兴趣爱好、消费品牌等,这些受众会就共同的话题展开各种讨论,其中当然包含了大量营销者所需要的信息。如果能在前文所提及的双向互动平台之上主动或者引导性地构建社区,引起消费者的关注,引发相关性的讨论,那么,营销者就能够更加精准地圈定自身的目标消费人群,获取更多的反馈和需求信息。

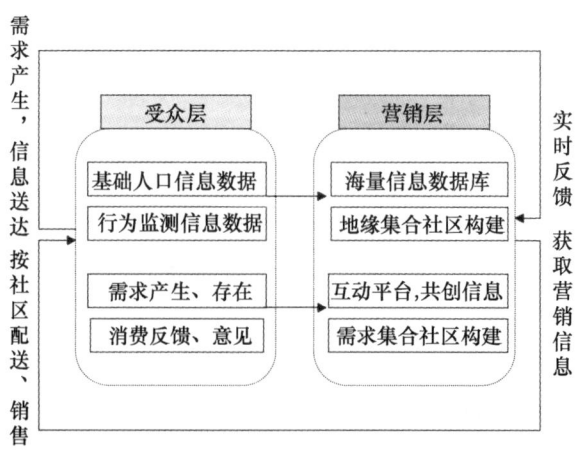

图3 全媒体营销链

以上这两点是全媒体营销的理论基座和实践途径,可以帮助全媒体环境下的营销重新具有进行海量的、大样本近似普查的科学监测和行为分析的可能性,同时也通过互动平台的构建实现了低成本、可复制、大规模的消费者内心洞察。以此,定性与定量的市场研究得以结合,并且适应了整个三网融合发展下的技术与媒体、传播与受众特征。根据受众的基本信息进行市场预判,实时洞察消费者需求进而实现按需生产,再根据消费者的反馈进行及时的调整,一个新的消费营销环形链就可以形成了。

### (四)全媒体营销建构的实践

当然,以上关于全媒体营销的理论论述也是建立在一定的实践基础之上的。从笔者所在的研究团队实践来看,数字电视广告是目前最佳的全媒体营销案例。

#### 1. 家庭信息平台的形成

所谓家庭信息平台,是指基于数字电视系统,以家庭用户信息数据库和数字内容库为基础的,为家庭用户提供各种信息服务,以满足家庭用户信息需求的系统,其核心是可控的实时互动的家庭信息的获取及处理。

在这个平台之上可以实现三种形式的信息交流。第一是家庭与家庭之间通过平台构建者或者中介式的平台进行信息交流,从而实现信息共享,影响平台和媒体的议程设置,以公共舆论反信息控制。第二种是家庭与市场之间的交流,包括家庭与平台构建者之间的交流,如服务和业务等;家庭与企业营销者之间的交流。第三种是家庭与社会之间的交流,基于数字信息技术实现"以家庭为中心的社会生活",如时间自由、在家办公和受教育等,类似功能在互联网上已经实现,而家庭信息平台可提供更便捷的方式。

因此,数字电视通过机顶盒或者一体机作为终端,进入受众的家庭,记录和监测用户的基本信息与行为信息,同时起到一个信息交流平台的作用,也就是达到了传者与受者之间信息交流互换、价值共创的目的。

笔者在2005年前后初次提及家庭信息平台概念,此时也正是嶋口充辉提出"共创价值的平台"理论的时期,可以说这两个概念和理论是同时诞生的。数字电视的家庭信息平台概念解决了海量信息搜集和行为监测的问题,但是如何利用从受众那里获得的信息进行商业模式的建构,如何进行营销却是缺失的。而菲利普·科特勒的全方位营销理论以及嶋口充辉的"共创平台"正是这一方面的有益补充。

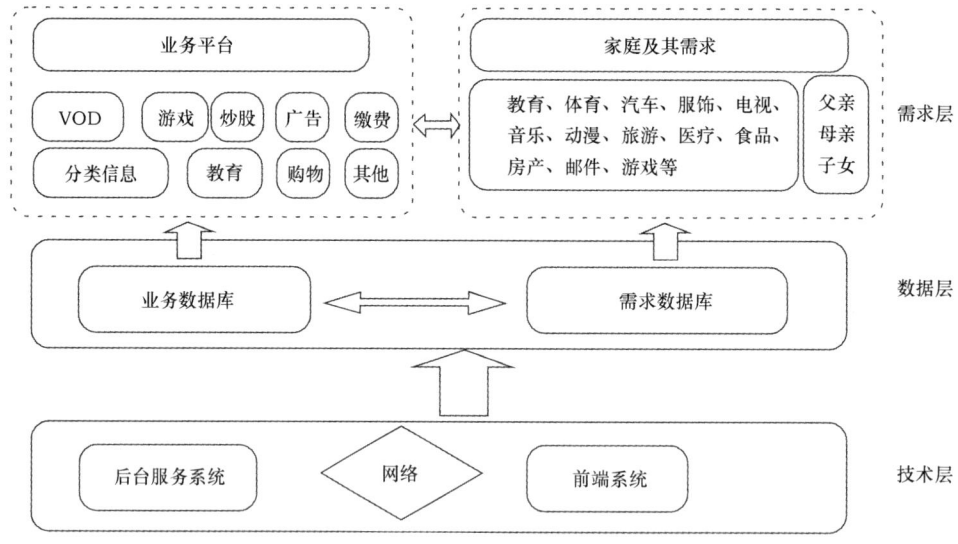

图4 家庭信息平台的系统架构

因此,我们借鉴这一理论,结合自身的探索实践,提出了适合于数字电视家庭信息平台的商业模式建构和广告经营方法,并与业界合作,开展了数字电视广告的营销实践。

2. 数字电视广告的营销实践

在最基础的广告资源拓展之外,从长远来看,数字电视广告更大的价值点在于,信息的无限拓展和服务平台的深化。当数字电视逐渐发展成家庭中的综合性、多媒体信息平台时,家庭信息平台上的广告经营将突破传统硬广的经营理念,向着全方位营销转变。

同时,家庭信息平台可以为家庭用户提供非常有针对性的信息服务,而不只是单向的大众广告投放,这时,就可以形成定向的面向家庭和社区的服务平台。在这个社区,用户可以方便地订购小区周边的各种餐饮,可以浏览美容美发信息,可以下载购物优惠券,可以浏览小区发布的公告,小区居民之间还可以相互交流,从而形成一个针对性非常强的电视服务社区。如此一来,那些无法在大众媒体上进行公告投放的社区小店,就有了一个高效的投放媒体,用户也有了一个方便快捷的生活服务平台,运营商也可以争取到更多的客户资源,实现社会效益和经济效益的双赢。杭州华数已经推出了"社区是我家"这一针对社区的服务平台,各个小区的居民都可以在里面看到自己小区的专属信息,虽然目前还是以公共信息服务的方式提供给用户的,日后却完全可以在商业开发上进行一些探索。

有效的营销是能够针对受众的需求提供相应的产品和服务,实现按需生产,而利用数字电视信息平台整合起来用户所需要的各种信息之后,运营商就可以进行全面有效的营销拓展了。以房产类信息为例,运营商建立起房产服务平台之后,可以把后台开放给各房地产商、房产中介或广告公司,成为他们信息发布的平台。而随着平台价值的不断提升,市场对运营商经营房产信息有了更高的认可之后,可以参与到房产营销的更多环节,比如组织房展会、团购等。这些收入又可以反哺平台的建设,从而形成一个内容建设和运营良性循环的过程,帮助企业进行精准营销的同时不断提升平台的价值。

## 结 语

本文针对当下的三网融合形势提出全媒体营销的理论架构和实践方向。

我们认为在将来 NGB 与 NGN 的规划之中,信息平台的构建和利用都将是非常重要的组成部分。信息平台的构建因为能够较为精准地获知受众的个人信息,监测受众的行为,因此能够进行客观的、科学的、大规模的操作,为三网融合下的全媒体营销提供一个非常重要的数据与"硬件"基础。接下来的第二步是在这些信息平台上构建社区的概念,主动设置议题,引导受众的讨论,从而实现信息以及需求的反馈,让营销者通过科学的手段获得其内心的主观诉求,同样形成信息数据库加以利用。客观的海量数据监测与观察,加上大量主观、及时、互动的需求反馈,共同构成了三网融合下全媒体营销实现并成功的可能性。

在这样的理念指导和体系构建下,营销可以重新实现科学化、大规模的信息搜捕与控制,同时也可以获得全方位的消费者信息反馈,这就是全媒体营销成功的关键。一个能够拉动受众参与从而解决需求信息不透明性的平台放在了广告主、媒体以及广告公司的面前。而在此基础上的营销的终极目标是达到需求、产品、服务的和谐交换。

注释:
① 黄升民、谷虹:《数字媒体时代的平台建构与竞争》,《现代传播》2009 年第 5 期。
② 黄升民:《三网融合:构建中国式"媒·信产业"新业态》,《现代传播》2010 年第 4 期。

③ 详见《国务院关于印发推进三网融合总体方案的通知》。
④ 参见施拉姆:《传播学概论》,陈亮、周立方、李启译,新华出版社1984年版,第一章第五节。
⑤ 彭兰:《媒介融合方向下的四个关键变革》,《青年记者》2009年第2期。
⑥⑦ 〔美〕菲利普·科特勒:《科特勒营销新论》,高登第译,中信出版社2002年版。
⑧ 〔日〕嶋口充辉:《全方位营销的开展——面向IMC的发展》,日本 *AD. STUDIES*,Vol. S,2006。

# 事业单位改革路线图对中国广电业的昭示[*]

◆ 朱剑飞 秦空万里

## 引 言

2011年4月初,中央高层已经确定了一张事业单位分类改革的时间表,共涉及超过126万个机构,4000余万人。6月2日,全国分类推进事业单位改革工作座谈会在北京的京西宾馆召开,随后颁布了《分类推进事业单位改革实施指导意见》,当中明确:用2011～2015年的五年时间,我国将在清理规范基础上完成事业单位分类;到2020年,我国将形成新的事业单位管理体制和运行机制,形成中国特色公益服务体系。就在这张时间表中,事业单位分类将成为第一个五年改革目标的一项硬性指标。其目标就是"把属于市场的还给市场,把属于社会的还给社会,把属于行政的留给行政"。

只是,在事业单位分类过程中,即使是在当下改革试点先行的广东,以往"不官不商、不民不企"的传媒机构,所给予身份仍然是一个强调公益服务性质又必须是经费自理的公益三类事业单位,依然是"事业单位,企业化管理"这一种典型的二元结构运行体制的翻版。这种定性还是有可能破坏市场经济的基本规则,也有可能破坏公共服务事业的基本性质——规制的双重失灵,既不利于中国传媒产业集团化按现代企业制度运作,也不利于按现代事业制度运行,也难以经受住市场经济的严峻挑战。而与坚持走中国特色的社会主义传媒发展道路,即尊重中国特有国情

---

[*] 原载于《现代传播》2011年第10期。

继续强调党管宣传与意识形态,让传媒业最终成为尊重意识形态的特殊产业这一与时俱进的传媒改革目标仍然不到位。传媒产业化改革提出已逾二十五年,至今什么才是事业单位还莫衷一是,绕来绕去,足以让人想起黎巴嫩著名诗人纪伯伦的诗:"我们已经走得太远,以至于我们忘了当初为什么而出发。"

## 一、事业与产业

**事产之分。** 回溯以往的广电体制改革,往往盛名之下其实难副。近期我国事业单位体制改革政策由遮遮掩掩逐渐过渡到趋于明朗,广电业在性质上的事业与产业再认识,俨然成为当前科学认识的起点和分界点。从学理上分析,事业与产业有着十分明显的区别。作为我国一元社会结构的产物,事业单位概念是一个历史范畴。1955年,第一届全国人大第二次会议《关于1954年国家决算和1955年国家预算的报告》首次使用了"事业单位"这一名词。1998年,国务院颁布《事业单位登记管理暂行条例》,明确规定事业单位是指国家为了社会公益目的,由国家机关举办或者其他组织利用国有资产举办的,从事教育、科技、文化、卫生等活动的社会服务组织。20世纪70年代末的报业媒体至80年代后期的广电媒体,曾先后试行"事业单位,企业化管理"这一微观运营的传媒政策,这在当时确有过积极的作用,但后来的改革实践证明,坚持媒体的事业属性已经成了正在演进中的媒介产业化和社会化的最大体制性障碍。早在2004年10月2日,中央政治局常委李长春在视察辽宁出版集团讲话时就指出:"发展文化产业最大的障碍就是体制弊端,再具体说就是事业单位性质是文化产业发展的最大体制弊端。这种事业体制没有办法市场化运作,只能靠国家;需要的人进不来,不用的人出不去,大锅饭,铁饭碗;没办法融资,不是经济法人,不是企业法人,无论是直接融资还是间接融资都实现不了。"与事业之不同,"产业"作为一个经济学概念,在传统社会主义经济学理论中,主要指经济社会的物质生产部门,即一切有投入产出、按照社会劳动分工并成行就市的事业都可以称之为产业。

**认识历程。** 我国广电传媒从1985年起就被国家相关部门定性为产业,1992年更是以中央级红头文件《关于加快发展第三产业的决定》而确认并纳入第三产业。2001年,中央正式文件("十五"规划)首次使用"文化产业"概念。由此可见,大众传媒产业作为文化产业的中坚力量,在宏观政策上,媒介被允许以"企业行为"

介入"媒介市场"。时至2004年,依据国家广电总局下发的《关于促进广播影视产业发展的意见》,广播影视终于被认可其产业化的进程,成为以提供内容产品和服务为主的综合性产业,其产业属性在业内经过逾十年"产业化"的追剿而终于得到正式的确认。媒介产业化就是指从单纯的文化、精神生产事业的媒介单位沿着经营和理性的轨迹向企业状态过渡的一种现象,媒介经营的个体发展到一定阶段,必然向独立的企业法人过渡,并以市场平等、竞争的原则建构内外关系,从而形成经济学意义上的"同类企业的集合体"——"媒介产业"。[①]

"认识"反省。1999年,全国第一家广电集团——无锡广播电视集团正式挂牌成立,标志着中国广电集团化发展步伐正式迈开。这一年,国家的基本政策就是鼓励广播电视系统成立事业性质的广电集团,以集团的方式来实现区域广播电视传播资源的垄断。随后,全国先后有28家以上广电集团(总台)被批准成立,其性质定为事业集团。到2004年年底,国家广电总局宣称今后将不再批准组建事业性质的广电集团,只允许组建事业性质的广播电视总台。这意味着国家广电总局开始认同社会约定俗成,承认集团为企业性质,只是要求转为成立事业属性的广播电视台。然而,从事业的广播影视集团再到事业性的广播电视台实则换汤不换药,改革仍在翻烧饼。就在2011年1月全国广播影视工作会议上,国家广电总局新闻发言人吴保安更是提出了三不"言论":"不允许搞跨地区整合,不允许搞整体上市,不允许搞频道频率公司化、企业化经营",强调电台、电视台作为党的重要新闻媒体和宣传思想文化阵地,必须坚持事业体制,坚持喉舌和公益性质,坚持以宣传为中心。广电改革从"制播分离、转企改制"方向全面回调。政策"幡然改途",业界对"广电产业化"的认识亦经历了否定之否定,使得广电产业发展着实绕了不少弯路。实际上,国际通行惯例视广电业整体为产业系列,一般只保留个别非营利实体为公管或公益台,这早已是不争的事实。而且让人深思的是,同为中国传媒的新闻出版业整体转制如火如荼,原先按政策可以独自保留事业属性的各省(自治区)人民出版社系列绝大多数主动要求并已成功整体转企,"被事业"成为出版业一种不思进取并将成为弱势媒体的代名词。宁夏人民出版社常务副社长石晓燕告诉《中国新闻出版报》记者:"以前由于是事业单位,不官不商不民不企,大家完全是一种被动的工作状态。"该社社长杨宏峰更是直截了当:"对于宁夏人民出版社来说,不改革如同'温水煮青蛙',死路一条,早一天改革早一天受益,改革越彻底,发展空间越大,经济增长越快,发展后劲越足。"然而,我国在传媒产业的理论探索一波三折,其间不乏对"产业"的肤浅认识和操作误区。产业化的本质特征就是用工业化的方式生产文化产品。中国传媒大学教授胡正荣把广电产业定义为"广播影视产业是包括广播、电影、电视以及相关的辅助产业在内的整体,它按价值链分,可以分解为创作、生产、集成与流通、消费等各个环节,也可以说是个产业"。这种广电"大产业"的概念,从广电产业本质上作了比较宏观的把握,有助于我们跳出以往的对事业单位属性的桎梏,跳出广电行业意识形态功能绝对化的局限,从全局的角度思考广电的产业属性。[②]进入新世纪,放眼传媒业十年改革实践,中国广电集团化作为行政干预、揠苗助长的运动折戟沉沙,结局是"问题多于成绩,困惑大于思考",处在行为反思与政策调整期,但这最终不代表广电产业化方向的错位,毕竟这是国际行业发展,也是中国最终选择走市场经济道路的历史大趋势。

## 二、观念与思辨

在决定中国广电产业化何去何从的关键时刻,需要对某些似是而非的思想观念或理论观点做出理性的思考。更为重要的是,深化对广播电视复合属性和产业发展规律的认识,促进我国广电传媒市场意识的强化和产业经营理念的觉醒,为其产业化创造更为开放的理论和观念基础。

### (一)事业单位的认定以公益成分与意识形态的多与寡为唯一尺度?

与一般的企业、组织相比,事业单位具有多样化和复杂性,试图用一个定义去概括事业单位的一般属性,多半会犯简单化的错误,因为事业单位的认定不以公益成分的是与非与意识形态的多与寡为唯一尺度,还必须受到不营利及国家编制的刚性约束。也就是说,事业单位开展业务活动不以营利为目的,所需经费一般由国家财政予以补助,无须纳税,相反一般企业则以营利为目标,自负盈亏。此外,事业单位的机构设置由政府机关批准,工作人员一般列入国家事业编制。因此,事业或产业只是一种经济和社会组织形式的运行载体,事业不等于完全公益性,产业也不等于单纯追求利润。[③]近几年我国媒体环境的放宽,大众亦能借媒体发声,但绝不可能骤然翻身变为纯粹"公益为本"。生硬地用意识形态和公益成分划定"事业",间接反映了我国长期过分强调媒体的政治属性,轻视其经济属性、社会属性的惯性思维。我国广电媒体先后经历了从"事业单位,企业化管理"鼓励内部的经营创收到"独立核算,自负盈亏,照章纳税,财政不给补贴"的深刻变化。殊不知,事业单位不能从事经营活动是一般市场经营主体所周知的国家禁令,这亦与将中国广电系统长期归属于国家上层建筑的意识形态领域,应划入"公益性文化事业"的做法名不副实。因为从本质上讲,"事业性质"的身份,与市场交易中的营利目标是相背离的。

2011年,重庆卫视连续两次节目改版,一路高歌突进,实施"一不二减三增",回归电视由行政管制、财政补贴的套路。诚然,限制不播商业广告是国外一些著名公共电视台譬如日本的NHK、英国的BBC等的惯例,对于近期重庆卫视退出市场竞争的变更,社会各界的积极评价也不少,但亦不乏学者的冷眼旁观,认为将停播商业广告行为简单认定为"开公益频道之先河"实有言过其实之嫌。应该说,这更多地是一个政治大于经济的行动,有权宜之计的做派。因为在市场经济条件下,大众传播已经进入交互化时代,受传相互选择,担当喉舌并作为社会公器的媒体更多地表现为意见平衡者和社会对话者,并在此基础之上进行舆论监督和信息传播。党政过度参与媒体本身的生产和经营管理,再三强调宣传灌输和力推传媒非产业化,那就是剑走偏锋,让媒体失去给老百姓喜闻乐见内容的动力和机制,因而其市场份额与传媒影响力日益下滑也是意料中的必然。由此引发媒体社会责任孰大孰小的问题,似乎早有定论,其根本的寰白即媒体到底代表谁发声。因此,在市场经济条件下,以"公益"为名长期限制其市场发育,实属不必也不宜,控制舆论并非只有事业单位一张牌,如铁肩担道义的商业电视台凤凰卫视,长年拥有高度的社会责任感,同样使其在海内外传播业界独领一代风骚,成为华商中最值得尊敬的主流媒体。

### (二)依旧在社会主义市场经济体系之外"独善其身"?

近年来,随着市场经济时代我国各领域发展的全面转轨,各个经济系统都有个产业化的问题,即如何利用经济规律,实行产业环境、组织、机构和行为的优化,达到科学合理、充分高效的发展。传媒业走产业化道路,自然也不例外。中国广电传媒作为当今时代最重要的舆论导向载体,自然也在成功地扮演着中国社会向着市场经济体制全面转轨的最得力宣传者与推动者的角色;但它同时也是文化产业的核心层,其本身并没有被社会广泛认定为是社会主义市场经济最热情的践行者并化为有机组成部分,内在的原因与症结耐人寻味,也值得深刻反思。

党的十四大明确提出建立社会主义市场经济体制,后来的一些行业政策也在实质上承认了传媒的产业属性并允许其走产业化之路。然而,位于文化产业核心领域的传媒业,在整体上始终作为党的宣传思想工作部门,相当程度上游离于社会主义市场经济体系之外。事实上,世界产业经济发展至今,市场经济已经覆盖全社会,伸延到社会活动的每个角落,经济基础的强大作用力使得带有精神文明特点的广播电视事业必须适应社会主义市场经济的需求,融入该体系当中。传媒不仅是市场经济的重要组成部分,并且凭借当代世界传媒数字化的发展,媒介市场的全球化也是市场经济全球化的一个主要组成部分,是媒介企业摆脱区域性束缚,充分利用自身和外界的优势,以跨区域运作及全球市场为经营目标,开展全方位、多元化的经济活动。④近两年,广电传媒经历了从份额到品牌再到产业的全面竞争,置身于中国加入世贸组织和文化产业振兴的宏观环境下,其所面临的体制改革已经不单是广电媒体"独善其身"的内力所驱,而是国家战略层面的逻辑选择。诚然,中国广电业作为生产精神产品的内容产业,不能不尊重意识形态的特殊性,但不能僵滞于传媒不能产业化的"特殊论"。可以说,提倡广电媒介走集团化道路,切实施行产业化是社会主义市场经济体制的客观要求,是广电媒介在市场经济条件下生存发展的康庄大道,当中有快慢之分,但决非可否之大忌。中国市场经济的阳光已经普照大地,而广电产业化何时云开雾散,打开一个被长期禁锢的市场空间而走出多年作茧自缚的孤岛?值得欣慰的是。原定9月挂牌的"中国广播电视网络公司"已经搁浅。据悉,国家广电总局为此提交的成立"副部级"事业编国企方案已被否,取而代之的则是由国务院国资委管理、纯公司化运作的国有大型文化企业方案。强调该集团整体上市,届时总资产超过2000亿元的中国首艘文化航母将应运而生,并跻身央企十强。

### (三)产业化代表商业化,企业化等于非政治化?

不少宣传主管部门向来对广电媒体产业化讳莫如深、禁忌重重,常常把传媒产业化与商业化、企业化与非政治化简单画等号,这更多是出于对舆论控制的顾虑,认为一旦将内容采编制作环节给予松绑,舆论必将犹如洪水猛兽般一发不可收拾,严重冲击党和政府对意识形态的控制权。放眼传媒业的改革实践,媒介经营的个体发展到一定阶段,必然向独立的企业法人过渡,形成媒介产业。作为推动社会主义市场经济体制形成的有力杠杆和市场主体之一的传媒,经济效益不能不是其重要的生存与考核的指标,那种认为广电媒体一经产业化就会一味奉行"唯利是图"商业逻辑是极其幼稚的,一如当年股份制出台时到底"姓社姓资"的责难声甚嚣尘上也是螳臂当车。因为它不了解甚至也不想去深究社会主义市场经济的实质与法治效应。究其深层的原因,还是借"事业单位"之名,只想继续保有对媒体资源的垄断控制而全不顾及其他。

产业作为一种经济和社会组织形式的运行载体,传媒的产业化不等于单纯追求利润;传媒的企业化并非必然地代表着非政治化,产业化与导向的正误也没有必然的因果关系。事实上,"产业"与"喉舌"完全可以在不断加强和完善的法律环境和有效的管理下实现统一。市场经济是法治经济。政府部门如果能建立一种特殊产业行之有效的监管机制,即确保企业化管理模式下媒体的意识形态安全,按市场规律进行媒介产品产业化运作,完全是有可能的;同时也能期待市场培育出一批超规模强实力的或社会化股份制的媒体,丰富竞争局面,打破信息垄断格局,推动舆论监督的民主进程。媒介走产业化之路,实行转企改制,关键在于采取什么样的方式能够实现经济效益和社会效益的有机统一;关键也在于不能简单地把生产精神产品的媒介领域等同于生产物质产品的传统企业,而要尊重内容产业与创意产业的独特性,区别于与纯物质产业所不同的特殊管理机制,即面向市场但同时必须自觉接受执政党意识形态的宣传管理并为国家严格控股,同时强调目标管理与创意制胜,从中最应把握的要点是用辩证统一的观点或眼光去看待特殊产业,"尊重特殊性、把握规律性、富于创造性"。与时俱进地直面媒介的现实环境和经营需求,走尊重意识形态且创意制胜的特殊产业的发展道路,这应该是中国主流传媒的生存之道与发展特色。

### (四)事业办企业,还是企业办事业?

在我国传媒集团化问题上,体制和规章制度抱残守缺,往往奢谈特殊论而迟迟不敢大力推动传媒产业化。与西方传媒集团在资本市场的波谲云诡、翻云覆雨相比,中国的广电集团依然还会产生出太多让人迟疑与彷徨的空间——引发出传媒改革实践到底是"事业办企业"还是"企业办事业"这样一个新的深层次重大课题。

从 1999 年起,经国家广电总局批准组建的广播电视集团其性质非常清楚,基本上是事业性集团,也就是行政区域集团,只有牡丹江传媒集团等极少数的地方媒体敢于"破规"定位为企业性集团。事实上,搞"事业办企业",忌讳产权改革,将广电传媒严格限制在事业属性和区域行政范围内,因缺乏产业发展所必需的诸如资产纽带关系等要素和手段,使得广电产业发展遇到诸多无法克服的难题,从而制约了全行业生产力的提升和影响力的扩大。⑤ 而论及"事业办企业"的实质意义,延至广电传媒的改革进程,其消极面仍是被动转型,执行错位,尤其是广电传媒的集团化改革要求回归到事业性的总台格局的做法实在让人摸不着头脑。我国广电传媒集团犹如一头困兽,仍未能逃出"事业"的"牢笼"。与之不同,"产业办事业",这是一个与时俱进,要求按照社会主义市场经济发展规律和新闻传播规律办好大众传媒宣传业务的积极命题,当中包涵着媒介产业中特殊性的科学认识。中国广电媒体推行集团化战略,是产业培育且规模发展的需要,理应以产业化为前提。在我国,广电产业是区别于普通物质产业群类的一种极为特殊的内容产业,具有三大复合型的属性——党和政府"喉舌"的政治属性(宣传鼓动与舆论控制)、大众传播的社会属性(监视环境与提供娱乐)、产业组织的经济属性(市场主体与资本运营)。因此,传媒业就是尊重意识形态的特殊产业。肯定传媒的产业属性,并力倡产业办事业,就是要鼓励传媒成功转型,与社会接轨,与市场接轨,与资本接轨,不断壮大自身综合实力;同时必须尊重主流意识形态以及执政党和国家政府意志,这就是既要讲求经济效益,也要讲求社会效益,追求综合效益的最大化,从而走出一条有中国传媒发展特色的"产业化的事业"之道。

### 三、改革路线图

#### (一)事业单位改革顶层设计图

我国事业单位改革并非一个新话题,可追溯至 20 世纪 80 年代中期。1992 年,国家相关部门明确提出:"事业单位要按照政事分开和社会化的原则进行改革。"党的十五届五中全会又将文化单位分成两大类,按照公益性事业和经营性产业进行改革。可以说,近几年的事业单位改革是"雷声大,雨点小",但随着经济和政治体制改革进入攻坚阶段,迟滞多年的事业单位改革,终于有了清晰的路线图。2011年 4 月,中央高层就推进事业单位分类改革作了全国性的整体改革部署,改革时间表也已确定,其间涉及 126 万个机构,自然包括长期身份暧昧的中国广电业。所谓分类改革,即按照社会功能将现有事业单位划分为三个类别。对承担行政职能的,逐步将其行政职能划为行政机构或转为行政机构;对从事生产经营活动的,逐步将其转为企业;对从事公益服务的,继续将其保留在事业单位序列,强化其社会公益属性。究其实质,就是让事业单位真正回归到不事营利的公益服务范畴,并使行政类和经营类事业单位回归到各自或行政或产业的本来属性。改革是一个十分复杂的系统工程,牵一发而动全身。不难推断在此次全国性的整体改革部署下,我国媒体行业属性也终将从事业转变为生产精神产品的产业。作为对路线图一种精神实质上的把握,要考虑到传媒内容具有精神产品的特殊性,应对其产业属性有相关意识形态管理的要求而使之成为特殊产业,但产业与事业是有营利与非营利的严格界定而泾渭分明,决不是眼下一些试点地区自欺欺人的划分:既讲公益服务又要自负盈亏的公益三类。从传媒产业积极进取的角度着眼,当下尤其要破除广电传媒领域多年利用"事业单位,企业化管理"这非政非企又亦政亦企的模糊性质,最大限度地运用着政府部门赋予的权力、享受着企业拥有的利益,悠然自得地游离于政府部门所受的行政约束和企业所承受的市场压力之外,搞"小富即安""无过便是有功"的既得利益格局。事实上,当下广电行业因政策回调再次"被事业",也是旧有行政垄断体制的回光返照,如今渴望能在市场经济海洋中任凭飞跃的广电实力媒体,一定会从党中央的事业单位改革路线图中找到新一轮大变革大发展的原动力——智者善借势。

**(二)新闻出版业厉兵秣马**

如今出版系统整体转制乘风破浪、全线飘红,接踵而至的报刊业志在必夺,准备发力冲刺,而广电业还在起跑线上裹足不前,左右不是。两年前,新闻出版总署就出台了《关于进一步推进新闻出版体制改革的指导意见》,并明确了新闻出版行业市场化改革的路线图和时间表。这就意味着,2012年出版业将完成转制,绝大部分出版单位将在市场竞争中求生存。目前,全国经营性图书、音像电子出版单位,除个别拟保留公益性和军队系统的出版单位外,均已基本完成了转企改制,其中中央各部门各单位148家应转制出版社中,除1家停办退出外,有137家出版社全面完成了转企改制,其余10家出版社也都进入扫尾工作,共计核销事业编制1.8万多名。1251家非时政类报刊出版单位转制和注册为企业法人,10多万家国有印刷复制单位、3000多家国有新华书店转制为企业。传媒市场对"传媒企业最好与内容板块捆绑上市"渐成共识,并且更多地出现在报业集团整体转制的改革步履中,形势喜人也逼人。2010年,全国7家报业集团、报刊社的经营部分已经在境内外上市,1251家报刊单位注册为企业或转企,39家报业集团实行编辑和经营两分开,大众消费和学术类期刊集群开始出现,大中型报刊骨干企业正在形成。⑥到目前为止,我国已组建了100多家报刊集团和出版传媒企业集团,其下一步目标将是加快推动非时政类报刊余下出版单位分期分批转企改制步伐,促进报刊资源实现重组与结构调整。

### (三)广播电视业拔剑四顾

过去几年,我国新闻出版业的发展状况明显好于广电业。这值得广电全行业深思,有必要对整个行业未来发展方向与改革前进道路等,重新进行战略思考并适时调整:进一步廓清产事分离、制播分离、整体转制在理念认识、操作层次以及路径选择上的模糊性,这样才能更清醒、更科学地把握产业化改革的突破点和落脚点。

从2003年的文化体制改革试点工程开始,传媒管理决策层一直在推动传媒业按照事业与产业两分开的管理原则,即"产事两分开"。应该说,作为国家意识形态主管部门为深化文化体制改革而设计的一种将新闻媒介呈现为一体两制的衍变思路,它积极借鉴了国际业界编营分开的原则和传统,但它忽略了这一国际惯例分营的总前提是媒介的产业属性。广电传媒体制的变革创新倘若真有实施"产事两分开"的坚定理念,在当前社会主义市场经济条件下,应该不是广电集团突然逆转的"台团分离",更不是同一媒体内部系列员工的"身份差别",而应是在完整的产业链即包括有传媒实体的基础上的"事企分类运作"。随着近年来我国服务型政府的建立,学界亦长期存在一种声音,呼吁对中国媒体属性重新定位,在此基础上建立"双轨制"下的"新闻中心"以集中新闻资源,实现信息共享,发挥政府与新闻媒介提供公共服务的重要作用。应该说,作为中国传媒机制的创新,借"新闻中心"的办法实现政府的管理与媒体社会公器服务的有机结合的这一愿景很是美好,但就媒介的经济效益和社会效益能否如愿一石二鸟,还待商榷。其实,我国也早有学者建议在中央与省、直辖市这两级内,直接拨款组建少量非营利性的突出公益和宣传主要功能的公营公办的电台、电视台(例如不播广告的日本NHK,英国BBC、意大利RAI、加拿大CBC以及澳大利亚的ABC等)。显然,现行强力推行同一媒体在体制上进行宣传经营两分开并非中国传媒业的长久之计。作为一种过渡的中间形态,从部分剥离最终走向整体转制,"产事两分开"权当中国传媒集团产业体制改革尚可接受的缓冲带。

再者,我国广播电视长期遵循自制自播陈旧模式——节目不论好坏,台内经费、台内制作、台内播出,形成制播合一单纯依靠播出赢利的局面,最终也带来内部运行的封闭性。与之不同,眼下倡导媒体的"制播分离",作为一种市场经济条件下电视产业经营的管理制度和节目交易机制,确实给我国电视带来了一定正面影响,但不容忽视的是,我国推行的"制播分离"往往忽略国际上公商媒体分列、制播双方均为平等市场交易主体的前提,并由此生出种种飘忽"假想"。更重要的是,产权不够完整、相关交易过多,间接地使广播电视媒体未能进入市场流通、整合和重组,媒介上市公司前途可想而知。这亦与"媒介发达国家和地区往往采取由拥有制作机构、播出平台、投资发行能力的综合性媒介集团,通过内容版权多渠道、多市场地创造最大效益的"时下做法相去甚远。事实上,2009 年 8 月"南京会议"再次举国力推的制播分离举措,在现实又遭遇碰壁,不到半年就被迅速叫限,严格控制在影视制作范围内。分离本身不是目的,制播分离的根本所在亦不是制作环节单枪匹马闯市场,其实,对于中国电视台改革来说,可以借鉴国外一些成功做法,如美国一般通过辛迪加市场购买可替代的非新闻类的一般性节目,这确实有助民营制作公司生存环境宽松并带来节目市场的繁荣;再如,NHK 在日本全国建立了众多附属台和转播台,以此组建庞大的教育电视网络。应该讲,广播电视制播分离作为深化文化体制改革的一项内容,在一定意义上反映了我国广电业观念转变与体制改革的必然走向,但将其作为中国广电改革的重大举措则言过其实。我国广电业成败的关键还在于体制,在于人才,在于内容。因此,当前广电传媒改革最主要的是跟上新闻出版步伐,怎样在转企改制上下真功夫,而不是非要把内部制作和播出环节相拆分,人为搞乱队伍,中断产业链。拿制播分离作为改革突破口,其实搞内部机构的"分离"不应是核心,厘清方向的"分制"才是关键词。⑦

事实上,近期党中央事业单位改革的顶层设计图使得广电传媒业不约而同地把目光聚焦于自身的"整体转制",希望在从部分剥离向整体转制的试点过程中,破解中国广电传媒改革出现回调的体制性难题。整体转制将是传媒集团产业体制继部分剥离之后深化改革的一种既定思路,其核心任务在于确立传媒集团真正的市场主体地位,首要目标是解决集团层面产权归属与企业法人主体问题。其中,"整体"二字十分关键,它与以往倡导的"剥离转制"的重要区别在于:"剥离转制"是在出版权或播出权与经营权内部实施分治但产权不清的转制,结果是内部人员身份混杂,事产岗位待遇不均,引发矛盾问题不断。可以说,整体转制以后不仅传媒单位事业法人与企业法人属性会变得相对清晰,国家对于传媒集团的宣传与经营管理定位更加明晰,更有助于国家对于文化产业的传媒单位实行分类和分层管理。真正意义上的广电传媒改革理应是超越"事业情结"的整体转制,在市场经济条件下,它以尊重意识形态的"特殊产业"身份从容面对竞争激烈的阔大市场:一方面,在舆论宣传领域,自始至终发挥铁打的"四不原则"的底线作用;另一方面,鼓励传媒集团成功转型,与社会接轨,与市场接轨,与资本接轨,有能力有条件按新闻传播规律和市场生存法则去搞好新闻宣传。在现代企业制度下,只要国家牢牢控制着传媒经营机构的控股权与决策权,就可以控制编务方面的人事权,达到让民营资本和外资只当出资人不当操盘手的控制目的。当然,按照《公司法》的规定,股份可以转让买卖,但一旦确立国家主流的传媒实体是特殊产业,即代表国家的主管和主办方必须控股,媒体的舆论控制权得到法律的保障就不会旁落。代表国家的主管部门的"职责"都不会变,都将拥有对媒体传播内容的终审权与人事任免权。

党的十六大以来积极倡导"和谐传媒",其定义自然离不开对媒体内部及外部和谐关系的界定,不仅要求媒体自身是和谐有序的,对外的社会责任感也囊括其中;同时,它要能同大环境相适应,要与社会的发展现实相合拍。不难发现,在世界传媒发生深刻变革的历史进程中,尽管各国情况有所不同,但是,最终走向整体转制的趋势却是浩浩荡荡,无法遏阻的。在此语境下,我国广电传媒产业整体转制已不是转不转的问题,而成熟与否是时机的问题。考虑到中国传媒产业的地区发展也有极不平衡的现实,承认传媒实体的整体转制有先后快慢的区别,但是,作为一种既定目标,也是一种发展规律,任何个体都无法阻挡生产力的蜕变,只能主动地去接受它、适应它。改革本质上是一个体制创新的问题。传媒改革,不仅仅是针对某个环节某个具体问题进行的点滴修补或自我完善,更是在对整个传媒业发展历史、现状、所面临的问题和发展趋势的深刻把握下进行的全面系统的改革。当前,中国广电改革已从全国性掀起的事业性"集团化"又转到行政强力要推行的事业性"台化",让人极为尴尬。幸好,党中央的五年事业改革路线图应时而生,这将对下一步中国广电业改革起到重要的宏观性、纲领性、指导性作用。古语说得好:"善弈者谋势,强者造势,智者借势。"相信在最新确定的事业单位顶层设计图之下,改革一度折戟沉沙的广电行业会凭此有新的大战略、新的大作为。以往中国广电业改革步履维艰,曲折徘徊,对此特别要强调"做正确的事而不仅仅是正确地做事",因为方向远比细节与速度都来得重要——这是效能与效率之别。所以说，做正确的事抑或正确地做事，是一个行业抑或经营实体能否成为时代赢家，具备战略意识的分水岭。

改革是一个过程，而不是一个结果。改革只是一种手段，而不是最终目的。不难看清，以新颁布的事业单位改革路线图为起点，中国广电的发展无有止息，正翻开新的一页。

注释：

① 黄升民、丁俊杰主编：《中国广电媒介集团化研究》，中国物价出版社 2001 年版，第 307、311 页。
② 陈炜：《突破城市广电集团事业属性与产业发展的困局》，《传媒观察》2008 年第 1 期。
③ 周鸿铎主编：《牡丹江新闻传媒集团发展报告》，社会科学文献出版社 2006 年版，第 105 页。
④ 张湛彬：《中国渐进式改革的路径选择和制度变迁评析》，《中共党史研究》2002 年第 4 期。
⑤ 卢涵：《从行业战略高度看"制播分离"》，《广播电视信息》2010 年第 1 期。
⑥ 《〈报刊业"十二五"时期发展规划〉发布》，http://media.people.com.cn/GB/221752/221753/221762/14700505.html。
⑦ 尹鸿：《"分离"或是"分制"——对广电制播分离改革的思考》，《现代传播》2010 年第 4 期。

# 论报业全媒体发展*

◆ 中国传媒大学党报党刊研究中心课题组

在信息技术的推动下,信息传播领域以固定化产业边界为特征的产业分工正在模糊甚至消失,全媒体的大潮正在书写新的媒体发展史。在不远的将来,媒体从业者可能像正在领风气之先者那样,在同一媒体机构的不同媒介平台上工作,或者在同一平台上同时进行文字、图片、音视频等不同形式的新闻采编工作。这种全媒体发展趋势将极大地改变新闻的传播方式和接受方式。也就是说,全媒体"较过去的媒体而言,它容量大,技术要求高,多采用现今最为先进和尖端的传播技术和手段,投入资金大,跨行业多,当然也以更深、更广的方式介入人们的生活"。[①]

经过一个时段的"质疑""观望",中国报业从整体上看,在奔向全媒体发展之路。

## 一、报业全媒体发展的必要性

### (一)从报业自身发展情况看

从 2005 年开始,内地报业停下了持续多年高速增长的脚步,进入了一个缓慢增长的轨道。央视市场研究机构 CTR 针对 2009 年报业市场的各类监测数据显示,2009 年,广告市场整体达到 13.7% 的增长率,而报业广告增长率仅为 9.4%。同年,中国网络广告市场规模相比 2008 年增长 21.2%,达 206.1 亿元。[②] 此外,随

---

\* 原载于《现代传播》2012 年第 6 期。

着手机媒体、移动网络、电子商务、电子杂志、数字音乐等各项服务逐渐渗透到人们的生活中,IP电视(网络电视)、3G(第三代移动通信技术)应用、楼宇广告、移动电视、电梯广告等新媒体阵营迅速蹿红,参与瓜分报业的广告份额。在此情形下,加快数字化转型,试水全媒体战略,就成为报业发展的一种必然选择。

报业自身发展,必然要求通过规模化生产获得更大利润空间,而这又必然推动报业走全媒体之路。因为在原有的单一媒体的内容生产过程中,某一新闻信息产品通常只通过一次生产、一次传播实现价值补偿,从中获得的利润较少,有时甚至不能弥补新闻采制的成本。如果某一新闻信息产品能实现一次生产、多条渠道传播,那就可以在信息采制成本不增加的情况下取得更大的经济效益和社会效益。特别是在当今信息技术革命带来了新变化之一——传播渠道过剩而内容短缺的情况下更是如此。

### (二)从满足受众信息需求看

近几年发展迅猛的手机报、网络电视、手机电视等新媒体都给受众提供了新的获取信息的途径,而且这些渠道不仅为受众提供了新闻信息,也同时为受众提供了新的交流互动平台,扩展了大众传播媒介的服务领域和功能。

为适应受众接收信息渠道日益多元化的情况,报业走全媒体之路,即拓宽信息传播途径,或通过报网互动,或开发手机报,或与其他新媒体合作,以拓展新的生存发展空间。"受众接收信息渠道日益多元化"——这句话反过来说即为今天单一的媒介已经不能满足受众对信息的多元化需求,特别是重大事件发生后,受众往往需要综合多个媒体的报道,来获取更加全面的信息。美国调查机构波恩特发布的《2007新闻媒体生存状况:美国新闻业年度报告》显示,只通过互联网而不通过其他方式获取新闻的受众实际上非常少,现在的媒体消费模式是大多数人倾向于规律性地使用四五种不同的媒体。

### (三)从更好地履行舆论引导职责看

当前,我国舆论环境出现诸多新变化:

其一,国内外舆论互联互通互动。随着今日中国"从国际舞台边缘走向国际舞台的中心"[③],西方媒体对中国给予了更多的关注,其中不乏比较客观的报道,更不乏带有种种偏见的,甚至别有用心的报道。这类传播不仅影响西方受众,也通过种种渠道影响我国受众。比如,2008年拉萨"3·14"事件、2009年乌鲁木齐"7·5"事件,明明是由境外恐怖主义组织操纵的大规模暴力事件,却为什么在西藏、新疆受众尤其是当地藏族、维吾尔族受众中造成那么大的思想混乱,原因之一显然是来自国外媒体的杂音、噪音不断,严重干扰着国内媒体的舆论导向。

其二,公共领域众声喧哗,个人观点社会化。在报纸、广播、电视等传统媒体主导的时代,个人观点要成为公共意见并为社会所关注,就必须借助报纸、广播、电视的力量,而这一过程必须经编辑把关,加之受到版面或时长的限制,传递出来的观点是相对较少的。而新媒体的出现改变了这一切,"人人都有麦克风""人人都是麦克风":个人既可以从不同渠道获取信息,又可以通过微博、博客、帖子等形式,把自己的观点直接传播到公共领域,使公共领域充满了海量信息和纷繁复杂的意见。

其三,互联网成为社会舆论放大器。内地一方面报纸、广播、电视严格实行准入制度,另一方面网络广泛普及、网民数量剧增,于是,受众特别是所谓"草根阶层"以互联网为载体,表达、汇聚、传播各种各样意见已成为常态,网络舆论形成了一个独特的"舆论场"。这既为受众特别是所谓"草根阶层"提供了实现其知情权、表达权、参与权、监督权的平台,又给党和政府的舆论宣传管理工作带来了严峻挑战。必须看到,"国内外舆论互联互通互动"也罢,"公共领域众声喧哗,个人观点社会化"也罢,"互联网成了社会舆论放大器"也罢,这些都是建立在网络普及、网民海量基础上的。报纸特别是中共三级党委机关报若想适应我国舆论环境新变化,更好地履行舆论引导职责,就必须向互联网等新兴传播领域延伸;或者说,走全媒体之路,不断扩大覆盖面、增强影响力。

**(四)从实施国家文化战略看**

2009年,我国的《文化产业振兴规划》明确提出,要发展新兴文化业态,采用数字、网络等高新技术,大力推动文化产业升级;支持发展移动多媒体广播电视、网络广播影视、数字多媒体广播、手机广播电视,开发移动文化信息服务、数字娱乐产品等增值业务,为各种便携显示终端提供内容服务;加快广播电视传播和电影放映数字化进程;积极推进下一代广播电视网建设,发挥第三代移动通信网络、宽带光纤接入网络等网络基础设施的作用;制定和完善网络标准,促进互联互通和资源共享,推进三网(电信网、广播电视网、互联网)融合;积极发展纸质有声读物、电子书、手机报和网络出版物等新兴出版发行业态;加强数字技术、数字内容、网络技术等核心技术的研发,加快关键技术设备改造更新。

报纸在实施国家文化产业振兴规划的过程中,走全媒体之路是必然选项。

### (五)从与国际传媒集团竞争看

一方面,国际传媒集团大军压境,寻找一切机会试图进入中国这个潜力巨大的新闻市场;另一方面,我国传媒业在积极探索参与国际竞争的途径与方法,寻求与中国国际地位和经济实力相匹配的国际传播力。在这场竞争中,国内已有若干报业集团迈出了第一步。但是,我国报刊在海外的影响力有限,主要集中在华人华侨圈子中,真正进入西方主流社会的并不多。

相比来看,由于受相关政策影响,我国传媒集团很难也很少跨媒体或多媒体发展,传播方式和传播渠道单一,"办刊的只能办刊,出书的只能出书,办网的只能办网,办报的不能办电视"④——如此自缚手脚,自然很多时候无力与西方传媒巨头抗衡。2008年末,新闻出版总署署长柳斌杰在接受媒体采访时说:"一种信息要通过多种传播方式、传播载体进行传播,这是国际新闻传播的基本规律。……中国传媒要有世界地位,必须要形成三五个世界一流的传媒集团,能够跨地区跨媒体跨国发展。……现在跨国传媒集团多在几十个国家办报刊、办出版、办电视。一个集团办上千种报刊,当然能左右国际舆论。我们也要向这个方向努力。"⑤由此可见,我国报业全媒体发展,是与国际传媒集团竞争的需要。

### (六)从提升中国国际话语权看

有资料显示,美国、欧盟和日本控制着全球90%的信息资源,西方五大通讯社在全世界发布的新闻量占到了96%,在全球300强新闻信息企业中,144家在美国,80家在欧洲,49家在日本⑥。在媒体方面的垄断地位提高了这些国家的国际影响力,即它们通过强势媒体,不仅左右本国政治舆论,还对其他国家媒体进行议程设置,特别是主导国际事件的话语权。

眼下我国的国际话语权,与我国经济社会发展水平和国际地位很不相称。联合国教科文组织每年公布的影响世界的一百本书、影响世界的一百种报纸、影响世界的一百条新闻、影响世界的一百首歌曲中,很少有中国的,或者说,中国的基本不能入围⑦。正因为"'西强我弱'的国际舆论格局还没有根本改变"⑧,在提升中国的国际话语权方面,中国的媒体任务特别艰巨,责任特别重大。

柳斌杰同志2010年在给中国传媒大学博士生授课时说:"过去我们的广播、电视、报刊、图书进入西方主流社会是非常难的一件事情,即使我们在欧洲建立电台、电视台也落不了地,因为这不被欧洲国家主流社会认可,最终其影响力还是限于海外华人圈。但是,今天随着科学技术的发展,新的传播技术和传播工具得以发展并广泛应用,形成了一个不受国界影响的互联互通的传播网络。我们正好可以利用这个有利的条件来扩大我们的国际传播能力。"[9]他所说的"不受国界影响的互联互通的传播网络",当然是指以互联网为依托的传播网络。作为信息载体,"互联网可以跨越空间和时间,超越现实社会的管理边界,裂变式地瞬间传遍全球"。[10]或者说,无国界、天然落地的特点,使互联网在对外传播方面发挥着重要作用,相对于传统媒体是一个极大的突破。如果我国报业通过全媒体发展,建立一套立体的传播体系,通过各种渠道发出自己的声音,无疑会有利于提升中国的国际话语权。

## 二、现阶段我国报业全媒体发展的主要做法和应注意的问题

### (一)我国报业全媒体发展的主要做法

2006年,国家新闻出版总署启动"数字报业实验室计划",其宗旨是大力发展数字报业,广泛利用各种数字内容显示终端和传播技术,发展网络报、手机报、电子报纸等多种数字网络出版形式,促进报纸与互联网站互利互惠、融合发展,形成以传统纸介质报纸为基础,数字化、网络化内容产品和信息增值服务产品齐头并进的内容产品发展格局。该计划推动了我国报业全媒体发展。目前我国报业在全媒体征途上做了一系列探索:

1. 加强自身网站建设,推动报网互动

在互联网进入我国之初,国内一些报社就敏锐地发现了这一传播平台,创办了自己的电子版。1995年10月,《中国贸易报》"上网";同年12月,《广州日报》电子版问世。到1999年底,我国已有700多家报纸"上网"。

从20世纪末开始,国内一些有实力的报社纷纷在"电子版"的基础上开办自己的网站。随着商业网站对报业的冲击,人民网等以新闻为主的综合性网站的开发、建设力度逐步加大。与"电子版"时期简单复制报纸内容不同,这一时段的报纸网站开始摸索网络媒体的信息发布规律,利用网络在信息容量、传播速度、反馈方式

上的各种优势,设置新栏目,开发新的表现形态,提升信息的数量和质量,积极与受众展开各种形式的互动,以制作出更符合网络传播特点和受众需求的新闻。

以人民网为例:

1997年1月1日,人民日报社正式接入国际互联网。当时,每天更新一次的《人民日报》网络版只有十个左右以新闻为主的频道,主要是刊载人民日报社系统报刊所发表的稿件。

1999年6月19日,由中国网络媒体创办的第一个网上时政论坛"强国论坛"诞生。由此,人民网吸引了一大批关心时政的网民,也为人民日报社编辑、记者提供了一个了解社情民意的平台,以增强报纸的贴近性。

2000年,人民网被列入中央重点新闻网站,相关投入明显加大。与此同时,人民网频道迅速增加到数十个,访问量呈几何数增长,权威性、影响力进一步提升⑪。

从传播的内容上看,与受众市场的细分相适应,人民网在做好时政新闻报道的同时,大力向生活、休闲、文化娱乐、汽车、房地产、家电等领域进军,并建成了相应频道,内容涵盖了人们生活的方方面面。⑫为顺应媒体发展的潮流,人民网还专门为《人民日报》的知名编辑、记者、评论员开设博客和微博,将报纸上的专栏开到网络中,便于他们及时与网友进行交流,这又为报纸和网站维系和开发受众群提供了一条有益的途径。

同时,《人民日报》注意从人民网上寻找一些精华内容,刊登在相应的版面上;人民网先推出《人民日报》版面上将要刊出的重要评论、即时新闻,并注意收集网民对《人民日报》重大宣传报道的意见,及时反映给相关的版面编辑。前者如"强国论坛"中的"高层访谈",内容经常登上《人民日报》的重要版面;后者如《人民日报》第5版("视点新闻")专门辟有"人民网网友留言板"专栏。"人民时评"专栏更是实现了报网间的常态互动。该专栏于2004年4月14日设立,现已成为《人民日报》和人民网共同拥有、共同经营的一个品牌栏目。《人民日报》的"人民时评"专栏常从人民网的"人民时评"专栏中挑选所需稿件刊登出来,也把自己组织的评论放到人民网的"人民时评"专栏上,好的评论作品通过两个平台进行有效传播,自然扩大了其影响力。

2. 开发手机报等接收终端,占领新兴媒体市场

以手机为终端的无线互联网近年来有渐成"第五媒体"之势。其原因之一是手机集中了诸多种类媒体的优势,既可以让用户随时、随地、随身接收信息,又可以让

用户很方便地采集、发布信息。报业在全媒体发展过程中自然要运用这一新媒体形态。2005年12月16日,在中宣部和国务院新闻办的指导、信息产业部的支持及中国移动和中国联通的协助下,人民网与新华网、千龙网等国家主流网络媒体联合创办的"掌上天下"手机网站正式开通;2007年2月28日,由人民网和中国移动合作的《人民日报》手机报面向全国正式发行。目前,人民网已经实现了对整个手机媒体业务领域的全覆盖,涉及短信、WAP(无线应用协议)、彩信、手机报、无线网站、手机社区、手机论坛、手机博客等多种形式的服务。

依托网站开发音视频产品,是报业全媒体发展的又一选择。目前人民网已取得视听节目、广播电视节目制作经营和3G手机视听节目内容服务的许可证,为全媒体发展奠定了坚实的基础。⑬

除了手机和音视频产品外,有的报团、报系还充分利用新的阅读终端和新的传播技术,向受众提供多样化服务。《湖北日报》《天津日报》《杭州日报》通过汉王电纸书向受众提供下载阅读服务;《解放日报》将报纸内容细分化,定向推送到目标用户中,其做法是将报纸形态的内容通过电子邮件发送到用户邮箱,供其选择订阅感兴趣的报纸栏目。

3. 再造内容生产流程,创新运行机制

烟台日报传媒集团从2008年开始在全国率先围绕全媒体战略实施内容生产流程再造。通过多种媒体形态组合,形成了崭新的全媒体框架:记者采集的同一内容包含文字、图片、音频和视频等多种形态的素材,进入统一的全媒体数据库后,经二次加工、编辑,由集团内部不同媒体各取所需;再通过深加工,生产出各种形态的终端新闻产品,通过不同的传播渠道发布,从而实现一次采集、动态整合、多个渠道、多次发布的数字化传播。⑭

在报纸围绕全媒体发展创新运作机制方面,广州日报报业集团较早进行了探索。2007年6月,集团组建了国内第一家滚动新闻部。作为《广州日报》纸质(印刷)版和广州日报社旗下诸多新接收终端(包括互联网、手机和视频在内)的跨媒体沟通平台,滚动新闻部负责报纸、手机和网站三个部门的联动发稿,推动报网一体化运营。广州日报报业集团还专门成立新媒体事业部,全面统筹集团新媒体业务的运营和拓展。⑮

4. 培养全媒体采编人员

烟台日报传媒集团要求采编人员时刻牢记"全媒体表现"。记者除会用电脑、相机、录音笔等常规设备外,还得懂摄像,会使用海事卫星电话,并掌握博客、微博、QQ(一种基于互联网的即时通信软件)等网络技术;进入采访现场,即对何者写成文字稿、何者拍照、何者上视频、何者做成访谈类节目做出判断并实施。⑯

杭州日报报业集团总编辑赵晴认为,在全媒体运作模式下,集团所有新闻宣传部门都是全媒体部门。为践行全媒体理念,集团制订了相应的全员教育培训计划,或自主进行不脱产学习培训及继续教育,或组织多种形式的集训,或每年派采编骨干到国外名校脱产进修 MPA(公共管理硕士)。⑰

美国密苏里新闻学院教授迈克·麦金在首创媒介融合的同时,又明确指出:没有任何人能把每一件事情都做得很好,同样,没有任何一个记者能够成为熟练掌握所有媒介技术的能手⑱。再说,在某一新闻事件特别是重大事件发生时,现场可能纷繁复杂、瞬息万变,如果前去采访,某一记者需要同时为报纸提供文字稿和图片、为网站制作音视频节目,他就必须同时顾及采、写、摄、录等环节。在那样紧张的场合,该记者很可能顾此失彼,虽勉强完成任务,发稿量看似不少,但质量不高,甚至所提交的任何一种类型的作品都不符合特定媒体的要求。因此人们现已感悟:培养全媒体采编人员,不是要培养"采、写、摄、录"全才,而是要求培养对象"一专多能":有自己的专长,能够拿出适应某一媒介要求的过硬作品,同时基本了解或大体掌握其他媒介的传播特点、运作流程、技术规范。这样,在可预知的重要事件发生时,报社可以派 2~3 人的小组前往采访,分工合作;在不可预知的事件发生或同事还未赶到现场时,某一记者也既明白自己要侧重采制哪种形式的报道,又尽可能提供其他形式的稿件。

### (二)我国报业全媒体发展应注意的问题

1. 在今后相当长的时间里,都要以纸质为主、电子为辅

据说,提出"报纸消亡论"的美国学者菲利普·迈耶近年来一再澄清:"报纸消亡"指的是纸质报纸的逐渐减少和最终淡出,而非报纸所有形式的消亡。⑲ 个中缘由甚多,其中之一显然是:即便在今天的美国,纸媒仍有很大生存空间,电子产品的赢利前景并不明朗。《纽约时报》是美国公认的探索新媒介形式的排头兵。创建于 1996 年的"纽约时报"网站被认为是世界上办得最成功、最受欢迎的报纸网站。即便如此,现在《纽约时报》纸质版(印刷版)发行量是 100 万份(周末版达 120 万份),而《纽约时报》电子版收费订户只不过几十万户,后者的收益只占《纽约时报》整体

收入的很小份额。美国政界必读报纸之一——《华盛顿邮报》纸质版(印刷版)现在仍发行50多万份,是该报八成收入的来源。[20]

从我国最近几年媒体发展的情况看,纸媒的平均收入增幅在16%左右,仅次于电台。[21]这说明,传统媒体——报纸仍有潜力可挖。

面对这一切,人们有理由说:不论美国还是中国,报业"去纸化"都绝非一朝一夕之事。在今后相当长的时间里,报纸的印刷版订户和电子版受众呈混合状同时存在,纸质为主、电子为辅是报业必走的经营之道。业界、学界人士还由此进一步思考:报业集团的全媒体产品与广播电视集团的全媒体产品有何区别?办好主报对办好该报业集团的网站具备怎样的意义?人民网原总裁何加正思考后的结论是:"人民网的办网宗旨,是建立在《人民日报》传统之上的,叫'权威性、大众化、公信力'。这看似是一个带有普遍性的口号,其实,内涵却有着《人民日报》深深的烙印。我们的做法是在权威性和大众化的结合点上寻求突破。这种突破,无论带来多少形式上的创新,但总能找到《人民日报》的根源。正是因为这一点,才逐步形成了今天人民网的特性,形成了今天人民网的影响力。既力求大众化,又始终力求保持权威性;既让人觉得很不同于《人民日报》,但又总感到似乎有《人民日报》的存在。如果我们丢失了自己,而是一味地去模仿那些办得所谓出色的网站,可能就没有人民网的今天了。"[22]

2. 量力而行,多种形式办网

从《人民日报》《广州日报》等全国性、地区性大报的前行轨迹看,未来的主流报纸"是一个立体的多媒体,即记者采写、录制、拍摄出文字新闻、图片新闻、录音录像后,先用简讯的形式发在本报手机报上,于第一时间传播到受众中;往下是在本报网站上,发布新闻事件的实时进展情况;再往下是在本报纸质版上,对新闻事件、新闻人物进行全面报道和评论;再往下又在本报网站上,对新闻事件、新闻人物进行视频深度报道和分析;最后,由本报出版社精选其中有保存价值的文字、图片,结集出版发行"。[23]

然而,围绕此等目标孜孜以求,并不是我国目前近两千家报纸的共同选项。经营状况好、实力雄厚的报纸,可以像《人民日报》《广州日报》那样,实现网站、手机媒体、音视频产品等的全方位覆盖,以全面占领传统媒体市场和新兴媒体发展空间。经营状况一般、实力较弱的报纸是否不应追求这种全方位覆盖?是否可以在做好主业的基础上先重点开发某一种产品,等其相对成熟后再开发新产品?

我国中央级和省（自治区、直辖市）级报纸开办的网站大多是综合性新闻网站，这是由于中央级党报和省（自治区、直辖市）级党委机关报有强大的新闻采编队伍。我国地市级报纸特别是欠发达地区的地市级报纸开办的网站是否也要办成综合性新闻网站？是否可以视当地采编力量，重点突出某一方面的特色？杭州《都市快报》考虑到自身采编力量远逊于中共浙江省委机关报《浙江日报》、中共杭州市委机关报《杭州日报》，如果勉强开办综合性新闻网站，只能是大量刊发通稿，进而带来时效性较差、针对性不足等问题，因此其创建的"19楼空间"不以综合性新闻网站为卖点，而是定位为提供生活资讯、消费购物、人际交流一体化服务的大型互动平台。2010年3月，在中国科学院《互联网周刊》主办的2009中国互联网经济领袖峰会上，"19楼空间"成功入选"2009年度中国社交类网站、生活服务类网站"双十强。2010年5月，在第五届传媒创新年会上，"19楼空间"与人民网、新华网、分众传媒、新浪微博一起，被评为五大"中国新媒体创新年度品牌"。㉓

是否每一家报纸都要自己创办网站独立办网？可否与其他新闻单位联合办网？可否与其他商业网站合作办网？本课题组认为，我国报纸目前缺乏既懂网络新闻业务，又懂网络经营管理的人才。因此，联合办网、合作办网不失为一种理性选择。我国第一家同步进行音频、视频、文字、图片直播的新闻网站——千龙网，就是由北京青年报社、北京电视台、北京日报社、北京人民广播电台、北京晨报社等几家媒体联合创办的，这自然也有利于网站通过各种形式及时报道最新事件，发布不同类型的新闻产品。

3. 强化纸媒产品和新兴媒体产品的特色，避免内容同质化

在全媒体征途上跋涉的人们，开始往往是简单地把同一信息通过多种渠道向外传播。这一时段不可太长，要尽快针对不同的发布平台、不同的用户群体提供差异化的内容，使之以不同的形式呈现在不同的媒介上。比如，手机报、微博要求报道言简意赅，视频节目要求形象直观，音频节目要求生动感人，纸媒则要求对报道有深入的解读和思考……单论这几种媒体产品就对信息有不同要求，更何况一个报业集团内部有几家纸媒、几家网站。

如何避免同一报业集团内部不同媒体产品内容的同质化？烟台报业传媒集团采取了一系列措施，比如重新对集团内各媒介进行定位，使采编人员明确各媒介的特色、风格、受众对象，有针对性地提供和选择稿件；重大事件发生时，各子媒编辑部对同一主题进行差异化层级开发，明确提出自己对稿件的要求并加强与记者的

沟通,通过深加工,编排出适合自己风格的新闻产品。

实践证明,上述措施在重大事件报道中行之有效。在大量日常的、一般性报道中,如何体现不同媒介的差异,还需要积极探索。

如本文前面提到的《人民日报》《广州日报》全媒体信息发布流程是:首先通过手机平台发布,其次是通过网站发布文字、音频、视频内容,再次是通过报纸发稿,有可能的话,还会通过杂志刊发、通过出版社出版与发行一些专题片等。现在一些报业集团遇到一个问题:如果手机平台和网站率先发布了一条信息,往往会为竞争对手提供新闻线索,马上就会有其他媒体跟进,严重挤压本集团内纸媒的生存空间。于是,一些报业集团的手机平台和网站不敢发布太多的最新消息,特别是重要消息和独家新闻。可见,激烈的市场竞争,也要求报纸、杂志、出版社等信息发布周期相对较长的传统媒体,努力强化自身特色,以便实时传递信息的手机、网站等新兴媒体敢于发布重要消息和独家新闻,真正实现报业集团的全媒体发展初衷。

---

注释:

① 凯文·曼尼:《大媒体时代——当今世界媒体新潮》,林琳译,《新闻大学》1998年秋季号。
② 参见周婷:《09年中国网络广告超200亿元 门户网站份额下滑》,《中国证券报》2010年1月5日。
③ 吴建民:《中国,从边缘走向舞台中心》,《人民日报》2009年9月9日。
④⑤⑦ 参见覃爱玲:《专访柳斌杰:新闻出版改革下一步》,《南方周末》2008年12月4日。
⑥ 参见《传媒》2006年第11期。
⑧ 胡锦涛:《在人民日报社考察工作时的讲话》,参见人民网,http://politics.people.com.cn/GB/1024/7408514.html。
⑨ 柳斌杰:《加强研究当前我国传媒业重大理论问题》,《人民共和国党报论坛2010年卷》,中国传媒大学出版社2012年版,第7页。
⑩ 刘上洋:《互联网将打破西方的话语霸权和新闻垄断》,《对外传播》2008年第7期。
⑪⑫ 参见孙光海:《何加正:寻求权威与大众的结合点》,人民网,http://news.people.com.cn/GB/77063/77105/5293730.html。
⑬ 参见孙光海、潘天翠、张世福:《人民网10年影响》,人民网,http://media.people.com.cn/GB/22114/46419/76917/5261748.html。
⑭ 参见吕道宁:《解读烟台日报传媒集团全媒体模式》,人民网,http://media.people.com.cn/GB/40628/11458374.html。
⑮ 参见戴玉庆:《战略决定成败 创新创造价值 团队形成力量》,《人民共和国党报论坛2007年卷》,中国传媒大学出版社2008年版。
⑯ 参见吕道宁:《解读烟台日报传媒集团全媒体模式》,人民网,http://media.people.com.cn/GB/40628/11458374.html。

⑰ 参见张苏敏:《论党报集团的全媒体人才战略》,《人民共和国党报论坛 2010 年卷》,中国传媒大学出版社 2012 年版。

⑱ 付晓燕:《媒介融合下的美国新闻业和新闻教育变革——访美国密苏里新闻学院媒介融合项目创始人迈克·麦金教授》,《新闻与写作》2009 年第 8 期。

⑲⑳ 参见赵婷、安伟:《访美国两大报看报纸消亡说》,《新闻与写作》2012 年第 2 期。

㉑ 参见本刊评论员:《新媒体改变传媒业态》,《新闻与写作》2011 年第 6 期。

㉒ 何加正:《从人民网的实践看党报走全媒体之路的几个问题》,《人民共和国党报论坛 2010 年卷》,中国传媒大学出版社 2012 年版。

㉓ 王武录:《党报顺应世界传播大趋势的轨迹》,《人民共和国党报论坛 2010 年卷》,中国传媒大学出版社 2012 年版。

㉔ 参见新华网,http://news.xinhuanet.com/newmedia/2010-05/10/c_1283430.htm。

（本课题组成员：张晓红、刘赞、闫永栋、王佳航、詹新惠、王泱泱、张苏敏、桂万保、刘超、高晶、王武录）

# 竞争与整合：
## 当前新媒体环境下电视发展路径分析*

◆ 问永刚　邢立双

央视－索福瑞媒介研究公司的最新调查显示，2011年传媒市场的竞争格局发生了变化：继2010年观众人均每日收视时长降至171分钟后，2011年所有的收视调查城市的该时长进一步减少至166分钟。年轻观众电视消费量还在减少，老年观众收视量开始出现滞涨状态，电视的人均收视总量呈下降趋势。[①]电视观众收视量下降，推究其主要原因应该与新媒体快速发展密切相关，流失的年轻受众将其收视注意力转移到互联网等新媒介上。由此，传统电视媒介如何应对新媒体的挑战，新旧媒体如何联动与融合，一度成为业界和学界的炙热话题。2011年媒介市场还出现了一个趋向：电视媒介与商业网站合作相当频繁，掀起了台网联动新一轮高潮。

### 一、现象：2011年台网再联手，掀起联动新高潮

台网联动由来已久，早期台网联动指广电等传统媒体在发展新媒体时，为利用传统媒体资源优势，新媒体采取依靠其母体，新旧媒体联动思路来发展。现今是传统电视媒体与网络等新媒体展开联动，且这种趋势还在延伸。如2011年，湖南卫视与搜狐视频共同打造由欧弟主持的《向上吧！少年》，内容为针对国内青少年进行才艺秀的海选；深圳卫视与优酷同步播出的《裸婚时代》，11天播放量就突破1亿(此次台网联动创造优酷电视剧播放量破亿的最快纪录；深圳卫视也凭此剧拿下

---

\* 原载于《现代传播》2012年第6期。

单集收视全国第二的好成绩,其媒体影响力、知名度和自身媒介形象都获得大幅提升);此外,湖南卫视、浙江卫视、天津卫视等已与乐视网建立了广泛的战略合作关系,对重点影视剧目进行联播、相互推广。②

如今,电视媒介与互联网等新媒介双管齐下共谋发展,已被很多电视台视为"造剧"之秘密武器。它山之石,可以攻玉,这种新型台网联动模式带来了播出效益,为电视媒介应对新媒体冲击谋求了一条新出路,缓解了电视收视率降低及观众流失的现象,但这是否是电视媒介传播的可持续发展之路还有待进一步观察。

## 二、问题:台网联动是权宜之计,还是长久发展之路

电视媒体与商业网站建立的模式提升了电视的收视效果,缓解了新媒体分流电视受众的压力,但还不能从根本上解决新媒体时空立体传播带给电视单向播出的影响和冲击,可谓是权宜之计。欲解决新媒体对电视收视效果带来的竞争威胁,还要电视人积极探索建设好自办新媒体,与之走融合发展之路。如今,电视媒介发展及运作经验已经成熟,可把更多财力、人力、物力投入到自办新媒体网站建设中,打造其新媒体的规模及影响力,从节目制作到播出方式与自办新媒体进行联动与融合。如果成功,可从根本上解决新媒体对电视的冲击,这也是电视媒体应对新媒体挑战的长久之路。

首先,现阶段的电视台与商业网站合作,属于不同体制、不同权属的媒介机构本着各取所需、互惠互利之原则在自愿、平等条件下建立起来的合作联盟关系。从目前看,电视作为传统的视频传播方式,属于强势媒体,它在受众心中的权威地位还没褪去;而新媒体正走在发展的路上,虽然影响力与日俱增,跟电视相比还显逊色。由此,电视与新媒体合作,有助于提升新媒体的社会影响力,增强其传播效果。从长远看,电视媒介自身的上升空间十分有限,与之相反,新媒体的发展速度非常惊人。随着视频技术和宽带的发展,大的互联网媒体很有可能凭借网络视频运营内容转变成电视台,当新媒体视频发展实力、运营规模及社会影响力达到同现在的电视相当的程度时,商业的新媒体也就不会选择与电视合作了。

其次,电视有优质的视频内容资源,对于新媒体网站来说,内容及版权依然是竞争核心问题,采取台网联动形式,网站可以从电视媒体获得优质的内容资源,减少内容及版权的压力。但是,随着网络自制节目的出现,新媒体由运营商变成制作

商,已经开始获得向上游产业分利的机会,且这种趋势还在扩展。

再次,新媒体用户和电视观众的覆盖人群年龄层不同,新媒体用户中,年轻用户占主流,而电视观众层集中在老年人。随着时间的流逝,老年观众会相继离去,电视媒介的受众流失率将会更大。

最后,也是电视媒介与新媒体博弈过程中最革命的因素,即新媒体的技术平台优势。集多平台、多功能、多媒体的优质技术平台对用户的收视感觉、浏览体验是电视媒介无法抗衡的,况且新媒体技术还在飞速发展。无论是获取信息、人际传播,还是生活购物,人类对这种技术平台的依赖性会越来越强,用户规模和黏性也将日益增加。而电视媒介技术的发展空间已十分有限。本着"媒介即讯息"的理念,技术的进步对人类信息的发展、文化创新及文明传承的推动作用是不以人的意志为转移的。目前电视媒介传播中遇到新媒体技术飞速发展的环境,产生的碰撞和冲击也是如此,这也是最根本的、不可抗拒的因素。目前的电视播出状况和收视效果对新媒体还有利可图,所以2011年再次兴起了电视媒介与商业化的新媒体大规模联动及融合状态。随着技术的发展,当新媒体的实力、影响力、内容资源及受众全覆盖等诸多因素发展到不需要与电视合作时,电视与新媒体的台网联动也将终止,现在这种台网联动模式对电视来说,基本属于不可持续发展模式。由此业内早就有人断言:在受众、广告、品牌、人才等资源被掏空后,许多电视台可能沦为新媒体的供应商。

## 三、对策:做好新媒体平台建设,走电视与新媒体融合发展之路

我国目前传统电视媒体基本都有自办的新媒体网站,台网联动一直在持续,不过更多停留在"电视的网络版"层面,新媒体被当作附属业务和新增播出终端,处于为电视服务的状态;在新媒体领域,电视自办新媒体行业规模及影响力还远远落在商业网站之后,现在电视台与商业视频网站频繁合作,原因是自办新媒体影响力太弱。加强电视媒体的新媒体建设,是新旧媒体融合的基础。

### (一)转变思维,用开放的理念来拥抱新媒体

在新媒体迅速扩张的情境下,电视台的全台业务规划及运营管理,从制作理念到决策方面要秉承新媒体理念,把新媒体放到电视发展的"未来和方向"的高度来

运作,尊重新媒体的传播规律。

1. 开放是新媒体最本质的特点

开放意思是"张开""释放",与新媒体平台特点、精神品质一脉相承。"张开"意味着敞开大门,拥抱一切;"释放"意味着拥有的一切都可以释放出去与他人共享。在新媒体发展史中,开放最早源于软件行业的源代码共享,以 Linux 操作系统确立的无偿分享源代码模式为最经典代表;后来是技术开放平台,诸如百度开放平台就强调"加入我们,您将拥有一个广阔的互联网技术开发舞台,我们的平台开放且鼓励技术创新,任何能够满足用户需求的新技术、新应用通过我们的平台,都能在被框计算整合之后,立即发挥价值"[3]。新媒体发展非常迅速,这与平台开放密切相关。风靡全球的 iPhone4 问世,它颠覆性的全触摸屏操作模式、光滑如镜的外形等特点以及被用户青睐的诸多细节,其技术平台是一个开放平台 App Store,不仅是苹果公司在做,而是全球的技术人员都可以为之开发,都在 APPLE 树下摘吃苹果。

新媒体开放的平台延伸至开放的精神。在众所周知的 Web2.0 时代,开放具有更深刻的内涵:开放就是人的开放,也是一种精神和自由的开放;开放是信息的开放;开放还是服务开放,即平台开放。由此,Web2.0 之后的互联网首先强调分享,用户可以不受时间和地域的限制分享各种观点,可以得到需要的信息,也可以发布信息。

2. 技术发展带来信息的聚合

信息在网络上不断积累,不会丢失;以兴趣为聚合点的社群,聚集的是对某个或者某些问题感兴趣的群体。平台对于用户来说是开放的,而且用户因为兴趣而保持比较高的忠诚度,他们会积极地参与其中。这种开放、共享的理念颠覆了传统电视媒介的观念:节目制作者不仅仅是电视人,还有新媒体用户;信息内容不仅由电视台制作,还有 UGC,即用户贡献的内容;电视不再是播出唯一媒介,除此之外还有移动、电脑等多种终端;观众不再仅是受众,也是传播者。当新媒体颠覆了整个电视传媒的传播要素和传播过程时,电视生态也会随之发生变化:独家与首发很难被电视台所控,权威不一定再权威,黄金时段不再是黄金……

依照现在的发展速度,在不远的几年内,就会有新媒体的收入及影响力超过电视台。既然媒体融合是大势所趋,电视管理者及经营者就需要拥有新媒体的新理念,克制传统媒体思维惯性,用开放的理念来拥抱新媒体。理念的创新决定着对新媒体发展的认识,决定着新旧媒体融合过程中能否跟上新媒体技术发展的步伐。技术的进步发展带来媒介传播形态及传播效果的改变是客观规律,如果再用传统媒体的思路管理,不可能做好新媒体的建设。另外,自上而下地拥有这种新媒体的理念和精神,来自电视管理者高层的重视非常重要。如果是这样,那就不是一家新媒体公司在做,而是全台事业,是举全台之力去融合新老媒体的资源,沟通磨合,创新发展。这种集全台之力发展的新媒体,在技术、人才及资本各个方面与仅有台下的一个隶属公司来做,效果会大有不同。建设好一个有实力、有影响力的新媒体网络播出机构,将为随之而来的新旧媒体融合打下非常好的基础。

3. 尊重新媒体的传播规律

新媒体的发展目标是媒介终端的用户可以随心所欲地通过各种平台获取到内容提供商提供的信息,以此原则打造的新媒体必为用户所青睐。新媒体是以计算机信息处理技术为基础,以互联网、卫星网络、移动通讯等作为运作平台的媒体形态,它包括使用有线与无线两种传送方式。由此新媒体一定要有大量的技术投入,这是基础,只有技术优胜才有平台优胜,才有良好的用户体验,才会吸引更多的用户。新媒体在信息的呈现方式上是多媒体。新媒体的信息往往以声音、文字、图形、影像等复合形式呈现,具有很高的科技含量,可以进行跨媒体、跨时空的信息传播;同时,它在运营、产品、服务等商业模式上与电视也大有不同。这些都要求电视关注新媒体,感悟新媒体,创新新媒体。

现在中央电视台已经认识到新媒体是电视媒体的未来,非常重视新媒体的发展,从以传统媒体为主,转向传统媒体和新媒体并重发展。这种理念是正确的,关键要把这种理念落实到具体的新闻传播实践中。中央电视台有其优势,一是品牌优势,二是整合优势,三是用户营销优势。要想实现传播效果最大化,只有将这三种优势在不同的媒介终端进行全面发展,将多种媒介进行融合。这就要求电视人要从观念上、理念上、团队上,从组织架构、产品研发上,从融合媒体的不同性质方面考虑,然后把各自的媒介优势发挥出来,这才实现了多终端报道,彰显了新旧媒介的所有优势的大集合。

(二)以发挥电视与新媒介优势为基点进行媒体联动与融合

除了拥有新媒体的理念外,做好电视与新媒体融合的深层次研究,也是媒介融合的重要议题。电视与新媒体有着各自的传播优势,在电视与新媒体融合时就要考虑怎样把二者自身的优势都发挥出来。在融合的驱使下,发挥二者的优势,就是电视发展的创新。

从目前看,电视台与自办媒体网站进行融合可以采取这些模式:统一推广、统一播出、统一制作、统一购买、统一营销。电视媒体和新媒体进一步融合就会出现视频内容多频联动的融合,手机屏、电脑屏、电视屏"三屏"联动。"三屏"各有各的应用和特点,未来媒体的发展是通过"三屏"来构筑立体舆论层。以一部电视剧为例,其中统一推广可以让影视剧未播先热;统一播出能够直接刺激双方的收视率,时间段的补充和人群的补充都是建立网台联动机制的关键;统一制作可以让更多影视剧内容适应网络时代的观众需求;统一购买可以让电视台和视频网站相得益彰,相互促进收视率,内容提供方的价值也会更大;统一营销可以打通电视与互联网营销的环节,让广告主实现最大化的品牌曝光,并与目标消费群体实现最大范围的接触。总之,这些模式已经有效地延伸了电视媒体的传播空间,实现了媒体之间的资源互动,实现了跨媒体传播,打通了台网联动的渠道,整合了传统媒体和网络媒体资源,形成双赢局面。

从受众角度看,这种模式的受众由单一角色变为多重角色。在电视传播的过程中,受众的角色就是观众;在新媒体中,受众又变成了网民或者手机用户。媒体无处不在,受众可能会在同一时间一边看电视、一边视频聊天、在影迷论坛上发帖、还要不停地回复手机短信,受众同时扮演着观众、听众、读者、讨论参与者、用户等多重角色,与媒介形成高频率的接触。比如央视新媒体与体育频道的合作就做得很好。央视体育频道有非常丰富的体育资源,对体育的精神、对体育内容的了解也非常到位,而央视网互联网视频技术比较先进,新媒体平台全面,对网络用户的需求比较熟悉,二者相加能创作一个既适合网络播出,又适合电视播出,同时都受网民和观众喜欢的节目。这会让电视人真的不再担心电视会受到新媒体的冲击,从根本上解决了电视受到的新媒体的冲击,因为即便电视观众数量减少了也没关系,因为这些用户跑到自家新媒体上去了。

电视业界有人曾说的:"谈到新媒体对传统电视媒体的冲击,大家根本不要怕,我们是运营商,一旦'猛虎'来了,我们就多接多拍,改成网络电视台就行了,所有的网络电视台都一样的,都在一个平台上,大家都来做。我们自己有内容,我们还可以继续做,我们比别人多一条路,怕什么呢?"④ 从电视的未来发展方向看,其定论是没错的。但是,"不怕"的态度值得商榷:因为新媒体(含视频网站)其发展状况、运营情况、规模大小不一,当前隶属于电视媒体的新媒体网站,包括中国网络电视台在内,在新媒体领域中,其平台建设能力、用户体验效果及媒体影响力远远落在商业网站之后。在"平台为王,注重用户体验"的新媒体时期,没有好的平台和大量活跃的用户,没有 UV 和 PV,新媒体传播优势就无从谈起。前新媒体时代的电视不用怕,因为没有商业的电视台竞争。发展到网络电视台,电视人还用前者的"不怕"的态度来看待自办网络电视台的发展,还真是可怕。所以,电视媒体预想摆脱新媒体的冲击,就应该注重发展自办新媒体网站的建设。

### (三)积极构建全媒体平台,走"融合式"全媒体发展之路

全媒体是指运用文字、图片、声、光、电等多种媒介的表现形式,全方位、立体化地展示传播内容,同时通过网络、电视、报纸等传播的一种形态。它是信息、通讯及网络技术发展的条件下,纸媒、电视媒体、广播媒体、网络媒体、手机媒体等多种媒介融合的结果,是媒介形态变革中一种崭新的、"第三条道路"式的媒介传播形态。"融合式"的全媒体,即在拓展新媒体手段的同时,注重多种媒体手段的有机结合。说其是崭新的、"第三条道路"式的媒介播出形态,是因为它既不同于现在电视媒介的运作理念和播出形态,又有别于现今新媒体的运作方式,是电视媒体与新媒体共同融为一体的播出形态。

构建全媒体平台建设,是走"融合式"全媒体发展之路的基础。从媒介所依托的技术平台来看,除了传统的纸媒印刷技术、电视与广播的播出技术,还增加了互联网络和电讯的 WAP、GSM、CDMA、GPRS、3G、4G 及流媒体技术,全媒体技术平台应该是多种媒介技术平台的综合体。

随着技术的发展,全媒体信息平台使人们可以在一个界面下使用新闻资源,不需要分别打开不同系统界面开展工作。每种媒介在资源使用上都相互平等,这一方面使信息能发挥更大的作用;另一方面使得平台的维护、信息管理、信息整合、信息存储的成本大幅下降,提高了信息使用效率,新闻价值会在共享中实现最大化。当然,"全媒体"平台并不排斥媒介特有的单一表现形式,并视单一形式为"全媒体"中"全"的重要组成。

有了共享新闻资源的全媒体平台,作为全媒体播出机构,就要求报纸、电视台、广播、网站整合为一体,完全采用开放式的办公方式,所有媒体工作人员在一起对信息进行制作、整合后,分发到不同的媒介终端。在全媒体融合的编辑部中,领导

者的角色变得更加复杂和重要。因为他们要考虑的已经不仅是在电视新闻中报道什么的问题,还要决定如何同时在报纸、广播、电视、在线平台、移动终端中最好地完成新闻报道。在这种运作理念下,完全不存在新旧媒体孰胜孰败、孰挑战孰、孰取代孰之说。"在新技术迅猛发展的背景下,美国的广电媒体人不会担心传统广播电视将会衰亡,但大家都高度重视广播电视与互联网、手机等媒介的融合,认为新闻媒介融合的洪流无法阻挡。美国国家公共广播电台(NPR)开发了基于 iPhone 新闻浏览方式,并专门对采编人员进行多媒体技术培训,将所有新闻搬上公众社交网站,300 多人的新闻采编团队中有 60 多人主要负责网站新闻内容;FOX 财经频道则打破电视、网络、手机等界限,对几种新闻传统渠道一视同仁,记者、主持人不再画地为牢。"[5]电视、网络、手机等多渠道同时播出,使得同一新闻资源以不同的形态来展示,且在符合各自媒介特质的播出渠道展现,实现了一件新闻产品的多介质、全方位、立体化传播。更为重要的是,全媒体的多种方式、多种层次的传播形态也满足了用户的细分需求,使得用户获得及时、多角度、更多听觉和视觉满足的媒体体验。当然,全媒体在发展中往往受到信息技术和通讯技术的限制。它并不是一种一成不变的单一模式,而是一个开放的、不断兼容并蓄的传播形态。随着新技术的发展,还会有许多意想不到的传播形态加入其中,丰富受众的媒体体验。

总之,今天的电视媒介作为当前最强势的媒体,其影响力远未褪去。新媒体通过优质的技术平台正在受到越来越多用户的青睐,新媒体的飞速发展还在不断地刷新着媒体的时空环境。在这种情境下,电视如何吸取新媒体的优质因素,新媒体如何利用电视权威把自己的优势发扬光大,二者的融合会起到至关重要的作用。尽管构建全媒体平台、走"融合式"全媒体发展之路是一个趋势,也是融合的最高境界,但电视媒体首先应做好自办新媒体建设,为媒介融合做足准备。

---

注释:

① 陈晓洲、周欣欣:《2011 年电视市场收视动态》,《电视研究》2012 年第 3 期。
② 方珍:《台网联动:视频网站和电视台的共同对策》,DVBCN 数字电视中文网,2011 年 12 月 27 日,http://www.dvbcn.com/2011-12/27-83678.html。
③ 百度开放平台:http://baike.baidu.com/view/4220688.htm。
④ 中央电视台发展研究中心:《2011 首届中国电视发展年会专辑·电视研发》,2011 年 7 月。
⑤ 仇琼:《看美国新闻同行如何应对挑战》,《中国广播电视学刊》2009 年第 12 期。

# 我国3D电视发展现状、困境及对策探析*

◆ 王　甫　李其芳

2009年《阿凡达》《爱丽丝梦游仙境》等3D电影的热播，使3D影像概念开始走进大众的日常生活，由此掀起的3D热潮也迅速传导到电视领域。到了2011年，国际品牌电视厂商纷纷推出3D电视产品，在其追逐利润的同时推动了3D电视浪潮，开启了3D电视的新纪元。

3D(three-dimensional)电视是一种能够模拟实际景物的真实空间关系的新型电视，它利用人眼的视觉特性产生立体感，让观众感受到观看的影像是具有深度特性的三维立体场景，对观众而言，延伸于屏幕前的景物具有触手可及的震撼效果。3D液晶电视的立体显示效果通过在液晶面板上加上特殊的精密柱面透镜屏，将经过编码处理的3D视频影像独立送入人的左右眼。

相对于传统电视而言，3D电视可兼容播放二维、三维内容，画面立体、真实感强，视觉冲击震撼。3D电视只是众多标清、高清电视中的一项业务，2D/3D频道间的自由切换是影响观众体验的重要问题。目前3D显示技术分为眼镜式和裸眼式两类，家庭用3D电视还只能依赖眼镜观赏，而裸眼式电视机仍处于商务开发、展示阶段。

## 一、国外及我国3D电视发展现状

1922年，世界上第一部3D电影——《爱情的力量》诞生，突出表现为指向观众

---

\* 原载于《现代传播》2012年第9期。

的枪、扔向观众的物体,以运动纵深获得立体视觉。3D影片在20世纪50年代进入活跃的创作尝试,以展示立体效果为主。希区柯克在1954年拍摄了3D版的《电话谋杀案》,成为当时的精品。而1962年,上海天马电影制片厂探索拍摄了中国第一部3D电影——《魔术师的奇遇》,上映后引起轰动。尽管3D电影创作的时间较早,但在光学和成像领域存在诸多挑战和障碍,还远谈不上市场前景。最近几年来,3D技术的许多障碍被一一突破,3D电视有了长足发展。

2010年1月,韩国通过卫星广播开通了第一个3D电视广播频道。同时,英国天空电视台首次采用3D手段直播英超。3月,美国卫星电视公司DirecTV开通3D高清电视频道,索尼公司也开通24小时播出的3D高清立体频道。目前,美国已有4个3D频道,英国、法国、德国、意大利、西班牙等国家也相继开播3D电视,至今已有30多个国家开播了3D电视节目。这些3D电视的探索实践,按照节目类别可以分为:体育类3D频道12个,综合类3D频道11个,电影类3D频道4个,文化类3D频道4个。可以看出,体育是目前3D电视频道涉及最多的内容类型,电影、纪录片、风光片也适合3D电视呈现。

现在3D电视发展主要是索尼和松下等专业公司做行业推手,出于产业升级、占领行业发展制高点等商业因素考量,积极推动3D电视发展,在社会上推介3D电视的观赏理念。

3D电视充分展示了当代最新科技与文化的融合,大大拓展了电视的功能,丰富了电视表现样态,开辟了广播电视文化消费的新领域,将会有力地带动文化产业的发展。据统计,目前我国电视机保有量约5亿台,如果其中一部分更新换代为3D电视机,将有数千亿元的消费需求潜力,可有效促进实体经济的发展。3D电视不仅可以为观众带来全新的视听享受,满足广大群众精神文化生活的新需求、新期待,还将拉动内需、服务经济发展、占领世界科技制高点,这是我国政府层面大力推动3D电视发展的初衷。

我国第一时间抓住了3D电视飞速发展的时代机遇,积极筹划,于2012年元旦开播首个3D电视试验频道。该频道由中央电视台与北京、天津、上海、江苏、深圳等六家电视台联办,节目实行采购制,首播4.5小时,每天重播两次。这标志着我国电视顺应世界影像发展趋势迈入拓荒阶段。(见表1)

表 1　3D 试验频道中各台制作的节目类型

| 合办台 | 节目类型 | 每天首播量 | 规定首播量 |
| --- | --- | --- | --- |
| 中央台 | 纪录片、电影、体育 | 1 小时 | 107 小时 |
| 北京台 | 综艺、访谈 | 1 小时 | 107 小时 |
| 上海台 | 体育、戏曲、专题 | 1 小时 | 107 小时 |
| 江苏台 | 演播室访谈 | 0.5 小时 | 53.5 小时 |
| 天津台 | 动画片、漫画 | 0.5 小时 | 53.5 小时 |
| 深圳台 | 时尚、专题 | 0.5 小时 | 53.5 小时 |

截至 2012 年 6 月，3D 电视试验频道已安全播出了 2400 多小时，实现了零事故播出，为观众奉献出了耳目一新的 3D 电视节目。在节目内容生产、技术规范、综合管理等方面进行了大胆尝试，成为全国电视平台上一支极富活力的突击队。

目前，3D 电视已覆盖全国 30 个省、直辖市，130 家有线网络公司直接接收该频道。全国数字电视机顶盒用户中约有 600 万高清用户，3D 电视机保有量约 1100 万台。欣赏远近错落的 3D 节目要具备三个条件：安装高清数字机顶盒，与 3D 电视机相连，戴上与 3D 电视搭配的 3D 眼镜。普通电视即使接收到 3D 节目也没办法欣赏到立体效果。同时，节目源匮乏、标准不统一、电视直播系统不完善等方面的瓶颈问题，严重地制约着 3D 电视的推广。

## 二、3D 电视发展困境分析

电视自 1925 年问世以来，从传播的技术形态上经历了三次里程碑式的跨越：第一次是彩色电视取代黑白电视，五彩缤纷的电视屏幕为观众带来了全新的视听享受；第二次是高清电视公开亮相，细腻逼真的电视画面"还原"大千世界，让观众离"真实"又近了一大步；第三次就是 3D 电视的出现，三维图像带来立体化的视听体验，让人有了全新的观察角度和视觉冲击。

电视在短短 80 多年的发展史中更新换代极为迅速。在把握时代脉搏、占领科技前沿上，3D 电视的优势显著；但在通往千家万户的普及道路上，却困难重重。它能否带动新一轮的电视产业升级，成为大众消费品呢？

### (一)技术困境

1. 接收设备价格高昂,短期内难以普及

各大设备生产商已经全面开展3D产品研发,但价格高昂是3D电视难以普及的主要原因。目前一台55英寸的3D电视机售价两万元以上,还不包括配套设施。在消费群体中,用数万元买电视的消费者能占多大的比例呢?价格门槛太高,3D电视真正走进普通家庭并非易事。如何继续进行技术革新以达到批量生产,推动3D电视成本下降是普及的基本前提。

2. 观看不便、视觉副作用亟待克服

视差问题、LED闪烁导致视网膜对抗等,引起观众观看不适。3D电视戴眼镜观赏带来的不便等问题是制约3D电视普及的现实问题。这主要是由3D拍摄和剪辑过程造成的。3D节目追求立体效果,忽视了安全观看,出现视差,造成收看不适。这些既挑战了收视习惯,也制约了观众的兴趣。

3D电视要进一步发展,在接收技术上还需要不断探索。广电总局科技委副主任、副总工程师杜百川指出:3D电视好做,但做出好的3D品质并不容易,差的3D还会对人体健康有损害。因此,3D技术推广必须解决好对人体健康的影响问题。

尽管在2011年,东芝公司开始销售全球首款裸眼3D电视,而国产品牌也推出了裸眼3D电视,但价格高达18万元,并且可视角度有限,立体效果欠佳,还难以形成量产。

3. 3D标准尚未出台,设备及节目制作无据可依

3D影像的重要特点是技术支撑作用更大,同时,传播规律、节目形态、节目交换都有很大不同,所涉及的内容制作、压缩编码、传输、解码、显示终端等多个环节都还没有达到稳定状态。虽然3D技术在有线网络、设备生产等环节的架构已经完成,然而3D标准尚未出台,批量生产没有指标依据,离产业化还有不小的距离。而行业标准的制定出台,是在市场发展到一定程度、需要对市场进行规范时才会出台。这也意味着,3D电视产业链标准的出台尚需一段时间。

3D技术到目前还没有到达稳定阶段,国际电联也只是制定了一个发展的、动态的框架标准。内容制作方面,国际上也存在不同的标准而形成多种内容格式,只有各类3D节目具有格式高兼容性,让消费者能够便捷欣赏,才有普及意义。在我国,经国家批准立项的只有《立体电视术语》和《立体电视图像质量测试方法》,其他

与3D电视终端直接相关的标准尚未制定。

4. 3D片源短缺

没有片源,3D电视只是一件高科技"摆设"。片源问题是3D电视普及中的关键因素。当前,3D节目制作成本高昂,消费者常常需要自己寻找节目源来满足视觉要求,如购买3D碟片或在互联网上下载内容。

目前,3D制作成本大约是传统节目的40倍,使3D电视大范围、长时段播出并不具备条件。二维节目制作周期短、成本低,大量时政类的新闻节目和谈话类节目,主要通道还是二维,而3D节目类型只能集中于娱乐综艺和非主流内容。在世界范围内,3D片源同样不足,基本上集中在动画片、纪录片和综艺演唱会等。3D电影虽有一定数量,但对于电视来说播出成本高,不能作为常规片源。

国内的电视节目制作离3D节目制作也有很大距离。我国第一部3D电视剧《吴承恩与西游记》于2011年杀青,历时三年,目前已进入审查阶段,但因耗资巨大,致使制作方难以承受。由于技术薄弱、在电视上播放的效果和认可度尚不确定等原因,让3D影视剧制作成为高风险投资。3D电视的普及需要以一条相对完整的产业链为前提。

因此,在当前一段时间内,3D电视机在国内还不会成为主流,除了上文分析的技术限制外,还有人们的消费习惯问题。对观众而言,电视的什么特性最重要?在中西方五个国家的调研表明,最重要的是高清画面,低能源消耗占第二,3D效果排第三,也就是说目前对3D的认知度仍不乐观。3D电视要在我国形成相对成熟的市场,仍需要时间。

## (二)我国3D试验频道运行中的问题

基于上述技术、资金等困难,我国根据实际,采取了六台联合开办3D电视的模式。作为一种尝试,还有不少问题有待解决:

1. 内容平平,难以吸引观众

3D节目制作处于起步探索阶段,各台大多选择从操作简单的演播室节目入手,以积累经验。3D节目不但资源缺乏,而且质量一般,技术指标不稳定,达到播出的基本要求成为当前的首要目标。质量好的3D节目多为境外节目,引进费用昂贵。如何提高国产原创节目的数量和质量,提升自制节目竞争力显得尤为紧迫。

2. 频道定位不准,无法锁定收视,扩大影响力

国际上3D电视频道大多定位为付费娱乐频道。付费频道特征之一是小众传

播,像体育类 3D 频道、人文纪录类 3D 频道等。目前,六家合办台遵循"分别负责各自时段节目内容"的原则,节目内容根据自身条件和资源而定,造成试验频道编排不尽合理,难以形成频道特色。

3. 缺乏专业的 3D 制作队伍和经费

目前各台 3D 制作部门多是抽调人员临时组建的,工作步入正轨后,人才培养、机构建设和团队组建迫在眉睫。3D 电视拍摄制作复杂,亟须一支技术领先、能力过硬的 3D 节目制作队伍,满足发展需要。

节目源不足是 3D 电视影响力小的主要原因,其背后是资金投入严重不足等问题。3D 试验频道开播不仅是节目制作的新突破,在运营上也开创了六台合办的新模式,自行筹措经费。3D 不同于 2D 的商业模式,由于频道定位不清晰,收视份额无法调查,对于广告投放缺乏吸引力。新技术体系革新常常伴随着商业模式的改变,3D 节目商业模式的探索刻不容缓,需寻求市场化合作,增加制作设备投入,以长效解决经费问题。

## 三、我国 3D 电视的发展趋势及对策

随着现代信息技术的进步,3D 影像普及已经成为影像传播不可逆转的趋势,从 3D 电影荧幕的增加到 3D 电视频道的开播,立体影像对整个影视行业产生了很大影响。目前,制约 3D 电视发展的因素主要体现在节目源少、观看不便、危害视觉健康三个方面。和液晶电视一样,3D 电视成长中的问题逐一解决后,应对视觉的方案也将有实质性推进,届时 3D 电视时代或将到来。

液晶电视刚刚兴起时,CRT 电视处于霸主地位。那时液晶电视价格昂贵,一款国产品牌要十多万元。自 2004 年起每年产量增速均达 40%,价格则每年下降 35%,颇具争议的可视角度小、响应速度慢、画面亮度低的短板被逐一克服。到 2009 年,其销量全面超越 CRT 电视,至 2010 年,液晶电视销量已占据中国彩电总销量的 75% 以上,完成了电视发展的更新换代。

广电总局在统筹推动 3D 电视发展布局中,近期目标是到 2013 年 1 月 1 日 3D 试验频道每天首播量要达到 10.5 小时,积极探索并按照 3D 传播规律打造高品质节目,着力扭转开播初期制作粗糙、管理粗放的局面,在频道经营模式和 3D 频道群建设上,需要不断尝试和创新,以抢占 3D 电视市场制高点。

### (一)转变制作观念,解决认识问题

3D电视不同于电影,日常播出的特点决定了它不可能用几年时间耗费10亿资金去拍一部《阿凡达》,卡梅隆的成功只是电影的典范。3D电视不能迷失,走3D电影的路子是行不通的,它的核心在于转换观念。而另一个问题是2D和3D影像从策划、拍摄、制作,到背后的商业模式都显著不同,需要找到适合于自身的运作方式和赢利方式。

认清3D电视快速发展形势以及未来电视竞争的趋势,加大政策扶植,明确高投入、高起点、专业频道、精品频道的3D发展目标,按照频道经营规律,统一设置栏目和节目,明确频道定位,加大3D频道宣传推广,这是3D电视的发展之路。

### (二)加大投入,着力提升节目数量与质量

目前,3D电视面临节目投入较大,摄录、编辑制作、转播录制、播出设备价格昂贵,前期投入巨大,后期运行成本很高等问题。六家开办台都经费紧张,导致节目质量问题多发。由于节目市场尚未成熟,广告市场处于空白状态,应给予3D节目专项资金支持和引导。

尊重3D传播规律,结合3D节目特性,有针对性地制作节目,提高节目欣赏水平,如风景类节目的3D画面更真实、视野更开阔新奇,更适宜3D播出。同时,积极引进高水准的3D电影、纪录片,并与国际传媒机构合拍3D节目。确定可套拍2D栏目和重点节目,增加文艺、动画、体育类节目。国外的探索表明,体育竞技类节目非常适合3D画面表现,因其具有2D画面所不具备的冲击力和视觉震撼,而体育节目的广泛受众使其存在巨大的传播潜力。

解决节目量不足的问题,还要大力提倡、支持2D转3D工作。电影《泰坦尼克号》转3D制式后,取得了良好效果。把经典的2D节目转成3D,呈现的是3D的视觉效果。对3D认识不应局限于小范围,只要认知体验到3D效果且心理舒适,就是真正的3D节目,不存在伪3D争议。我国2D转3D工作已经起步,这是对节目有益的补充,特别是对于解决当前节目源不足的问题尤为重要,同时还可以用于商业开发。

### (三)尽快出台3D产业标准

工信部、广电总局正积极推进3D产业标准的制定。广电总局正在研究制定

3D电视的产业链标准,技术基础已经基本成型。而3D电视机的设备标准,工信部也正进行配套制定。

3D电视的发展要经历两个过程:第一阶段是对现有系统的微小调整,使观众可以感受到3D效果,不需要太多技术标准,但效果不理想;第二阶段是现有系统变化较大,跟高、标清兼容,在这一阶段社会将对立体电视需求较大,对质量要求也相应提高,需要制定和执行更全面的标准。

根据广电总局的发展规划,我国将在2015年之前开播10个3D频道。下一步就是尽快制定中国的3D电视的技术质量检测标准,研讨3D电视及立体视觉艺术发展战略,提高全国3D电视制播能力,使3D影视存储量和播发能力达到一个较高的水平。

### (四)加大法规政策支持,保障探索空间

3D电视作为新兴事业产业,在初创阶段需要政策的大力扶持。不论在内容题材、广告投放上,还是在传输、落地入网上都需要政策倾斜支持,以切实加大3D频道推广落地和入户的力度。在内容制作上,加大对基础薄弱、制作难度较大的国产3D影视剧、动画片的扶持力度。加强海内外3D交流和版权购买,在播出上适当放宽政策,允许黄金时段播放适量海外影视剧,提高海外节目的比例。

2D转3D工作的瓶颈在于节目版权问题,转成3D节目后的版权如何确认,需要主管部门尽快明确,尽快廓清法律界限。在现有法律框架下,如果遇到纠纷应向3D的生产、传输、播出方倾斜,保护、扶持3D快速成长。

### (五)积极开展3D人才培养与研究,为3D电视发展提供智力支撑

3D电视发展需要专业的技术队伍支撑,开设3D制作专业、增强3D人员培训也是当务之急。2012年6月,中国传媒大学成立了中国立体影像研究中心,集结学界、业界力量,搭建起了产学研紧密合作、交流的平台,通过开展相关课程,研究创作手法、理念和立体影像的规律、心理,形成具有前沿性和指导性的结果。中国立体影像研究中心成为我国立体影像的指导、创意中心和智库,将引领我国立体影像事业的健康发展。

目前,3D研究探讨的专著和论文更多地停留在3D技术方面,内容研究还是空白,亟须展开探讨研究。

尽管 3D 电视刚刚兴起,但发展前景被普遍看好。今年借助与奥运频道(中央电视台 5 套)并机直播伦敦奥运会这一契机,3D 电视将第一次大规模向我国观众呈现三维立体赛事,对 3D 电视进行前所未有的宣传和理念普及,让更多的观众认识 3D,进一步扩大收视群体。

3D 试验频道的成功运行是我国电视立体时代的第一步,作为广播电视发展史上的新起点,它不但为广大观众提供前所未有的立体视觉体验,而且为文化产业提供了更加多样的视觉资源,有利于推动文化产业大繁荣。在世界电视迅猛发展的大潮中,中国电视界正在跨入一个崭新的发展阶段。

参考文献:
① 中国 3D 试验频道编辑部:《关于 3D 频道开播的情况报告》,2012 年 6 月。
② 王甫等:《跨入立体视觉艺术的新时代》,《当代电视》2012 年第 6 期。
③ 3D 影像发展论坛暨中国传媒大学中国立体影像研究中心成立座谈会,杜百川、王甫、王锋、高晓虹、胡艳梅、唐顺荣、宋培义等专家发言。

# 媒介融合背景下中国广播影视产业发展的思考[*]

◆ 庞井君

当今世界,由数字化、信息化带来的媒介融合以及经济全球化带来的世界传媒竞争的加剧,给广播影视带来前所未有的挑战。在这样的背景下,审视广播影视产业的发展,需要创新思维理念,从战略层面破解广播影视产业发展的瓶颈,寻求中国特色广电产业发展的新路径。

## 一、中国广播影视产业发展现状分析

### (一)当前中国广电产业发展的总体情况

2006年以来,中国广播影视总收入年均增长20.74%[①],远远超过同期全国GDP年均增长10.88%的速度。2011年,中国广播电影电视总收入(含财政补助收入)达到2894.79亿元[②],比2006年的1156.42亿元增长了150.32%(参见图1)。截至2012年6月底,中国有线电视用户达20632万户;其中数字电视用户12596万户,有线电视数字化率从2004年的不到1%提高到61.05%。

2011年,中国广播电视总收入(含财政补助收入)达到2717.32亿元,其中创收收入2371.18亿元,较2006年分别增长了147.23%和147.01%。广告产业和有线网络产业连续多年保持平稳较快增长。

2001年至2011年的11年间,中国广播电视广告产业年均增长率为15.20%

---

[*] 原载于《现代传播》2013年第2期。

（参见图2）。2011年,全国广播电视广告收入为1122.90亿元,较2006年增长了112.93%。2011年,电视广告收入为934.54亿元,比2006年增长了106.15%;广播广告收入为123.32亿元,比2006年增长了108.98%;视听新媒体等其他广告收入为65.04亿元,比2006年增长了333.33%,在广告总收入中所占的比重逐年上升。2011年有线电视网络产业收入为563.78亿元,比2006年增长124.16%。

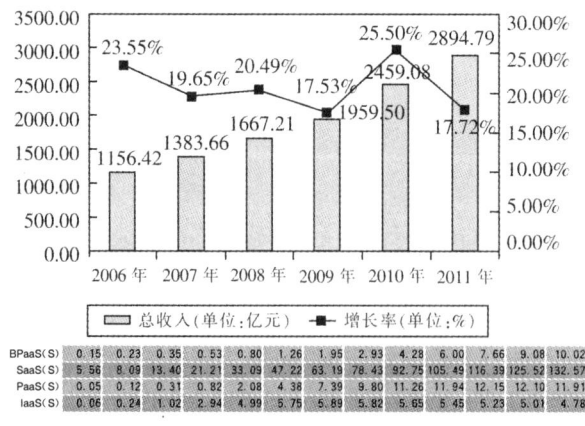

图1 2006～2011年全国广播影视总收入及增长走势图

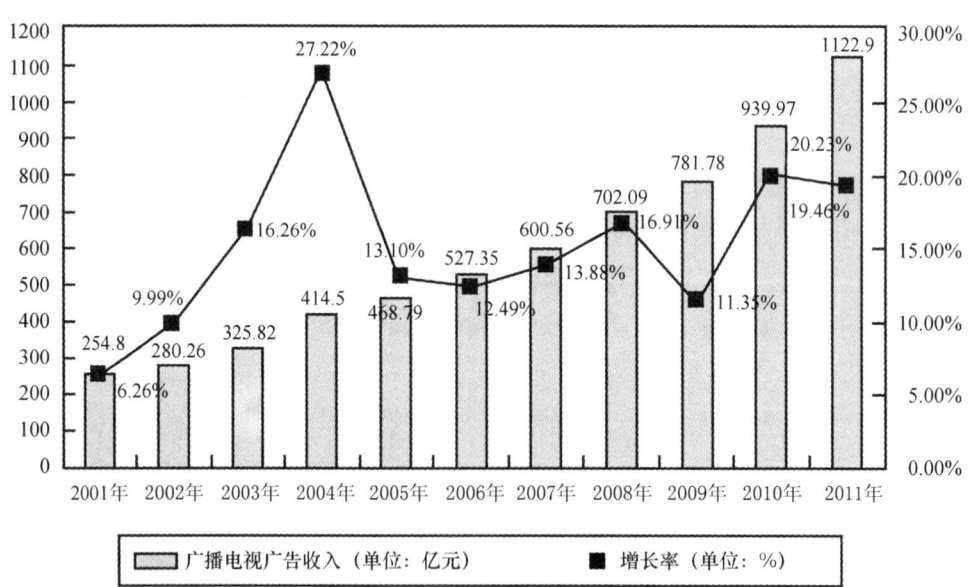

图2 2001～2011年全国广播电视行业广告增幅走势

2006年以来,影视内容产业获得较快发展,电视剧年产量连续多年居世界第一位,一大批精品力作极大地满足了广大受众的收视需求。电视动画产量以年均超过36%的速度递增,2011年国产电视动画片达到435部、26.12万分钟,同比增长12.99%和18.46%;而1993年至2003年中国国产动画总产量只有4.6万分钟,平均每年不到4200分钟,2011年中国动画的产量相当于这11年总产量的5.68倍,是2006年动画产量8.23万分钟的3.17倍(参见图3)。2011年共制作生产动画电影24部,较2006年增长了84.62%。《孔子》《喜羊羊与灰太狼》《秦汉英雄传》《星游记》等一批具有中国特色的动画片广受好评。

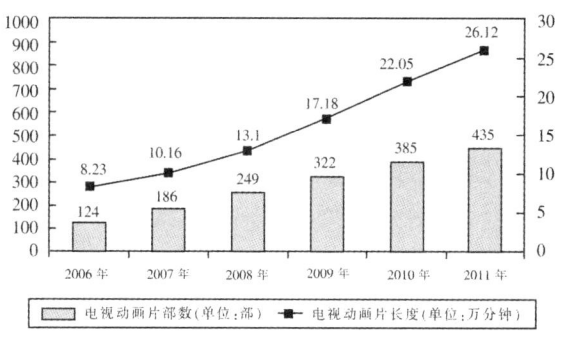

**图3　2006~2011年全国制作完成电视动画片数量及长度**

2011年中国电影故事片达到558部,较2006年增加了228部,增幅为69.09%。中国电影票房从2002年的不到10亿元上升到2011年的131.15亿元,连续10年保持年均30%以上的高速增长(参见图4)。2011年,电影票房超过亿元

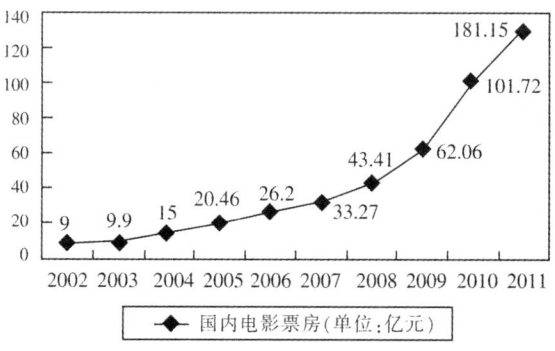

**图4　2002~2011年国内电影票房增长走势图**

的院线达到24条,其中年票房超过10亿元的有4条。2006年以来,中国国产电影海外年均收入为24.65亿元。

以上数据表明,近年来广播影视产业获得了快速的发展。然而与快速发展的国民经济和社会需求相比,与广电内部所蕴含的巨大产业潜力相比,特别是与新闻出版、电信业等相关行业以及发达国家广电产业相比,我国广电产业发展还存在不小差距。

(二)广电产业与新闻出版、电信、网络视频等相关行业的比较分析

从新闻出版产业发展来看,2011年全国新闻出版业全行业总产出超过1.5万亿元③,相当于同期广播影视总收入的5.18倍(参见图5)。到2015年将实现全行业总产出2.94万亿元,年均增长19.2%的目标。到2020年新闻出版总产值将占当年全国GDP的5%左右,成为国民经济发展的一个重要支柱性产业。

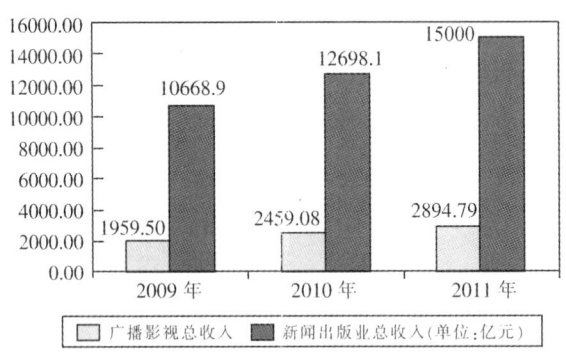

图5 2009~2011年全国广播影视总收入与新闻出版业总收入对比

从电信业的发展来看,经过十多年市场化改革和发展,电信业的产业化运营能力显著增强。"十一五"以来,电信业务总量由2006年的4954.7亿元提高到2011年的11725.8亿元④。2011年电信业务总量相当于同期广播影视总收入的4.05倍(参见图6)。

从广播影视行业内部来看,视听新媒体产业的增速也超过传统广电产业。2011年中国在线视频行业市场规模达62.7亿元,同比增长99.9%。根据易观智库发布的数据,2012年第一季度中国网络视频市场整体收入为21亿元人民币,同比增幅达到218.1%,环比增长24.7%。⑤ 2008~2011年间,中国网络视频广告市场规模已连续四年增幅超过90%,大大超过同期电视广告收入的增长幅度(见

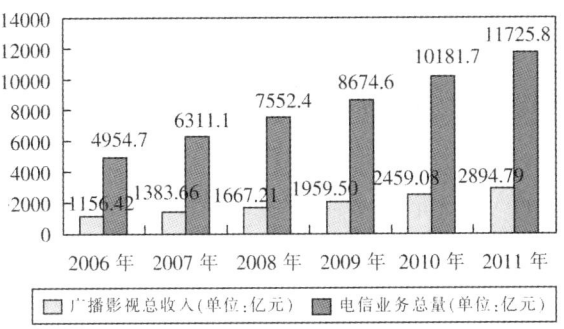

**图6　2006~2011年全国广播影视总收入与电信业务总量对比**

表1）。以乐视网为例，该公司公告数据显示，2012年上半年其广告收入为1.5亿元，比2011年同期增长235%，预计2013年将超过6亿元人民币。

**表1　2006~2011年中国电视广告与网络视频广告收入规模及增长情况⑥**

| 年份 | 电视收入(亿元) | 同比增幅 | 网络视频收入(亿元) | 同比增幅 |
| --- | --- | --- | --- | --- |
| 2006 | 453.33 | | | |
| 2007 | 519.21 | 14.5% | 2.1 | |
| 2008 | 609.16 | 17.3% | 4.3 | 104.9% |
| 2009 | 675.82 | 10.9% | 8.8 | 104.6% |
| 2010 | 796.59 | 17.9% | 17.5 | 98.3% |
| 2011 | 934.54 | 17.3% | 33.8 | 93.6% |

经过十年左右的时间，一些互联网企业已迅速做大，而且发展势头十分迅猛。如2011年腾讯总收入达人民币284.961亿元⑦，从1998年创业发展到今天近300亿的收入，腾讯仅用了13年时间。百度2011年全年营业收入为145.01亿元人民币⑧。截至2011年年底，共有8家中国互联网公司上市，全球融资14.76亿美元。优酷网累计融资高达53亿元。腾讯网在2012年7月16日的市值是3046.80亿元人民币，百度的市值超过3000亿元人民币。优酷网向美国证券交易委员会（SEC）提交的文件显示，从2007年到2009年，优酷网营业收入从180万元人民币一跃增长到1.5亿元人民币，年复合增长率达829%。而近年来中国广播影视总收入的年增长率仅为20%左右。相比之下，互联网视频行业的成长速度大大高于广

播影视业。

### (三)与发达国家广电产业的比较分析

中国的广播电视产业发展规模与西方发达国家相比,差距也很明显。2010年我国全年广播电视收入为190亿英镑①。同期,美国广播电视业收入为1060亿英镑,相当于我国的5.58倍;日本的广播电视收入为320亿英镑,相当于我国的1.68倍,大大超过我国。与德国、英国相比,虽然我国广播电视机构收入是德国同业收入的1.36倍,是英国同业收入的1.58倍,但人均广播电视收入远远低于发达国家水平(参见图7)。

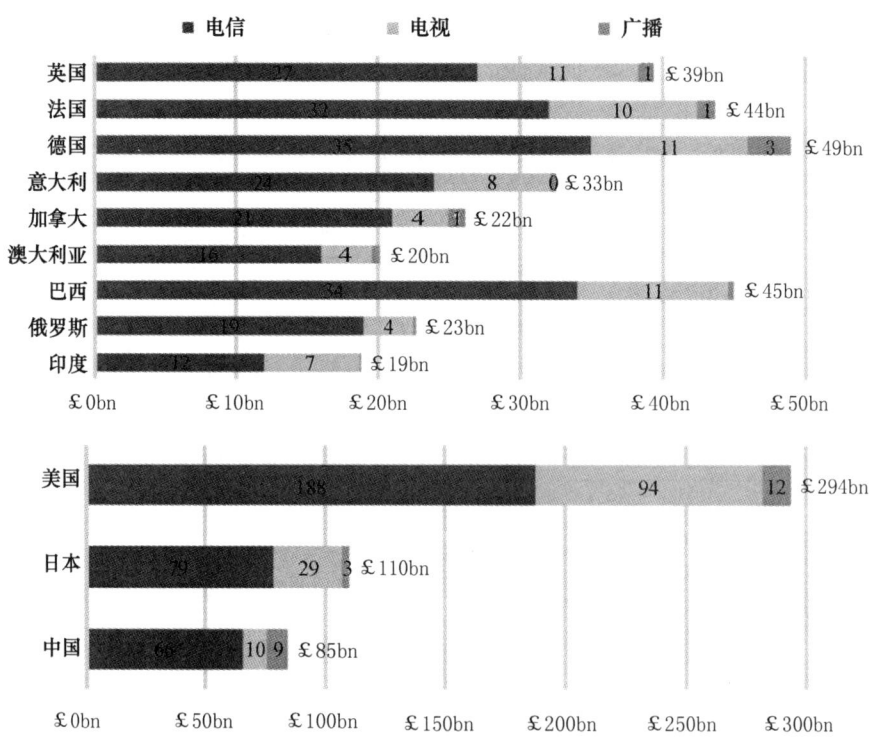

图7 2010年全球部分国家传媒市场收入情况

(单位:十亿英镑)⑩

2011年新闻集团资产总额619.80亿美元⑪,约合人民币3905.30亿元⑫,接近我国广播电视媒体2011年资产总和的62.35%。2011年新闻集团收入334.05亿美元[13],相当于2011年我国广播影视总收入的72.71%。2011年美国迪士尼集团年收入408.93亿美元[14],相当于2011年我国广播影视总收入的89.01%;时代华纳集团总收入为289.74亿美元[15],相当于2011年我国广播影视总收入的63.07%;维亚康姆集团年收入149.14亿美元[16],相当于2011年中国广播影视总收入的32.46%。

## 二、大力发展广播影视产业的战略意义

我国广电产业的高速发展让我们充满了信心,发展差距让我们看到了广电内部所蕴含的巨大产业潜力和发展空间。在社会转型、媒介融合和社会主义市场经济日益深入发展的背景下,有必要辩证全面地分析发展广电产业的重要价值与战略意义。

### (一)发展广电产业是市场经济条件下占领和巩固传播阵地的重要手段

在社会主义市场经济条件下,传统传播格局下的受众不但自主性、选择性、多样性在增强,而且日益转化为文化产业的消费者、用户和产消者(prosumer)。如果我们不能将他们吸纳为产业的消费终端,那么我们的传播内容就难以抵达,就不会有市场。失去了市场也就失去了传播阵地。

当前我国互联网、手机等新媒体正按着天然的产业组织方式和产业发展模式迅速崛起,并日益重塑现代媒介传播格局。基于互联网的新兴媒体渗透力强,覆盖面广,用户规模日渐壮大,而且用户群的年轻化趋势日益明显。据中国互联网络信息中心(CNNIC)2012年7月发布的数据显示,截至2012年6月底,中国网民数量达到5.38亿,其中手机网民为3.88亿。网络视频用户3.5亿户,用户使用率提升至65.1%。[17]互联网上约70%的流量来自视听节目服务。自2008年以来,20~29岁人群收看网络视频比例最高,三年来稳定在68%左右的水平;10~19岁人群,稳定在66%左右;30~39岁则达到了61%左右的水平;10岁以下的网民收看视频的比例也在逐年攀升。[18]

在这样的背景下,广播影视作为传统媒体,除了大力发展自身的视听新媒体,实现传统媒体和新媒体的融合发展外,必须加大改革力度,重构价值流程和组织架

构,大力发展广电产业,提高广播影视传播的市场份额,才能避免被边缘化和弱化,进一步巩固和扩大传播阵地。

**(二)发展广电产业,有利于利用市场机制,提升公共服务效率和水平**

公共性、公益性、外部性是广播影视的重要特性。在我国,做好公共服务是党和国家赋予广播影视的首要职能。如何将公共服务和产业发展统一起来一直是我们必须面对和破解的重大理论和现实难题。可以肯定的是,公共服务和产业发展在一个科学合理的制度架构下应该是相得益彰、互相融合、互为基础的关系。这一点回顾我国经济体制改革30多年的历程可以得到启示和答案。

在媒介融合背景下,广大群众对公共服务的需求发生了新的变化:对收听收看体验、传播质量、内容品质等都有新的更高的要求。公共服务领域引入市场竞争机制是提高我国公共服务质量和效率的有效手段。从广播影视行业来看,大力发展广电产业,有助于壮大公共服务的供给能力,有助于将市场机制引入公共服务之中,改善公共服务水平,建立长效服务机制。目前全国广播影视总收入的10.85%来自财政收入,支撑广播影视服务系统的绝大部分资金来源于产业发展。我们在公共服务领域引入市场机制,可以充分发挥市场的效率优势,打破由政府一家包办的公共产品供给模式,改变过去由政府机构直接生产并提供公共产品和公共服务的方式,通过适当的制度安排,以各种方式鼓励非政府机构、企业和各种社会力量共同承担,实现公共服务的多元供给。进入新世纪以来,国家在农村电影放映工程上按照"企业经营、市场运作、政府购买、群众受惠"的原则提供公共服务,通过引入竞争机制,政府可以调动社会一切可以利用的资源来增强政府的公共服务能力,提高政府效率,降低费用,同时改进公共服务质量。

可以预见,今后随着广电产业的大发展,随着广电体制改革的进一步深入,广播影视公共服务水平会大大提升,我们现在所遇到的主体、财源、体制、机制、标准等难题也会逐步得以解决。

**(三)发展广电产业能够大大提升广播影视对国民经济的贡献率**

包括广播影视在内的文化产业,正日益成为21世纪的主导产业和影响世界经济走向的决定力量,正影响和改变着世界经济发展的面貌与发展模式。从国家经济文化发展战略上看,发展包括传统广电产业在内的现代视听产业的意义绝不仅限于壮大一个行业内部的经济实力,它还将成为国民经济新的经济增长点和支柱产业。从国际竞争的角度看,大力发展广电产业,有利于加快转变经济发展方式,能够改变目前我国在国际分工格局中的地位,摆脱在全球价值链低端徘徊的窘境。

国际知识产权联盟的一份研究报告表明,2010年美国的核心版权产业(影视、音乐和电脑软件等)增加值高达9300多亿美元,占同期GDP的6.36%;出口额达1340亿美元,仅次于化工医药业,遥遥领先于飞机制造业,成为美国第二大出口产业。[19] 2007~2010年,美国核心版权产业年均增长率达1.10%,同期美国GDP年均增长率仅为0.05%。核心版权产业的年均增长率远远大于GDP的年均增长率。2010年核心版权产业就业人数约为510万人,占美国就业人数的3.93%,版权产业就业人数为1063万人,占美国就业人数的8.19%。[20] 2009年,英国广播影视相关产业增加值为127亿英镑,占创意产业增加值的34%。[21] 2010~2011财年,仅英国电视节目出口第一大公司BBC环球(BBC Worldwide),节目出口总额就达6.4亿英镑。[22]

近年来,中国广播影视产业一直以20%左右的速度增长,已经表现出对相关产业一定的拉动作用。如广播影视数字化,加快推进了彩电产业平板化、数字化,促进数字电视一体机、数字机顶盒、家庭网关等数字家庭产品和新型数字家庭消费电子产品的发展。2006~2010年,以数字电视为主的中国视听产业销售收入从3967亿元人民币增长到10039亿元人民币,工业增加值率从17.4%提升到21%。[23] 同时,高清电视、立体电视、移动多媒体广播电视的发展,将推动高清设备、立体设备制造业和接收终端生产;卫星数字电视的市场同样也具有广阔的前景和巨大的经济影响力;广播影视衍生产品和后产品开发,涉及玩具制造、旅游、餐饮服务、房地产开发、印刷出版、服装、物流、娱乐产业等各个产业门类,产业延伸的范围和拉动力极大。

2012年3月,英国牛津经济研究院发布的一份研究报告显示,2010年中国影视业以不到2000亿元人民币的创收收入拉动了国家0.5%的GDP、0.4%的就业和1%的政府税收。[24] 以我国当前的人口规模、用户规模、经济水平、创意能力和文化资源等条件看,若产业潜力得以释放,未来广播影视对国民经济的贡献率有望接近发达国家水平。

### (四)发展广电产业,能够极大地促进文化繁荣,提升文化竞争力,更好地维护国家文化安全

历史实践表明,大国的崛起必定建立在民族精神振兴和文化繁荣的基础之上。在社会主义市场经济条件下,中国的文化建设和文化繁荣如同经济繁荣一样,必须依托于市场机制。广播影视产业是文化产业的核心组成部分,以广播影视为代表的"视听"文化已经成为文化传播、跨文化交流的重要载体与形式,成为一种文化"通用语言"。

从国家文化安全来看,西方等发达国家利用强大的全球传播媒体,以技术为支撑,以发展产业为载体,向全球倾销其视听文化产品,传播西方的价值观念和意识形态,消解和冲击着各国的民族文化,形成了强大的文化霸权。美国影片发行到150多个国家和地区,美国的好莱坞大片充斥世界各地的影院并攫走了大半票房。2012年1月的数据显示,每天上传到YouTube网站的视频数量达40亿条,每分钟上传60小时的视频,每天有30亿段视频被全球用户观看。⑥当谷歌、Facebook、YouTube、Twitter等网络新媒体在很多国家成为"Top 10"网站时,它们代表的是美国的国家影响力,其核心价值观凭借"市场经济+高科技"弥漫全球。依靠这种在世界市场上的绝对强势地位,美国成功地维护着本国的文化安全。

相比之下,中国广播影视业在全球的地位与中国的经济实力和庞大的用户市场极不对称,广播影视产品的吸引力、传播力还明显不足。在媒介融合化、全球化的背景下,视听产业具有能够集聚创新资源、带动性强、渗透性广的特点。只有大力发展广播影视产业,依靠市场力量整合各种资源,充分发挥市场主体在"走出去"中的核心作用,不断提高在国际文化市场中的份额,才能提升中华文化在国际市场的竞争力和传播力,切实维护中国的文化安全。

## 三、媒介融合背景下广电产业发展需解决的四个问题

### (一)培育合格市场主体问题

主体是一切价值体系的核心。社会主义市场经济改革成功的关键在于培育了市场主体。一个产业的规模和实力取决于有多少强大的有竞争力的市场主体。文

化产业体制改革的关键环节也是重塑市场主体。在媒介融合背景下,打造合格市场主体是视听产业发展的突破口。

当前广电市场主体培育主要存在两个方面的问题:

一是缺少真正合格的市场主体,大多数是以"事业单位身份"参与市场活动。由于行政分割和体制封闭,中国传统广电产业主体分散、数量众多,大量的主体不具备合格的市场主体身份。虽然这些运营实体的许多行为已经是市场化行为,已被社会视为"媒体企业",但其身份仍然是事业单位,主体游离于市场体系之外。事业单位身份使得广播电视媒介在进行资本运作等企业化运营时,缺少独立的自主决策权,不能也无法承担相应的市场风险。市场主体不合格,其内部没有拓展市场的动力,也难以建立做大做强的科学制度体系;其外部则带来了产业价值链的断裂和破损,制约了现代市场体系的建设。市场主体不合格,在国际传播和竞争中,在与国际接轨上存在不少问题。广播影视"走出去"的主角是企业,而非政府。只有企业走出去,中国的文化才能真正"走出去"。

二是市场主体的竞争力不强,缺少具有强大市场竞争力的现代传媒产业集团。目前事业单位性质的广电运营实体中,收入过百亿的中央电视台、上海广播电视台、湖南广播电视台三家2011年总收入分别为367亿元、152亿元、151亿元,而国际广电传媒巨头新闻集团、时代华纳、维亚康姆、英国广播公司(BBC)2011年总收入分别达2105亿元、1826亿元、940亿元和494亿元。®在美国,全国共有广播影视企业近10万家,其中80%以上不到10人。但其广播影视产业在充分竞争的环境中培育出了好莱坞六大巨头(环球、哥伦比亚、派拉蒙、华纳兄弟、20世纪福克斯、迪士尼)、全国五大广播电视网[美国广播公司(ABC)、全国广播公司(NBC)、哥伦比亚广播公司(CBS)、福克斯广播公司(Fox)、有线电视网(CNN)]以及一批内容集成传输大鳄(有线电视运营商康卡斯特、时代华纳有线,直播卫星运营商DirecTV 和 Dish Network等)。这些大集团统领带动了全国的广播影视业,形成核心企业带动,相关企业各寻商机的完善的产业格局。截至2012年,全国获得《广播电视节目制作经营许可证》的制作发行企业有5363家,但是这些影视制作市场主体大部分规模较小,缺乏一批像好莱坞六大影视公司、新闻集团和BBC环球等跨地域、跨媒体、跨国界运营的大型媒体企业集团。这使得我们整个广播影视产业难以做大做强,更难以与跨国传媒集团竞争。

十多年来,广电行业为了解决市场主体问题,先后采取了集团化改革、经营资产剥离、制播分离、事业单位转企改制等一系列重大举措,在一些方面取得了重要突破,但是从总体上看,从根本上解决这一问题仍需要进一步探索。

首先,集团化改革并未建立起真正合格的市场主体。我国从1999年开始尝试组建广电集团。由于是在行政力量推动而非市场力量推动下的资源整合,所组建的集团大都是事业性集团,并且无不是按照行政区划而组建,难以培育出真正意义上的市场主体。

其次,转企改制企业需进一步建立起现代企业制度。虽然目前国有电视剧制作单位、电影制片厂等经营性事业单位转企改制基本完成,但还需要进一步完善法人治理结构,建立现代企业制度。

最后,广播影视最核心的资源何去何从仍然是培育市场主体中最大的难题。公益性资产和经营性资产、事业部分和企业部分的关系有待进一步厘清。广播电视机构公益性事业和经营性产业分类管理、分开运营的模式,都面临着如何处理企业与事业的关系难题。媒介上市公司往往存在着产业链被割裂的问题,主体业务缺省,上市公司与母体之间存在大量关联交易,经营业绩过分依赖母体。

探索解决上述问题,要解放思想,大胆实践,大胆探索。必须明确培育合格的市场主体是广播影视产业体制改革的核心环节,必须以改革创新的勇气面对和解决这一绕不过去的问题。要深入实践,总结实践中一些新的探索,不断加以提炼和概括,成熟之后在面上推广。要学习和借鉴国外发达国家和国内相关行业的经验和做法,研究探索公共服务和产业运营双轨制的视听媒体发展新模式。

### (二)重构视听产业链问题

传统广播影视产业链由"创意—内容生产—集成—发布分销—网络传输—用户"六个环节构成。但我国的传统广电产业链不完善,既短又窄,存在整合能力弱、竞争能力不强等问题;广电规模化、集约化发展受阻;缺少产业链完备的大型广电产业集团。

在当前媒介融合的大背景下,整个传播媒介将越来越集中融合在以互联网为基本传播形态的媒介格局下,形成以互联网为形态、为核心概念的网状传播模式。在媒介融合背景下,传统广播影视产业链将面临两个重要变化:

一是各个环节的参与主体越来越多,主体性质越来越复杂。

从创意环节来看,除传统的影视制作机构外,一些国外原创节目模式输出公司也参与进来。在内容生产环节,传统的视听内容服务主要由电台、电视台、影视制作机构等提供。随着媒介融合的推进,通讯社、报业、民营影视机构、商业网站乃至用户都成为内容的生产者。同时,集成商、网络运营商也通过与传统内容制作商的联盟或者组建自己的制作机构来向内容生产环节拓展。在集成环节,随着视听业务的不断发展和视听新业态的不断涌现,将出现不同业务类型的集成平台。在网络传输环节,除了有线、卫星、地面电视网络外,固定通信网、移动通信网、卫星数字电视网、地面数字电视网、数字广播网等都将参与视听内容的传输。在终端环节,除了传统的收音机、电视机,还有各种手机、移动终端、平板电脑等等。在用户消费环节,在传统广播式的直播方式基础上,还增加了互动式的点播、回看服务,更有搜索、网络社交、电子商务、线下活动等参与进来。

目前,我国事业性质主体的电台、电视台在融合视听产业链中参与了创意、内容生产与集成环节,而在网络、终端环节,则主要由各类企业运营。如何在产业链条中实现事业主体与产业主体的对接与转换,仍然是亟须破解的难题。

二是形成新的融合视听服务运营环节,视听服务运营方式越来越复杂。

在媒介融合背景下,很难再界定一个市场主体具体属于哪个产业领域。对于整个视听服务大产业链来说,因为从未有过的多元参与、新旧融合、多重叠加、价值重构,产业链条变得更宽、更长,并在各环节之间形成交集,构成一个基于最新网络技术发展而不断进行动态调整的价值网。在新型产业链的构建中,将形成融合视听服务运营环节,由视听服务商来提供业务。视听服务商既可能是原来产业链中的单一环节,也可能是多个环节聚合而成。目前已经出现的几种视听服务运营方式有:

一是再造业务流程、重构组织结构后的传统广播电台、电视台;二是网络广播电视台等新形态的广播电视播出机构;三是视听网站运营商;四是有线网络运营商与播出机构的联盟体;五是内容集成商与网络运营商的合作体,如IP电视集成播控平台、手机电视集成播控平台与网络运营商的合作体;六是集成商与终端制造商的合作联盟,如互联网电视集成播控平台与电视机厂商的合作、平台型智能融合终端制造商与内容制作商或网络运营商的联盟合作,包括苹果、安卓等智能手机以及iPad为代表的平板电脑和数字电视产业中的双向互动机顶盒、一体机等。这些终端可以把用户的服务需求与系统平台的应用程序供给连接起来,为用户提供定制的视听服务。

未来视听媒体形态将朝着去中心化的、开放的、互动的、体验的方向演进,相关领域各种力量都试图通过不同方式主导融合视听服务。在这种趋势下,广电部门应适应媒介融合对产业发展提出的要求,重构视听产业链。一是鼓励符合条件的广电市场主体进行跨区域、跨行业、跨媒体的融合发展,横向和纵向整合产业链资源,打造具有核心竞争力的大型现代企业集团。二是可考虑加快建设各类集成交互平台,通过开放的平台架构体系、良好的营收分享机制来促使内容和应用服务提供商开发更多、更好的产品,促进融合视听产业生态系统进入良性循环。充分挖掘广电内容资源优势,积极争取在终端系统平台中的地位。三是进一步完善视听产业链,提高视听产业链各环节的增值能力,创新产品形态,加强衍生产品开发,构建多元化赢利模式,促进广电产业与相关产业的融合。

### (三)进一步健全市场体系问题

市场体系是实现市场配置资源作用的关键。从总体上看,广播影视产业的市场体系还不成熟、不完善。

首先,区域分割现象严重。在媒介融合的背景下,视听内容的传播具有明显的跨地区、跨行业、跨网络、跨屏幕、跨平台的特质。我国传统广电的层级式、封闭性的体制机制、井田式的划区经营,与之形成了很大的反差。如,在有线电视网络产业方面,各地有线电视网络在业务上互不连通、分割运营,与网络产业规模化运营的要求差距很大。这种长期的行政条块分割,肢解了统一的市场体系,加剧了地区间市场体系发育的不平衡,迫切需要建立全国统一融合的传输市场。在美国,为了应对奈飞(Netflix)、YouTube、葫芦(Hulu)等互联网视频业务对传统有线电视业务的强大冲击,2009年康卡斯特、时代华纳有线等视听服务提供商提出了"电视无处不在"(TV Everywhere)计划,只要是有线电视的付费用户,所享受的各类视频内容将不再局限于电视机接收这一种方式,用户凭借用户名和密码,就可以通过互联网或手机等终端来欣赏有线电视公司提供的视频内容。据专家分析,"电视无处不在"每年可为最大的公共内容供应商增加约100亿美元的广告收入,为有线电视、卫星电视和电信分销商增加约17亿美元的收入。[②]随着加盟公司的增加,该项计划在哪里有订户,市场就延伸到哪里,可以扩展到全国各地甚至海外,成为全国性或国际性媒体,早已超越了地域、行业、屏幕和平台的限制。因此,在媒介融合背景下,迫切需要完善市场体系。只有构建出统一、开放、竞争、有序的市场体系,才能培育出一批真正有竞争力的视听服务市场主体,才能将这个巨大的产业潜能释放出来。

其次,各类市场发育程度低,市场体系内部各类市场发育不平衡,运行不规范。相对而言,广播影视产品市场发育迅速,一方面院线制改革突破了行政区域限制,实现了电影产品的全国市场发行,扩大了发行渠道;另一方面广播影视节展和专业的发行公司,促进了广播影视内容产品的交易和流通,但存在着广播影视产品交易价格混乱、竞争无序、诚信缺失等问题,尚缺少专业化的、具有国际影响力的产品流通组织。金融市场是现代市场体系中重要的要素市场之一。广播影视产业要迅速做大做强,需要大量的资金投入,只有通过资本运营整合资源,才能实现产业规模的扩张。目前广播影视多层次资本市场发展相对缓慢,中小企业还存在着融资难问题。

最后,法律规章不完善,市场机构不健全,市场中介组织发育落后。产品市场、金融市场和劳动力市场等法律法规建设尚需进一步完善,还需进一步规范各类市场的运行秩序。视听内容的版权中介机构、资产评估机构等中介组织数量、规模有限,组织程度等都不健全,服务功能和自律作用较弱,这些都影响着市场体系正常、有序的运行。

在媒介融合背景下,建立健全视听产业市场体系,需遵循两个规律:

一是符合现代媒体发展趋势和规律。在媒介融合的背景下,视听传播的双向性特质日益明显,用户开始利用手中的终端制造信息、生产内容,呈现出"人人媒体、处处传播"的格局。媒体不断朝终端靠拢,适应终端对于内容的需求,适应传播的新特性,更加注重对用户选择权的尊重,更加重视对用户个性化的满足。媒体发展演变的规律决定了媒体渠道的兼容性和媒体终端的分化程度将会不断提升,未来能够播放多种内容的终端载体将会极大增加。因此,视听服务运营商必须再造业务流程、重构组织结构,适应"海量内容、海量终端"。

二是要符合社会主义市场经济规律。广播影视经营性资源作为产业走向市场,必须遵循市场规律,按照市场的方式进行运营。广播影视产业主体和其他产业领域的企业一样,本质上要求突破行政区域的限制,在全国乃至世界市场配置资源,完善产业链,或是通过内部积累,或是通过外部扩张即兼并、联合等方式壮大自身规模。从目前广播影视产业发展情况来看,一是体制内优质内容资源与弱势播出平台实现跨区域深度整合,已经开始尝试;二是通过多种方式与系统外媒介产业资源开展跨体制合作,如中影与腾讯达成微电影合作战略,百视通新媒体股份有限公司与风行网络有限公司的合作,这些跨区域合作、跨媒体融合在一定程度上打破了行政区域及层级限制,突破了媒体之间的界线,进一步拓展了产业发展空间。

### (四)建设现代视听监管体系问题

成熟的产业发展需要有成熟的产业监管与之相适应。在媒介融合背景下,要加快现代产业监管体系建设。

1. 融合监管

网络视听传媒已经成为人们获取广播影视节目、音乐、资讯等数字内容的重要渠道,成为传统视听服务的重要延伸,代表着未来视听服务发展的方向和趋势。在当前新技术背景下,新媒体与传统媒体已经相互交融、彼此捆绑。现代产业监管体系的建设应顺应媒介融合的大趋势,强化"视听"概念,在"视听"这一概念下,面对不断创新的业务形态、多样化的传输渠道、丰富多样的终端形式,实现统一监管。应对传统媒体与新媒体、商业视频网站与广电视听新媒体、中央与地方视听服务进行融合统筹监管。俄罗斯媒体监管机构于2011年11月10日开始,向广播、电视和互联网媒体颁发新的"通用"视听媒体许可证,这个新举措对我们很有启示。

融合视听服务运营商构成复杂、业务相互渗透,既涉及集成又涉及网络与终端,还涉及国外资本与国外运营商,应着重加强分类监管。

2. 专业监管

广播影视业的技术性和专业性很强,对它的监管不同于一般意义上的行政监管,应突出专业监管的特性。从国外经验来看,对于技术性、专业性很强领域的监管,不是单纯依靠政府管理,而是在市场和政府之间建立独立监管机构。这些监管机构是在政府指导下的对公众负责的专业性、技术性机构,是一个健康的、符合社会各方诉求的机构。我国一些领域的监管也借鉴了国外的相关理念和经验,成立了政府直属的专业监管机构,如证监会、银监会、电监会等。目前我国视听产业监管体系存在职责分立、多头管理、交叉缺位等问题,可考虑借鉴国外相关监管理念和国内其他行业监管经验,不断进行一些新的探索。

3. 技术监管

广播影视是靠技术支撑和推动发展的行业。在当前媒介融合的大背景下,广播影视监管日益复杂,加强技术监管成为必然的选择。应进一步完善技术监管标准,构建统一、协调、有效的监管体制,实现对多种渠道、多种终端播出视听内容的统一监管,保证导向正确、播出安全、监管有力,促进产业健康发展,维护国家意识形态安全和文化安全。

4. 法制监管

从媒介融合角度和今后发展大趋势看,制定统一的视听传媒法势在必行。西方一些主要发达国家都先后制定了将传统媒体和视听新媒体一揽子规制的法律。美国有《联邦通信法》,英国有《2003年通信法》。英美的"通信"(communication,也译作"传播")概念包括了广播电视。中国台湾地区借鉴英美经验制定了专门的通信传播法,并成立了专门的行业监管机构。日本、韩国也制定了相应的法律,并均已根据媒介融合发展实际进行了多轮修订,同时依照这些法律成立了融合型监管机构。随着近年来视听传媒的逐步泛化和遍在,欧盟及其成员国等又专门制定了相关法规。如,2007年5月欧盟委员会通过了《视听传媒服务指令》(AVMSD)取代了之前的《电视无国界指令》(TVWF)。英国先后颁布《2009年视听传媒服务条例》和《2010年视听传媒服务条例》,作为对《2003年通信法》的修订和补充。现阶段,我国广播影视产业监管的法规尚不健全。需要顺应媒介融合的要求和社会转型的形势,统筹考虑整个视听行业的情况,借鉴发达国家的成功经验,在正在进行的立法工作基础上,调整立法思路,协调各方面的力量,制定一部统一的、融合性的视听传媒法。

5. 社会监管

在媒介融合背景下,社会化监管是视听媒体监管体系的重要一环。顺应现代社会发展和政府改革趋势,在建设视听监管体系中,需要探索和建立由政府、行业自律组织、公众组成的"三位一体"的监管模式。加强行业自律和社会公众监督,健全监督机制,推进社会化监管,切实提高监管效能。近年来,一些地方广电部门在这方面进行了有益的探索,对于研究和思考广电社会化监管不无启发。如广西壮族自治区广电局建立了广播影视视听监管平台,每天自动采集广西电视台所属频道及14个地市的主频道的自办新闻、专题节目;从社会聘请的评议委员会成员可以通过互联网直接登录该监管平台,对节目进行评议。

---

注释:
① 除特别标明外,本文数据来源均为国家广电总局发展研究中心主编的《中国广播电影电视发展报告》(2012)。

② 除特别注明外，本文所用数据币种均为人民币。
③ 中国新闻网:《中国新闻出版业 2011 总产出超 1.5 万亿》,http://www.chinanews.com/cul/2012/01-05/3581193.shtml。
④ 中华人民共和国工业和信息化部编,《2011 中国通信统计年度报告》(电信业务总量按照 2010 年不变单价测算),人民邮电出版社 2012 年版,第 199 页。
⑤ 易观网:《2012Q1 中国网络视频整体市场规模达 21 亿元》,2012 年 5 月 8 日。
⑥ 广电广告收入数据来源于国家广电总局发展研究中心编著的《中国广播影视发展报告》;网络视频收入数据来源于 DCCI《中国网络视频蓝皮书》。
⑦ 人民网:《腾讯控股 2011 年总收入 284.961 亿 增长 45.0%》,http://game.people.com.cn/h/2012/0314/c228790-3994914290.html。
⑧ 新华网:《百度 2011 年全年营业收入 145.01 亿》,http://www.baoye.net/News.aspx?ID=322570。
⑨ 由于 Ofcom 统计标准与我国统计指标不同,为便于对比,此处数据以 Ofcom2011 年国际传媒市场报告的统计标准核算。
⑩ *Ofcom*: *International Communications Market Report 2011*, p.18, http://stakeholders.ofcom.org.uk/binaries/research/cmr/cmr11/icmr/1-_context.pdf.
⑪ *News Corporation*: *Annual Report 2011*, p.10, http://www.newscorp.com/Report2011/, 新闻集团以每年 6 月 30 日为财年截止日。
⑫ 以下数据均以中国外汇交易中心公布的 2011 年 12 月 30 日人民币汇率中间价换算,1 美元兑换人民币 6.3009 元。
⑬ *News Corporation*: *Annual Report 2011*, p.10, http://www.newscorp.com/Report2011/2011 AR.pdf.
⑭ *The Walt Disney Company*: *Fiscal Year 2011 Annual Financial Report And Shareholder Letter*, p.25, http://cdn.media.ir.thewaltdisneycompany.com/2011/annual/WDC-10kwrap-2011.pdf.
⑮ *Time Warner*: *Annual Report 2011*, p.115, http://b2bcdn.timeinc.com/tw/ourcompany/TWX_AR_2011.pdf,迪士尼年报总收入统计截至该财年 12 月 31 日。
⑯ *Viacom*: *Fiscal Year 2011 Annual Report on Form 10-K*, http://proxymaterials.viacom.com/(S(gud3odbi5x1joz55zib3iiy4))/Default.aspx,维亚康姆 2011 年财报收入统计截至 2011 年 9 月 30 日。
⑰ 中国互联网络信息中心:《第 30 次中国互联网络发展状况调查统计报告》,2012 年 7 月。
⑱ 中国互联网络信息中心:《2011 年中国网民网络视频应用研究报告》,2012 年 5 月。
⑲⑳ *Copyright Industries in the US. Economy*: *The 2011 Report*, by Stephen E. Siwek of Economists Incorporated, prepared for the International Intellectual Property Alliance (IIPA) released on Nov. 2, 2011.
㉑ *Department for Culture, Media and Sport*: *Creative Industries Economic Estimates Full Statistical Release*, Dec. 8, 2011.

㉒ BBC:*BBC Worldwide Annual Review 2010－2011*,Jul.12,2011.

㉓ 工业和信息化部:《电子信息制造业"十二五"发展规划》子规划3《数字电视与数字家庭产业"十二五"规划》,2012年2月。

㉔ *Oxford Economics*:*The Economic Contribution of the Film and Television Industries in China*,Mar.,2012.

㉕ 《YouTube视频日上传量达40亿》,http://it.people.com.cn/h/2012/0124/c227888－2005740724.html。

㉖ 数据来源:新闻集团、时代华纳、维亚康姆2011年年报、BBC 2011～2012年财报(以2011年4月1日至2012年3月31日为财年计算)。各国内广电机构提供的2011年材料。为了便于比较,文中将各国际广电媒体年报收入数据依照中国外汇交易中心公布的2011年12月30日人民币汇率中间价换算,1美元兑换人民币6.3009元,1英镑兑换人民币元9.7116。

㉗ 依马狮广电网:《分析:电视无处不在为美国电视市场年增120亿美元收入》,2012年1月25日,bp.imashina.com/news/industry/2012/B072.html。

# 论政治文明与媒体权利

◆ 李向阳

我国新闻传播机构的制度变迁,既是经济基础变革的反映,又是政治上层建筑变革的重要组成部分,而其中执政党的领导方式与执政方式①的转变,对新闻传播机构的制度变迁有着全面、深刻而直接的影响。从这个角度切入,也就抓住了新闻传播机构制度变迁的"牛鼻子"。而传播制度的每一步创新,又反过来推动、影响着政治文明的发展。

以执政党的十八大胜利召开为标志,我国社会主义政治文明的发展站到了一个新的历史起点上。可以预料,新闻传播机构的权利实现也必将进入又一个全新的阶段性时期。

## 一、执政转型与公民的知情权、表达权、参与权和监督权的彰显

在当代中国,执政党十一届三中全会开始的两个"根本转变"②与市场经济的引入,导致了政治文化的全面转型,使社会主义政治文明③的发展开始走上了一条自上而下与自下而上共同推进及其多种形式综合的道路。④一种全新的政治理念——坚持党的领导、依法治国与人民当家做主的统一,犹如一盏明灯,照亮了政治发展的道路。

应该说,30多年来社会主义政治文化的演进,呈现出一幅纷繁复杂的图景。有稳健坚忍的诸多改革举措,也有突发事件接二连三的倒逼应对;有深思熟虑且呈逐步扩大的试点试验,也有莫衷一是、风云诡谲的激辩纷争;有步步为营,也有步步惊心;有顺风顺水,也有潜流湍急……市场的、文化的、民族的、区域的、友善的、敌

对的、境外的、境内的——种种元素、力量、潜能的重叠交叉与反馈感应，形成了"平行四边形的力"，推动社会主义政治改革蹒跚前行。而几乎每一种元素或力量，都想对包括新闻传播制度在内的政治文化的变迁留下自己的投影。其中，执政党的执政转型则借着思想解放、网络传播技术以及中外新闻传播机构之间的竞争合作等力量，或推动、或倒逼、或旁敲侧击，对政治文明发展，特别是新闻传播机构制度变迁的影响最大，也最为直接。市场及其意识形态也有相当的发力，甚至一度在相当程度上冲击了新闻传播机构的公共性重建，但在社会主义基本制度的运行规则之下，终究只能被置于从属的地位。

一个基本的共识是，在新世纪、新阶段，我国新闻传播机构的改革发展，基本的问题是要解决好公共物品及其服务的生产、提供不足（质次量少），与发展乏力这样两大根本不同性质的问题。公共物品及其服务的生产、提供之所以不足，有历史的原因，即基础差；也有制度性的原因，即长期忽视人民群众包括知情权、表达权、参与权和监督权在内的民主权利，理论与实践严重脱节；发展乏力，则主要缘于内外激励之不足。

民主历来具有多重的性质，既是国家制度，又是政治生活与人格修养，是道德价值、工具价值与制度价值的有机统一⑤。马克思主义经典作家在深入分析巴黎公社的经验教训之后，明确指出议会制民主不可能真正实现人民当家做主。我国社会主义政治文明的制度基础，是人民代表大会制度、中国共产党领导的多党合作与政治协商制度、民族区域自治制度与多种形式的基层民主制度等。党以实现人民当家做主为己任，将马克思主义基本原理与中国革命、改革与建设的具体实践相结合，领导人民开创了一条具有中国特色的社会主义民主政治发展道路，从根本上消除了公民政治权利异化的现象。民主是社会主义的生命，民主愈发展，社会主义便愈发展。

是的，历史的助产婆常常是在不经意间伴以巨大的震撼出现的。2003年的"非典"来袭，终于叩开了信息公开的大门；2008年北京举办的第29届夏季奥运会，终于实现了公共信息的全方位开放；2011年7月23日发生的甬温线特别重大铁路交通事故，再次昭示公民权利得以实现的一条"铁律"——知情权决定参与权，透明度决定公信度，⑥等等。

根本的问题是要从理论与实践的结合上实现党的执政方式的转变。过去，为了改变旧中国留下的"一穷二白"面貌，党和政府曾倾全力保障公民的选举权、被选举权、生存权、发展权、受教育权、休息权等,领导各族人民进行了艰苦卓绝的奋斗。我国在实施扶贫开发、推行计划生育与扫除文盲等方面取得的成就,获得了联合国与许多国家的赞许。而随着经济的发展、社会的进步与公民意识的逐步觉醒,民主政治又将如何尊重与保障公民的知情权、参与权、表达权与监督权的问题提到了党和政府的议事日程上来。可以说,尊重与保障"四权"的实现,已经是现阶段中国民主政治发展的新要求,也是现阶段人权事业发展的新要求。⑦

而在这四项权利中,获得知情权则是获得参与权、表达权与监督权的前提,因而具有更加重要的性质。尊重民众对政治事务与社会管理的知情权,就是尊重人民的主体性,也就是尊重人之为人、尊重生命本身。有了这样的尊重,才足以达成共识、凝聚力量、解决危机、共襄和谐,才具备了监督政府、发扬民意的制度性前提。反过来讲,在新的社会历史条件下,假如继续漠视民众对政治事务与社会管理的知情权,乃至漠视民众对维护自身权益的表达权,必然导致干群关系的激化,导致某些民意诉求方式的极端化,影响社会基础秩序的稳定。

令人欣喜的是,1982 年 11 月第五届全国人大第三次会议以"五四宪法"为基础,通过了"八二宪法",明确规定国家的"一切权力来自人民",并庄严宣告保护人格尊严,突出了公民基本权利和义务在国家法制中的地位。"八二宪法"及其以后的历次修正案,其所展现的宪政原则与所强调的依法治国精神,为尊重与保障公民基本权利和义务提供了法制基础。与此相应,执政党及其政府也义无反顾地选择了以人为本、依法执政的执政理念,加速了自我转型,有效地将民主建设置于自上而下与自下而上的民主的共同推进及其多种形式的综合之中,确保国家与社会在动态稳定条件下的前进方向。

于是,国家有了民主立法,有了信息公开,又有了可以问责的政务公开,执政党还有了写入党的法规的新闻监督,等等。

显而易见,新中国成立以来特别是近 30 多年来包括执政党的执政转型在内的社会主义政治文明的发展,既是我国媒介制度创新的时代背景与基本动力,又以各种方式给予媒介制度创新施加影响,决定其发展方向与进程,形塑出中国特色社会主义新闻传播机构及其媒介生态的质的规定性。

### 二、正被解放中的"普罗米修斯"——新闻媒体的价值回归

古希腊有这样一个神话传说:普罗米修斯为了解救人类而偷了火种,触犯天

条,被缚在高加索山的陡峭悬崖上受罚。日复一日,年复一年,忍受着饥饿、风吹和日晒,最后才被解救出来。马克思称赞他是"哲学的历史中最高的圣者和殉道者"。

如今,我国新闻传播机构犹如传说中正被解放的"普罗米修斯"一样,充满了一种主体的被解放感与能量的被释放感。近百年来我国人民前赴后继、探索奋斗所期待的名副其实的社会公器,正以阶段性的特征呈现在人们的面前。这种阶段性特征主要是指人民的主体性,平台的公共性,民主、公正、和谐以及以客观、公正、均衡报道为核心的新闻职业主义等价值追求,体现在传播实践的诸多方面。当然,我们这里所说的社会公器,具有特定的内涵,即指在发展社会主义事业与民主政治的过程中,新闻媒体是人民群众在党的领导下,依法行使民主权利的公共载体。凡拥护中国共产党的领导,坚持走中国特色社会主义道路,遵守宪法与法律的一切参与社会主义事业的建设者、爱国者,都有其媒体近用权与传播参与权。这是当代新闻传播史上最具革命性的制度跃迁。

新闻传播机构抑或新闻媒体是什么?在相当长的一段时间里,我们将新闻媒体定义为执政党的思想舆论阵地、精神文明建设的工具、党和政府的喉舌。这都没有错。然而,随着市场经济的发展、社会管理的创新,随着新媒体的异军突起,随着执政党执政转型所导致的社会主义民主政治的新发展,人们的媒体观也深化、丰富与发展了,媒体作为党的喉舌、社会公器,与信息服务、文化服务的重要载体等借助科技进步的新综合的特征,就越来越明显了。人们在新的实践基础上取得了对新闻传播机构的新共识。

一个体现时代进步的最新事实是,由互联网的普及所引发的新的舆论形成机制正渐渐露出雏形,其开放的天性,与传统的舆论形成机制在一定程度上的可控性相比,已不是一回事了。这一事实必然要反映到人们的头脑中来,使越来越多的人开始承认社会公器的存在,承认其在实现公共参与、体现社会良知、代表公平正义、满足社会公共利益,特别是在谋求社会最大公约数等方面所具有的其他民主平台所不具备的优势。也就是说,新闻媒体不仅应一如既往地站在正确的立场上宣传执政党的主张,为人民代言,把党的意志与人民的心声结合起来,为发展中国特色社会主义事业鼓与呼,而且还要主动地适应民主政治与传播技术的发展,为扩大和保障公民的知情权、参与权、表达权、监督权,引领并整合社会舆论,扩大社会共识,辅助弱势群体而提供服务。

事情本来并不复杂。我国民主革命的先驱孙中山力主"天下为公",且生死系之,为之奋斗终生。1949年以前,一些具有民主思想的人士曾经有过将媒体作为"社会之公共机关"的设想。早期的新闻学者徐宝璜,提出过"办报是为公还是为私"的重大问题,他认为,"报纸即为社会之公共机关,故其记者亦为社会之公人"。然而,在当时的历史条件下,社会的主流媒体几乎都被代表封建地主、官僚资本主义与帝国主义利益的军阀、政客所控制,民主的声音十分微弱,遑谈"社会之公共机关"?后来,也只是在中国共产党领导下的革命根据地、解放区,才有了"人民大众的报纸","告诉人民以真实的消息,启发人民民主思想,叫人民聪明起来"⑧。1949年以后,在以工农联盟为基础的人民民主政权与社会主义的基本制度下,媒体作为社会之公共机关的属性与功能才有了更为现实而广泛的政治经济基础。而执政党关于"三个代表"的思想与"以人为本""以宪执政"的治国理念,则为媒体作为"社会之公共机关"的思想内涵赋予了新的时代精神——我们的新闻观是人民民主新闻观,我们的新闻媒体是中国特色社会主义条件下的社会公器。

实践证明,社会主义民主愈发展,媒体便愈逼近自身价值的核心。在我国,公民社会的发育、发展,以及国家与公民社会的分离、政府与民众的分权,都将是不可阻挡的历史趋势;而"反映国家和社会之间的资源依赖、多元参与和水平互动关系的政策运行新模式——政策网络,则应运而生"⑨。因为在现实的社会生活中,政府机制、市场机制或社会机制,都不可能单独成为公共利益的实现机制。而通过政策网络——在相互依赖的行动者或利益攸关者之间发生的既相互协商又相互博弈的稳定的社会关系,"让人们看到了实现公共利益的新曙光"⑩。在这样的治理模式下,假如没有新闻媒体的依法介入,社会资源特别是政治资源、社会资源的公平、公正开放,以及促进每个人自由而全面的发展,都将是不可思议的事情。

在这样的意义上,我们将新时期新闻传播机构的这种感受及其制度演进称之为"正被解放中的'普罗米修斯'",绝不为过。

具体来讲,导致新闻传播机构价值回归的,是多种因素共同作用的结果。举其要者,有:

一是执政党及其政府对于自身与传媒之间的新型关系的积极探索与观念创新。人们终于确认,新闻传播机构与国家机关等行政性、权力性机构不同,是"沟通官方和民间的第三方桥梁"⑪,应该具有独特的主体性与独立运营的自主权。中国共产党十七届六中全会报告要求新闻传播机构"提高舆论引导的及时性、权威性和公信力、影响力,发挥宣传党的主张、弘扬社会正气、通达社情民意、引导社会热点、疏导公众情绪、搞好舆论监督的重要作用"。而党的十八大刚刚闭幕,中共中央政治局在关于改进工作作风、密切联系群众的八项规定中,特将改进新闻报道问题破天荒地列为一条,规定"应根据工作需要、新闻价值、社会效果决定是否报道"。作为选择和衡量新闻事实的客观标准,"新闻价值"第一次被正式写进执政党的党内行为规范,充分体现了党对新闻规律的尊重与对媒体发挥主体性、主动性、创造性的新期待,体现了正确处理执政党及其政府与媒体之间关系的新思路。

与此相联系,在 2013 年 1 月 4 日召开的全国宣传部长会议上,在继续强调新闻传播机构的政治意识、服务意识的同时,还进一步提出了"树立问题意识"与"树立改革创新意识"。会议指出:"'问题是时代的声音',要善于发现问题、提出问题、直面问题、研究问题、回答问题,积极推动问题的解决,集聚推动发展的正能量。"⑫

正是由于这些方面的观念更新与思想解放,党委领导、政府管理、行业自律、社会监督、企事业单位依法运营的宏观体制框架正在建立、健全起来。新闻传播机构的自主意识不仅被激活了,而且有了逐步扩大的实践空间,媒体自觉有了适宜且日渐丰厚的土壤。特别是党的十八大之后,一些主流新闻传播机构意气风发,新闻气质耳目一新。犹如《人民日报》在 2013 年 1 月 5 日首开评论版时所说的那样:"我们还将努力把评论版打造成干部论政的平台、学者争鸣的空间、群众议言的广场,在交流、交融乃至交锋中,传递'中国好声音',谋求最大公约数,推进社会前进的步伐。"

二是"人权入宪"⑬与国家加入国际人权"两公约"⑭。随着我国加入 WTO 后五年过渡期的结束,随着签署《公民权利和政治权利国际公约》、批准《经济、社会及文化权利国际公约》,公民的基本权利同时获得了国际法、国内法的保障。特别是"人权入宪"以及将"尊重和保障人权"写入刑事诉讼法等相关法律⑮,充分体现了社会主义法律制度的本质要求,对其他一些部门法的修订具有鲜明的路径借鉴意义。同时,"人权入宪"也有利于新闻传播机构在自己的报道与传播实践中更好地尽责履职。这就表明,从此以后,我国新闻传播机构所有与报道、传播有关的各项权益,已经得到了宪法等国内法与国际法的诸多保障。新闻采访、新闻监督从此可以理直气壮,而不要再那么躲躲闪闪、吞吞吐吐了。

三是有关新闻的法治理念有了突破性的进步。特别是国家在逐步制定并实施政府信息公开条例与《突发事件应对法》的过程中,对有关新闻传播的活动范围、责任与义务,以及法律救济等方面做出了更加具体且符合法律规范的要求,具有很强的可操作性。值得注意的是有关《突发事件应对法》草案的修改,充分体现了国家对媒体价值的充分信任与尊重。一方面,要强化政府及时、全面、准确地发布有关突发事件权威信息的责任,完善相关的责任追究措施;另一方面,要致力于保障而不是限制媒体在调查采访和信息披露方面的权利,包括保障媒体对地方政府的组织应对、信息发布等方面的建议权、监督权。[16]

四是近20多年来新兴媒体的飞速发展。由于以互联网为代表的传播技术数字化、网络化发展和传播环境的变化,公众参与传播活动、接近与使用媒体越来越便捷了,媒体作为民主工具与"以化成天下"的价值特征愈益明显。我们已经看到,在党和政府的呵护、民众的支持与从业人员的努力之下,包括新闻网站在内的新闻传播机构的作用和影响越来越大。无论是在监督政府履职、反映群众诉求、揭露贪腐行为、还原事件真相、促进问题解决,还是在弘扬社会正气、维护社会稳定、促进民族团结和国家统一、促使公众人物珍视自我诚信形象等方面,都发挥了积极作用,并成为政治进步和文化繁荣的重要标志。

五是第29届奥运会(北京)在促进中外新闻传播机构之间的竞争与合作的同时,也促进了新闻开放。2008年元旦,国务院《关于奥运会期间外国记者在华采访的暂行规定》生效,外国记者只要得到本人和单位同意,便可在中国自由采访。公安部为此还提出了警察值勤时"四不干预、八不允许"[17]的要求,以从容与自信来保障对外交流。从这一天开始,已经打开的大门就没有再关闭。

如此等等。

那么,新时期我国新闻传播机构作为社会公器的价值回归,主要体现在哪些方面呢?

第一,公共表达。就是为人民群众提供传播信息、表达意见或利益诉求、参与民主讨论与公共决策的平台,促进人民群众特别是生产第一线的工人、农民、知识分子等与政府之间的有效沟通和交流,增进社会的认同感和公共决策的科学性。可以是"向上表达""横向表达",也可以是"向下表达"。通过媒介这个公共表达的平台,公民的法定权利有效地转化为事实权利,成为管理国家和社会事务的主体力量。因为借助媒体,可以将公民自发的、零散的、无组织的政治参与,以表达自由的方式纳入到党和政府主导的政治框架中来。在一个开放的社会中,表达应当是自由的、平等的,只有自由、平等的表达才能促成公共领域的理性和包容。而正是强大的舆论追问,才会使无助的个体在国家的名义下,实现神圣的权利。[18]事实上,进入新世纪以来,有关医疗改革、教育改革、社会保障等社会问题的讨论,已经从新闻媒体扩展到了全国"两会","最终影响了公共政策的走向"[19]。

第二,舆论引导。"舆论是公众对社会上有争议问题大体相同的言论。舆论是一种道义的、精神的力量,对社会生活具有重要的意义。"[20]在发展社会主义民主的过程中,新闻媒体负有"用正确的舆论引导人"的重要使命,以保证改革开放与民主政治的有序推进。舆论引导的过程,既是反映民意的过程,也是沟通的过程,并通过沟通形成新的舆论的过程。也就是说,通过新闻报道,有选择地、倾向性地反映新近或正在形成的舆论,从而对社会舆论产生影响和引导,促使舆论向着公平正义、社会良知、有利于问题的正确而妥帖解决的方向发展,而不是相反。

第三,社会守望。改革开放的中国发展速度之快、社会变化之巨,让世人瞩目。我们正面对一个纷繁复杂的世界。大事、小事、好事、坏事、喜事、悲事、乐事、苦事,每日每时都在发生。社会的转型又必然带来思想、观念、道德的碰撞,既给社会带来了蓬勃生机,同时也带来这样或那样的危机。在这种情况下,站在社会这艘航船最前面的新闻传播机构与新闻记者,关注社会、守望环境、评是说非、扶正祛邪,尤为重要。早在半个世纪之前,著名传播学者施拉姆就在《传播学概论》一书中指出:作为社会的守望者,监测环境并发布预警报告是大众传媒的首要职能。[21]因此,无论国际大事或者国内发生的凡足以影响人民生活与社会判断的重大事件,不论将其定义为正面或负面,都应让媒体在第一时间报道。

第四,新闻监督。本来意义上的舆论监督,是指公众对各种权力组织及其工作人员,以及社会公众人物等等,通过自由表达看法而对议论客体所形成的一种客观效果。这种监督是一种自在的、无形的精神性力量。监督的渠道多种多样,表达的意见可以是赞扬,也可以是批评。笔者这里指的新闻舆论监督,是人民群众根据宪法赋予的权利,通过新闻媒体发表自己的议论、观点和意见、建议,对国家生活和社会生活中出现的违反公共道德、损害国家与公共的利益,以及国家机关及其工作人员的缺点、错误和渎职、贪腐行为,进行揭露、评价、抨击和谴责,促使国家生活与社会生活沿着法治和社会共同生活准则的方向运作,督促有关机关对被揭露、抨击、谴责和批评的事情予以处理和纠正。

在舆论监督中,新闻媒体作为民众的传声筒与有序参与的话语平台,代表的是民众的声音,行使的是宪法赋予的公民权利。这体现了人民民主的监督,是人民群众参与国家和社会事务管理的一种形式,也是新闻媒体肩负的神圣的社会职责。

有人担心,这里讲新闻媒体是正被解放中的"普罗米修斯",是中国特色社会主义条件下的社会公器,会不会跌入一些人鼓吹的"新闻自由"的泥淖呢?

对这个问题保持一定的警觉是可以理解的。西方所谓的"新闻自由",有一个制度化的前提,就是"三权分立"或"三权鼎立"模式,实施政治自由化。即使如此,这个"新闻自由"也是有条件的,那就是对于危及国家利益、社会秩序的表达决不能予以放纵,必须遵循"明显而当前的危险"原则②。中国特色的社会主义政治民主坚持从中国的国情和实际出发,坚持党的领导、依法治国、人民当家做主的统一,坚持党领导下的人民代表大会制度、党领导的多党合作与政治协商制度、民族区域自治制度与多种形式的基层民主制度,不将西方的一套政治制度作为政治体制改革的参照系,也就没有将新闻媒体引向"第四种权力"的制度空间。与这个问题有联系的还有所谓"无冕之王"的概念。在今天的主流语境中究竟怎么使用,也要斟酌一番。③

在社会主义的中国,我们当然讲新闻自由,尊重与保障公众和媒体的权利主张。但是,我们强调权利与义务的平衡,讲媒体的社会责任与文化自觉。这与讲人权一样,必须从中国社会的历史发展与具体国情出发。西方传播学中有关于社会公器、公共领域的基本概念,反映了近代以来西方社会公民意识与民主意识的发展。剔除其所包含的特殊意识形态制度价值与国家的制度硬壳,借用到社会主义中国来,并代之以中国特色社会主义的道德价值、工具价值与制度价值,以便丰富与发展传统的媒体观念,也是可以的。有鉴于此,朱镕基当年视察中央电视台《焦点访谈》栏目组时,挥毫题词"舆论监督,群众喉舌,政府镜鉴,改革尖兵"。

当然,任何制度都是具体社会历史过程的产物,媒介制度的进步也不例外。当下我国的新闻传播同样是一面多棱镜,有多种力量正在试图影响政治民主的走向,影响新闻传播机构的走向。一方面,随着传播数字化、网络化的发展,媒体作为一种特殊的社会公共资源,为人民群众实现美好愿景与历史使命而发挥社会公器的作用,将会有新的、更高层次的丰富与发展。迄今为止的进步还非常有限,有的还很表面、很肤浅,不应作不切实际的估计。何以恢复与弘扬 20 世纪 50 年代初期那样在媒体上开展积极而不是敷衍的批评与自我批评传统,从而在新的历史条件下构建公共表达平台,依然是一个严峻的挑战。

另一方面,在市场经济体制与经济全球化、传播全球化的条件下,随着媒体主体性的激活与资本对媒介的渗透,在一些地方又出现了人民群众的媒体近用权、传播参与权与其他公共文化权益受到严重挤压的反向运动。在开发文化的产业功能的过程中,过度商业化对媒体公共性的侵蚀就是一面镜子。在许多颇有影响的传媒版面或荧屏上面,真正属于那些"算计着过日子"的工农"草民"及其知识分子的实践与声音,实在是太少太少了。

如何在宏观的制度设计与微观的内外治理等方面继续改革创新,已经历史性地被提到了人们的面前。

### 三、民主政治条件下的媒体权利

媒体作为中国特色社会主义条件下的社会公器的价值定位得以重新确认,在逻辑上也就提出了一个媒体权利及其实现的问题。而政治民主的发展,对媒体权利及其实现的呼唤,则远比在理论上的逻辑分析显得更为尖锐、更为迫切。新闻媒体与政府、企业、社会之间互为鉴镜的关系如何建立,还有待摸索。

这十年来,人们十分不安地看到,一些地方卫视在扩大覆盖后出现了定位迷茫,一些地方假记者、假媒体招摇过市浑水摸鱼,不少地方小报与相当多的网站借恶搞牟利,渲染色情、暴力,污染着未成年人的成长环境。一些原来颇有影响的主流媒体,在传播业高速成长的今天,反而面临着公信力下降、受众流失、市场滑坡的尴尬局面。倒是受现行体制制约较少的网络新闻,却频频发出自己的声音,日益走俏、抢眼,走到了舆论引导的前台。实践证明,一种反向的矛盾运动正在展开:一方面,一些新闻传播机构的权利主张、权利行使正在经受一系列来自外部或自身力量的牵扯,屡屡出现公共权利被僭越、被滥用的现象。另一方面,媒体的生存环境并不乐观。犹如当初富士康起诉《第一财经日报》事件中当事记者之一的翁宝当年所言:"在一个企业权力急剧延伸,在法律体系对新闻从业保护日显单薄的今日,传媒业会是怎样的一种'高危行业'——无论你是怎般的善意,无论你是怎样地努力,无论你是怎样地接近事实本身。任何一方都可能会以法人的身份对任何一个记者的任何报道疑问提起高额的诉讼,并申请诉讼保全查封记者的私有财产。这就是此事的潜含义,也是媒体未来可能的生存现实。"㉔

人们在扪心自问,也在相互追问:在民主政治与市场经济条件下,到底什么是媒体权利?在尊重与保障媒体权利的过程中,又该如何确保权利主张与行使的规范化、制度化,确保媒体立场的公正客观,而不受某些利益集团与资本的干扰?

对新闻媒体的态度,是一个国家文明程度的标尺。依法尊重、保障与规范新闻媒体的正当权利,已经成为社会主义民主政治发展过程中亟待解决的重大课题。我国的媒介制度变迁,也正是沿着这一条红线向前推进的。

所谓媒体权利,是指新闻传播机构为开展业务所依法拥有的知情权、新闻采编权、新闻发布权、新闻传输权、新闻舆论监督权、从业人员的人身安全权,与为了实现一定程度的财务独立所必需的自主经营、自主管理、自我发展权。随着科技进步与社会发展,媒体权利也会延伸、丰富与发展。

举例来说,司法独立是民主社会的重要价值。但是,媒体有监督司法的权利。如果没有媒体的作为,司法腐败就难以避免,谈何独立?"舆论监督、司法独立二者皆为宪法赋权,如车之两轮、鸟之两翼,相辅相成,目标一致,都是为了实现社会公正。"⑤故而司法独立不能让媒体缺席。这种不能缺席的权利,就是媒体权利。

这种情况在应对突发事件与公共事件过程中表现得特别明显。实践证明,在突发事件中,媒体的及时跟进与监督非常有效。从当年的"非典"事件、山西省左云县矿难瞒报死亡人数事件等,到云南昆明"躲猫猫"事件,都是由于有了媒体对突发事件的披露,地方政府才更加警醒,才不敢懈怠,信息才不会被封锁,民众知情权才能实现,上级政府的决策才能及时和准确。如果缺少了媒体在突发事件中的信息披露,虚报、谎报必然盛行,对国家和人民生命财产必将造成更大的损失。

再比如说预防职务犯罪,实践一再证明,同样不能让新闻媒体缺席。媒体报道的迅捷、受众的广泛与透明,都使其具有其他预防职务犯罪的措施或力量的不可代替性。可是,由于新闻监督的矛头直指公务行为,其权利极易受到公权力的侵犯。如果新闻记者的知情权、无过错合理怀疑权、批评建议权和人身安全保障权的权利不能得到有效的尊重与保障,那新闻监督就无异于镜中花、水中月,新闻媒体缺席的情况就不可避免。所以,对媒体的上述正当权利不仅在法律上要有实体规定,更要有程序保障。

如果我们再把问题放到社会转型、民主发展的历史条件下来讨论,尊重、保障媒体权利对于促进我国社会的自我优化的作用更是不言而喻。有学者在评论媒体的"华南虎虎照"事件时指出,"这说明30年来中国的发展所展现的活力已经为这个社会的自我提升准备了充分的条件和坚实的基础,也说明开放的中国已经有了充分的自信和自觉。中国的公众不会容忍对于社会和这个国家的基本价值的轻忽,他们能够辨别事情,同时揭示事实。这件事让我们有了足够信心,这个社会的积极力量足以让诚信得以发扬,虚假得以破局。"㉖最近,该学者又撰文指出,"互联网的舆论氛围,会在未来对于公众人物形成更为严格的要求与监督。"㉗

为了便于统一认识,我们在这里有必要对媒体权利的内涵作一些分析。

第一,媒体权利是公民权利的自然延伸,源自公民的知情权、参与权、表达权、监督权,具有公共权利的属性。据此,媒体权利也同样是一种法律权利。在政治民主的条件下,媒体承担着宣传国家大政方针与重大举措,代表人民群众、社会团体表达意愿、参与政治、交流信息,并监督政府或社区机构及其工作人员履职等任务,理应受到法律的保障与尊重。正如欧洲人权法院所说:"公众有权得到信息和思想,而媒体则应当充当公众的看门狗。"既然媒体的作为只不过是普通公民表达言论自由的特殊形式,那就没有理由对媒体作出区别于其他言论表达形式的特别限制。例如,除了保护国家秘密、个人隐私、特殊人群等之外,立法理性、行政效率、个人权利等等均不能要求作出媒体不能报道和评论的特别限制。否则,作为基本自由的公民言论自由就会被缩减殆尽。

现今的媒体权利已是我国政府对国际社会做出的一项庄严承诺。如根据《公民权利与政治权利国际公约》第 19 条:"人人有自由发表意见的权利;此项权利包括寻求、接受和传递各种消息和思想的自由,而不论国界,也不论口头的、书写的、印刷的、采取艺术形式的、或通过他所选择的任何其他媒介。"一个社会要被视为真正的民主社会,就应该对公开发表的思想言论有高度保护,无论其媒体是报纸、杂志、图书、手册、电影、电视,或是新近的网络、微博等。《关于媒体与司法关系的马德里准则》在导言中指出:"媒体自由是表达自由的一部分,是民主社会实行法治的基础。法官的责任是承认和实现言论自由,适用法律时作有利于言论自由的解释。只能根据《公民权利与政治权利国际公约》明示授权才能对媒体自由予以限制。媒体有义务尊重国际公约保护的个人权利和司法独立。规则只是规定了言论自由的最低标准,它并不妨碍更高标准的确立。"这里所谓"并不妨碍更高标准的确立",是认为司法对媒体的限制越少越好。当然,这个规定并不说明媒体对司法的影响越多越好。这是两回事。

第二,媒体权利是一种负有义务的道德权利。也就是说,新闻传媒承担着社会责任,每一个从业人员应当服从职业规范和伦理,而不是媒体所有者、从业者的利益。决定什么报道、什么不报道,哪些要强调、哪些要简化,什么时候深入报道、什么时候一带而过等等,这些都应从有利于社会主义核心价值体系的整合并引领社会思潮,有利于培养社会责任、构建和谐社会,有利于实践公平正义的角度,由相应岗位的人员独立做出判断。以法制报道为例,传媒的引导作用是通过法制信息和知识的传播而去提高国民的法律素质,而不是哗众取宠,片面地追求"注意力经营",像鲁迅讲的那样"耸动低级趣味者的眼泪"㉘。媒体应当提供公共论坛,允许人们"不受限制、强而有力、完全开放"地讨论,例如广播电视划出一定时段由公众自由发言,报刊免费提供一定版面来发表受众群言、学者争鸣,或者以收费形式接受读者要求刊登的意见广告,等等。当然应奉行公平原则,对重大争议性问题给予各种意见发表的平台以平衡报道。

第三,媒体权利的主体是新闻媒体。"新闻媒体的发行人、编辑、记者是新闻自由的实际享有人,但并非以个人身份享有新闻自由,而是以作为新闻媒介的从业者享有新闻自由。"㉙国务院关于《北京奥运会及其筹备期间外国记者在华采访规定》(国务院令第477号),允许外国记者"在华采访,只需征得被采访单位和个人的同意";"外国记者可以通过外事服务单位聘用中国公民协助采访报道工作"。这两条规定从表面上看是给予赴京采访的外国记者个人的权利,而实际上却是给予记者所服务的有关外国媒体的。因为他们在办理有关入境签证手续时,是以某个媒体的记者身份出现的,而绝不是零散游客。

同样的道理,根据国际奥委会的有关规定,奥运会期间,为了保障采访奥运会的新闻媒体的权利,运动员、教练和运动队官员均不得在比赛期间充当"记者或其他传媒人物"的角色。对于个人博客问题,运动员委员会主席、奥运会著名撑竿跳高运动员布勃卡说:"理论上奥委会不反对运动员写博客,博客是现代人表达观点的一种方式,但是每一位参加奥运会的运动员都必须遵守相关规定,奥委会将对运动员写博客进行必要的研究。而从原则上来说,运动员委员会不反对对运动员的博客进行详细检查。但是这是一个微妙的问题,我们决定要进行进一步调查。"布勃卡称博客会带来诸多问题,如个人隐私问题和与媒体权益的潜在冲突㉚。他的认识在一定程度上反映了国际体坛的共识。

第四,媒体权利是一种工具性的基本权利。法律保障媒体权利"是因为其有达成社会目的的工具价值","为追求较大的公共利益而限制新闻自由并不必然构成违宪"。㉛也就是说,在社会效益的比较中,有一个"按照比例原则"的权衡问题。例如,当国家处于交战状态,或正在应对突发事件,政府在采取措施的过程中,如果有多种手段可选择,要选择一种对公共利益包括对老百姓利益损害最小、最有利于保护老百姓权益的措施。如果不这样做,应属违法。㉜在这样的特殊情况下,对媒体的某些权利依法给予限制,是可以理解的。比如 2007 年 11 月 30 日下午,在美国民主党总统竞选人希拉里·克林顿办公室发生人质劫持事件时,尽管劫持者一连三次给美国 CNN 打电话,希望制造轰动效应,把事态搞大。可是,CNN 在这时候却表现出了理性,封锁了这条突发新闻,为警方赢得了应对时间,受到了人们的赞扬。㉝在我国,对于某一些种类的突发事件的信息发布、报道,政府也已经通过一些相关法律、法规和国务院的有关规章作了规定。这就说明,在媒体权利面前,国家利益、人民的利益,是至高无上的。

第五,媒体在经营方面的权利是由国家的特殊制度安排规定的私权利。属于境内设立的有限责任公司和股份有限公司,应接受《公司法》及其他有关涉及特种法人运营规则的法律的规范;属于国有事业单位或其他非营利机构的,同样应按国家的有关法规或政策规范运营行为。这些权利作为中国特色社会主义条件下的社会公器、作为应具有公信力的媒介权利,即作为公共权利的媒体权利,是有严格区别的。既不能混为一谈,更不能以私权利的名义去损害公权利。

特别需要指出的是,权利与权力是一对天然的兄弟。权利一旦与资源(不包括媒体采编、传输等基础设备、基础设施的建设和运营)相结合,就有了异化的土壤。在民主政治与市场经济条件下,新闻传播领域可能出现的最大威胁,是内部人控制所导致的社会公器的蜕变,是那种官媒勾结、商媒勾结与官商勾结。

### 四、媒体表达自由的权利实现

上面说到,媒体权利包括采访自由、传输自由、报道和评论自由、出版或发行自由等方面,是一组权利束。我们在这里要着重讲一讲最主要、最本质的权利——表达自由的权利实现。

表达自由从本质上讲是一种与法治相联系的民主权利,权利之实现有赖于社会主义民主的发展。马克思主义认为,要使无产阶级的民主理想变为客观的现实,就必须按照社会主义发展规律,随着经济、政治和文化等社会事业的发展,采取各种措施,逐步创造条件。因此,这必然是一个长期而艰巨的探索过程。马克思在《哥达纲领批判》中指出,劳动人民要对国家实行民主监督,需要他们具有一定的主体意识并达到相应的成熟程度。㉞列宁也认为,虽然苏维埃民主赋予广大人民群众管理国家事务和对国家政权加以监督的权利,然而由于他们的文化水平低下,他们无法充分有效地行使自己的民主权利。"我们深深知道,俄国文化不发达是什么意思,它对苏维埃政权有什么影响;苏维埃政权在原则上实行了高得无比的无产阶级民主,对全世界做出实行这种民主的榜样,可是这种文化上的落后却限制了苏维埃政权的作用,并使官僚制度复活。"㊳他主张通过长期的教育工作、组织工作、文化工作来改变这种情况,不断完善社会主义民主。既然如此,作为民主制度之一的表达自由必然有一个完善与发展的问题,必须从实际出发,不能想当然。

更为重要的是,在我们这样一个正处于社会主义初级阶段的发展中大国,实现媒体的表达自由,要特别注重区分其本质与形式,注重探索表达自由的各种实现形式。否则,媒体的表达空间的实现仍然是有限度的。我国传媒机构转型改革的重要任务之一,在一定意义上讲,就是积极探索社会主义市场经济条件下表达自由的实现形式,为表达自由与公民政治权利的同步实现创造条件。列宁指出,在完善社会主义民主的过程中,要探索各种形式,形式愈多愈好。"对于群众创造的形式应详细记录下来,加以研究,使之系统化,在经过更多经验检查之后定为法规。"㊴这对我们很有教益。

具体说来,在我国民主发展的现阶段及今后一个时期,媒体表达自由的权利实现有赖于这样几个条件:

第一,新闻法治。这是事关媒体权利实现的一个最基本、最重要的条件,也是下面所讲的四个条件得以成立的基础。这是因为,1949年以来执政党的基本经验教训之一,就是"在社会主义民主政治建设中,必须使国家宪法和法律具有不可侵犯的神圣权威,使全体公民的民主权利得到切实保障;党必须在宪法和法律的范围内活动,任何一级党组织和它的领导人都不能有超出法律之上的权力"㊵。历史与现实中的一些事例反复证明,如果民主法制不健全、权力得不到有效制约,有的人就会利用手中的权力侵犯乃至践踏法律。这是需要非常警醒的。

同时,与发展社会主义民主紧密联系的媒体表达自由,既是一种权利,也是一种制度。而制度则要有法律的保障,没有法律保障的权利只能是半截子权利——"要你说,你才可以说;不要你说,你就不能说"。同时,没有法律的保障,媒体权利也有可能被一些利益集团与资本或所操纵、或所僭越、或所践踏、或所虚化伪化,已经取得的一些权利依然可能被剥夺。

因此,作为民主政治追求的目标之一,新闻法治应当以宪法为最高法律规范,将新闻事业和各项工作纳入法制轨道,真正实行有法可依、有法必依、执法必严、违法必究,实现新闻工作的制度化、法制化。其基本理念主要是党与新闻传播机构的关系,新闻传播机构及其编辑记者的知情权、维护人格权、更正与答辩权、保密权等。⑧在新闻法制建设过程中,如何统筹处理好尊重保障媒体权利与规范媒体权利之间的关系,真正体现社会公器的社会主义性质,是一个亟待研究、探讨的重大课题。

当然,30多年来的基本经验告诉我们,民主、法制总是具体的、历史的,它只有依存于一定国家的一定历史阶段的经济、政治和文化条件下,才能建立起来,并逐步发展完善,成为一种有效的社会政治制度。

马克思说得好:"权利决不能超出社会的经济结构以及经济结构制约的社会的文化发展。"⑨我们应从社会主义初级阶段实际存在的经济、政治、文化条件出发,在党的领导下,有步骤、有秩序,积极而稳妥地推进新闻法制改革。既要有长远的发展战略与基本制度的顶层设计,又要有近期的阶段性改革目标。条件成熟的事情可以先办,条件还没有成熟的事情可以缓办;有把握的事情,可以立刻就办,没有把握的事情,积累了经验再办。

第二,媒体的文化自觉及其主体地位的确立。前面说到,作为媒体权利,这里的权利主体主要是媒体自身。这与一般的言论自由的权利主体是普通公民是不一样的。长期以来,我国新闻媒体的自主意识一直比较含蓄,总是怕与服从党的领导、与遵守新闻纪律相冲突,习惯于按规定的口径搞报道。这是可以理解的。随着政治文明的发展,政治文化的演进,媒体的自主意识将会日渐明晰与理性。

媒体的主体地位还涉及媒体法人的治理机制与治理结构。如果没有健全的媒体法人制度⑩,媒体不能独立承担相应的民事责任和法律责任,其主体地位仍将是虚拟的,在行使媒体权利方面不可能真正有大的作为。因为没有法人的主体地位,就没有经济上、政治上的主体地位。而完善的媒体法人治理的核心,则是要依法实现真正的法人化,具有法定的治理主体。在市场经济条件下,防止媒体自主意识的错乱——片面谋求既得利益或甘愿为既得利益集团或资本服务,健全的法人制度与治理结构是其基本条件之一。

第三,国家对新闻传播机构的特殊制度安排。这是确保包括文化产业在内的新闻传播业健康有序与可持续发展的前提和保障。根据现行的混合型运营体制,新闻传播机构既要坚持社会公平正义,恪守新闻伦理与职业道德,又要组织创收,弥补事业经费的不足,在行使表达自由时常常会陷于一种两难的尴尬境地。因为在事实上,保障公众知情权与新闻名誉侵犯权的界限有时并非一目了然,弄得不好会把媒体无端拖进没完没了的新闻诉讼。"新闻官司带来的风险和高额成本使得他们在'为'与'不为'面前颇感踌躇,多数情况是有保留的'为',即不点名或者采取含混的方式来报道新闻主体。"㊶在经费依然拮据的情况下,媒体尤其不敢得罪自己最重要的广告客户。最早报道婴儿疑因食用问题奶粉导致患上肾结石的某个地方媒体,就是因为新闻侵权的风险,放弃了对三鹿的点名质疑,以至于媒体的社会预警功能被大大的弱化。㊷这尽管是一个个案,但提供的思考却很多很多,需要在制度设计与法制建设上求得解决。

从根本上说,媒体问题的实质是社会自我管理、自我控制的问题,这也就是民主的问题,尤其是社会参与的问题。㊸只有从全新的政治理念——坚持党的领导、依法治国与人民当家做主的统一——出发,才能真正落实有关的特殊制度安排。

制度安排必然涉及传媒机构的资源补偿体制改革。如果在财政资金的投入、使用等方面没有与不同分类相匹配的资源补偿及其财务核算体制改革,不仅长期困扰的资金短缺问题难以从根本上得到解决,资金使用效率受到影响,表达自由的权利实现也将受影响。这方面的制度突破,同样将有一段较长的探索,有一个符合国情和公共财政承受能力的基本决断。

第四,与公民权利有关的信息公开。新闻的核心伦理是客观地报道事实,真实是新闻的生命。媒体有报道新闻的权利,有拒绝使用涉及本地新闻的新闻通稿的权利,也有要求政府充分公开有关社会管理等方面公共信息的权利。信息不公开,政务不透明,媒体权利就得不到保证,假新闻就很难避免。

例如,政务信息公开就不应该是花架子,新闻发言人制度也不应该是摆摆样子,应当有立体的、多层面、多结构的各种内容的信息的发布。一旦发生突发公共事件,则应当按国务院新闻办公室的要求开通"四讲"机制㊹。"开诚布公,打开天窗说亮话,并且敢说实话,善说人民群众便于接受的真话。不仅说好事,坏事也要好好说,而且首先说、迅速说。面对今日开放的世界,敢于挺身而出,坦荡表达,善于用世界听得懂的语言说话。"㊺

第五,新闻自律。新闻自律既是媒体自觉的结果,也是在更高层次上实现媒体自觉的条件。"新闻自律或许可以定义为:新闻业包括媒介和从业者基于其职业角色和职业行为所涉及的道德和价值的全部问题,运用职业理念和职业道德规范进行的自我判断、自我约束和自我管理。"㊻今天，媒介形态的日渐丰富、传播界限的不断模糊与多元化的表达方式，正在考验着媒体的判断力，考验着媒体的良知：越是众声喧哗，越要去伪存真，注重对信息的调查、梳理、判断与引领；越是诱惑多多，越要坚守媒体的核心价值与职业底线，自觉承担起社会责任，带头凝聚、传承新闻传播的公信力、生命力，做践行社会主义荣辱观与弘扬社会主义基本价值观的表率。

注释：

① 参见李永清等：《从革命思维到执政思维——党的历史方位的改变与理论思维的更新》，中共中央党校出版社 2007 年版，第 221 页。

② "两个根本转变"是指党的十六大报告中所讲："我们党历经革命、建设和改革，已经从领导人民为夺取全国政权而奋斗的党，成为领导人民掌握着全国政权并长期执政的党；已经从受到外部封锁和实行计划经济条件下领导国家建设的党，成为对外开放和发展社会主义市场经济条件下领导国家建设的党。"

③ 参见王中宇：《"文明"与"生态"》，《新华文摘》2008 年第 3 期。

④ 张桂琳指出："中国民主的发展已经走上了一条自上而下与自下而上共同推进的道路，必须进一步促进两者的良性互动。"张桂琳：《关于中国民主发展模式的思考》，《新华文摘》2009 年第 5 期。

⑤ 民主作为道德价值、工具价值与制度价值的统一，是马克思主义中国化过程中亟待研究思考的重大课题之一。

⑥ 武和平：《打开天窗说亮话——新闻发言人眼中的突发事件》，人民出版社 2012 年版，第 37 页。

⑦ 李君如：《社会建设与人权事业》，《人民日报》2010 年 10 月 21 日。

⑧ 陆定一：《人民的报刊》，《新华日报》1946 年 1 月 11 日。

⑨⑩ 王春福：《政策网络的开放与公共利益的实现》，《中共中央党校学报》2009 年第 1 期。

⑪ 曹林：《让"人民日报评论员"不再神秘》，《中国青年报》2013 年 1 月 6 日。

⑫ 《刘云山在全国宣传部长会议上强调：巩固壮大主流思想舆论，集聚推动发展正能量》，《经济日报》2013 年 1 月 5 日。

⑬ 2004 年 3 月，全国人大通过的宪法修正案首次明确写入"国家尊重和保障人权"。2007 年 10 月，中国共产党的十七大将"尊重和保障人权"写入了党章。这标志着"国家尊重和保障人权"成了中国具有法律效力的宪法规范，成了中国共产党执政理念的组成部分。

⑭ 国际人权"两公约"是指：1997 年 10 月 27 日我国政府签署的国际人权 A 公约（《公民权利和政治权利国际公约》），并经 2001 年 3 月全国人大常委会批准生效；1998 年 10 月 5 日，我国政府又签署国际人权 B 公约（《经济、社会及文化权利国际公约》），加快了融入国际人权"两公约"的进程。

⑮ 《李肇星答中外记者提问时表示："尊重和保障人权"有望写入刑诉法》，《中国青年报》2012 年 3 月 5 日；《刑诉法 16 年来第二次大修，惩罚犯罪与保障人权并重》，《扬子晚报》2012 年 3 月 9 日。

⑯ 潘洪其：《突发事件应对法草案两处规定删得有理》，《北京青年报》2007 年 6 月 25 日。

⑰ "四不干预、八不允许"是指孟建柱在一次会议上提出的警察执法要求，如不摁镜头、不拿内存卡、不抽胶卷、不扣人等。参见武和平：《打开天窗说亮话——新闻发言人眼中的突发事件》，人民出版社

2012年版,第160页。

⑱⑲ 武和平:《打开天窗说亮话——新闻发言人眼中的突发事件》,人民出版社2012年版,第53、374页。

⑳ 林枫:《马克思主义新闻观——中国视角的系统阐释》,新华出版社2005年版,第110页。

㉑ 转引自于丹《电视新闻:媒体变局的聚焦点》,《中国广播电视学刊》2004年第1期。

㉒ 1919年,美国大法官奥利弗·霍姆斯确立"明显而当前的危险"原则。参见武和平:《打开天窗说亮话——新闻发言人眼中的突发事件》,人民出版社2012年版,第123页。

㉓ 李向阳:《使用"无冕之王"的称谓要审慎》,《青年记者》2006年第11期。

㉔ 引自当事记者翁宝2006年8月29日个人博客中的一段文字。

㉕ 武和平:《打开天窗说亮话——新闻发言人眼中的突发事件》,人民出版社2012年版,第100页。

㉖ 张颐武:《自我提升的力量》,《北京青年报》2007年12月9日。

㉗ 张颐武:《方寒之争凸显公共空间新走向》,《中国青年报》2012年3月1日。

㉘ 梁衡:《法制报道的社会责任》,《光明日报》,2007年1月29日。

㉙ 商娜红:《制度视野中的媒介伦理——职业主义与英美新闻自律》,山东人民出版社2006年版,第115页。

㉚ 《保障新闻媒体权利 奥运期间运动员博客将受检查》,《北京娱乐信报》2007年2月9日。

㉛ 商娜红:《制度视野中的媒介伦理——职业主义与英美新闻自律》,山东人民出版社2006年版,第115页。

㉜ 《国务院法制办负责人就突发事件应对法草案对话中外记者——情况越紧急越要保护公民权利》,新华社2006年7月3日电。

㉝ 毛建国:《封锁消息:人质劫持事件中CNN可贵的理性》,《中国青年报》2007年12月4日。

㉞ 参见《马克思恩格斯选集》(第三卷),人民出版社1995年版,第312页。

㉟ 列宁:《关于党纲的报告》,《列宁选集》(第三卷),人民出版社1995年版,第966页。

㊱ 列宁:《苏维埃的任务》,《列宁选集》(第三卷),人民出版社1995年版,第505页。

㊲ 中共中央党史研究室:《中国共产党历史(1949～1978)》(第二卷)下册,中共党史出版社2011年版,第980页。

㊳ 张晶晶:《新闻法治的基本理念与法制新闻的客观报道》,《新华文摘》2010年第19期。

㊴ 《马克思恩格斯全集》(第25卷),人民出版社2001年版,第19页。转引自武和平:《打开天窗说亮话——新闻发言人眼中的突发事件》,人民出版社2012年版,第4页。

㊵ 鉴于相关法律的缺失,目前的新闻媒体一般登记为事业单位法人。

㊶㊷ 罗永雄:《公众知情权实现的传媒障碍》,《青年记者》2009年1月下。

㊸ 汪晖:《别求新声:汪晖访谈录》,北京大学出版社2010年版,第346页。

㊹ 国务院新闻办公室曾把突发公共事件的舆论引导策略,概括为"四讲"——尽早讲,政府要尽快抢占信息发布制高点,第一时间表明对事件的态度及应对措施;持续讲,向公众不断披露事件进展情况;准确讲,发布信息真实全面,争取公众的认可;反复讲,采取多种方式对公众进行答疑解惑。

㊺ 武和平:《打开天窗说亮话——新闻发言人眼中的突发事件》,人民出版社2012年版,第4页。

㊻ 商娜红:《制度视野中的媒介伦理——职业主义与英美新闻自律》,山东人民出版社2006年版,第44页。

# 我国新闻出版与广电业行政管理体制改革的回顾与前瞻*
——2013年"署局合并"之透视

◆ 吴 锋 屠忠俊

政府机构的设置模式不仅事关行政效率和运行成本,而且关涉公众福祉及行业发展取向。20世纪60年代以来,西方国家普遍掀起了一场政府机构改革运动,大部制(或"大部门体制")作为一种高效的政府组织样式受到广泛关注。大部制将性质相同的部门予以合并,把密切相关的职能集中在一个大的部门统一行使,致力于创建"大而精"的政府组织模式。[①]其要旨是最大限度地避免政府职能交叉和多头管理,提高行政效率和公共服务品质。[②]目前,世界上市场经济成熟的国家普遍实行大部制,中央政府部门机构大多缩至20个以内,如澳大利亚和英国19个,美国和法国15个,德国14个,日本12个,瑞士仅8个。[③]

中国政府机构改革在快速推进。2013年十二届全国人大一次会议通过《国务院机构改革和职能转变方案》,中央政府部门减至25个。在新闻传播界引发关注的是将原新闻出版总署和广电总局合并,组建新闻出版广电总局,这是1982年以来我国中央新闻传媒管理部门调整力度最大的一次改革。

新闻出版与广播影视是文化领域中意识形态属性最强、与国家政治关系最紧密的行业,该领域的行政建制与体制改革历来受到党和政府的重视,学术界在相关理论构建与梳理层面取得了一些初步成果。但统观既有文献,呈"三多三少"局面。

一是微观层面的实务研究多,宏观体制改革的研究少。现有研究多聚焦于微观层面的机制改革问题,在新闻出版领域,先是关注"事业单位""企业化管理",而后转向"传媒集团""转企改制"[④];在广播电视领域,侧重"制播分离"[⑤]"事业体制与

---

\* 原载于《现代传播》2013年第5期。

产业化分离"⑥。宏观层面的行政体制改革及公共制度供给等议题⑦牵涉到部门利益、人事安排和权力配置等敏感问题,相关研究则鲜有触及⑧。

二是基层试验探索多,顶层设计少。地方政府或基层单位在行政机构与媒体组织机构的改革方面有重大进展。2004年,黑龙江牡丹江报业集团与牡丹江广电集团合并组建全国首家集报刊、广电和网络于一体的牡丹江新闻传媒集团。⑨2005年,浙江、江苏、广东等地地市级或副省级城市率先实现文化、广电与新闻出版三大行政机构的归并整合,颇有在较低行政层级贯彻"大部制"精神的气势。⑩但省级和中央级的管理传媒的政府机构的顶层设计则进展缓慢⑪,相关理论研讨亦甚稀缺。

三是新闻出版领域的改革探究多,广电系统的改革研究少。"新闻出版领域改革任务占到文化体制改革任务的三分之二"⑫,相关实践和理论成果有较多积累,基层和高层管理者推进体制改革的热情较高,宏观体制改革逐步涉入深水区。广电系统的体制改革则相对滞后⑬,研究基础较薄弱。

值此国务院机构改革推出的"署局合并"在传媒管理机构改革上迈出一大步,为相关理论探索提供广阔的创想空间之际,对我国新闻传媒的政府机构改革进行回顾与梳理,就本轮政府机构改革对传媒业的影响进行立体透视,并就传媒业未来的改革趋势进行战略前瞻,具有重大的理论和现实意义。

## 一、我国新闻出版与广播影视管理体制改革的演进轨迹

新中国成立以来,新闻传媒领域的行政机构框架与各个时期的政治主题及重大事件相依相伴,经历11次重要调整。从时代特征及改革主调来看,其演进轨迹可划分为三个阶段:

### (一)1949年到1974年是机构设置的探索阶段

这一时期,我国新闻与文化领域的机构设置尚未有成熟、固定的模式,中央传媒管理部门的"新建、撤销、合并"接踵进行,呈"分合并立、建撤交替"的态势。

新中国成立之初,在新闻出版与广播影视的管理机构设置问题上,有两种取向:

一是"合",即按照精简高效原则,将新闻宣传相关部门统置于一个机构,实行类似"大部制"的集中管理。这种机构设置模式源于中国共产党夺取全国政权前在割据地区的建政经验。那时物质资源匮乏,形势多变,只能设置最精简的政府机

构。1949年9月成立的政务院文化教育委员会,综合性极强。主任由副总理郭沫若兼任,副主任由马叙伦、陈伯达、陆定一、沈雁冰四人担任,有委员46名、秘书长1名、副秘书长3名,其管理职权涵盖科教文卫四大领域,领导文化部、教育部、卫生部、科学院、新闻总署和出版总署的工作,1951年成立的宗教事务处和对外文化联络局也由该委领导,对上述部门和部门下属机关颁布决议,下达命令,并审查其执行情况。[13]1949年11月成立新闻事业的主管机构——中央人民政府新闻总署,胡乔木任署长。总署下设办公厅(辖5个处,处下共设18个科室,见表1),另有5个直属单位。总署集中领导全国的新闻宣传活动并管理直属单位的财务、人事,管辖范围涵盖报业、广播、通讯社、摄影、国际新闻、新闻教育等领域。[15]这种符合大部制精神的设置模式并未持续多久。1952年8月,中央人民政府新闻总署被撤销[16]。1954年9月,全国开始了较大规模的机构精简,依国务院《关于设立、调整中央和地方国家机关及有关事项的通知》,政务院文化教育委员会也被撤销。管理新闻业的"大部制"模式的延续时间,前后不过5年。

表1 中央人民政府新闻总署所属机构一览表

| 办公厅 | | 直属单位 | |
| --- | --- | --- | --- |
| 秘书处 | 人事处 | 新华通讯社 | 广播事业局 |
| 新闻行政处 | 新闻经理业务处 | 国际新闻局 | 新闻摄影局 |
| 新闻编辑业务处 | | 北京新闻学校 | |

另一取向是"分",即按照分类管理原则,依新闻媒介种群的划分设置相应管理机构,分块管理。当时全国引进苏联"计划经济"管理经验——要加强管理的针对性和决策的有效性,需落实"分门别类"的精细化机构设置。鉴于当时媒介种群较少,不同类型媒介运行特性的差异为分类管理提供了依据。首先成立了管理文学及文艺事业的文化部和管理全国电影业的中央电影事业管理局。由于出版业的规模较大,又专门设立了出版总署,胡愈之任首任署长,管理全国的图书出版活动。此后,为适应广播事业的快速发展,1952年成立了中央广播事业局。到1954年,新闻与文化领域的正部级政府机构有5个(出版署、电影局、广播局、新华社、文化部)。这年9月,按照国务院组织法的规定,对原政务院的组织机构进行调整,撤销出版总署和电影事业局,它们的相关职能部门并入文化部,原来专业细分的部门设

置模式又向"合"发展。

新中国成立初"以大部制为主、以小部门制为辅"是较为科学、极具前瞻性的制度设计。但随着系列政治运动的开展,新闻媒体和文化事业演变为阶级斗争的工具。政治需要和领导人意志主导部门调整。新闻和文化机构在"文化大革命"中受重大冲击,陷入瘫痪状态。"文化大革命"中成立的省级及省级以下的"革命委员会",实行党政合一,下设若干大组(如办事组、宣传组、生产组等),各组下再分若干小组,废除原来所有的机构名称和职位称谓,形成"大组套小组、上下一般粗"的组织体系。[12] 1967年,管理新闻出版领域的中央机构被改为国务院的"出版口"。1970年6月22日,文化部撤销,国务院成立文化组。

新中国成立之初,既有以文教委和新闻总署为代表的"大部",又有以出版署和广播局为代表的"小部"。而后,由于缺乏"一以贯之"的行政机构设置理念,有"大部"架势的文教委和新闻总署相继被撤销,作为职责专门化的"小部"的出版总署和电影局也被撤并。"大部""小部"都没有定型。从1949到1974年,我国新闻出版与广播电影电视领域的机构设置调整了6次,平均每5年就有一次调整(见表2)。机构调整的频繁表明我国新闻和文化领域的宏观管理体制一直处于试验和摸索之中。

表2 1949~1970年新闻传媒中央机构设置调整情况

| 时间 | 新闻 | 出版 | 时间 | 广播 | 电影 |
| --- | --- | --- | --- | --- | --- |
| 1949 | 政务院文化教育委员会 | | 1949 | 中宣部中央广播事业管理处 | 中央电影事业管理局 |
| | 中央人民政府新闻总署 | 中央人民政府出版总署 | | | |
| 1952 | 撤销新闻总署,部分职能并入中宣部或出版总署 | | 1952 | 中央政府新闻总署广播事业局 | 文化部电影局 |
| 1954 | 撤销文化教育委员会和出版总署,相关职能并入中宣部或文化部 | | 1952~1970 | 中央广播事业局 | 文化部电影局 |
| 1957 | 组建文化部出版事业管理局 | | | | |
| 1967 | 设立出版口 | | | | |
| 1970 | 撤销文化部,设国务院文化组 | | | | |

**(二)1975年到21世纪初是机构设置"动态微调、逐步定型"的阶段**

这一时期,我国新闻和文化领域的中央机构设置主调是"动态微调、逐步定型"。

"文化大革命"后期,文化领域的政府机构得以重建。1975年1月,第四届全国人民代表大会第一次会议决定恢复文化部,同时恢复国家出版事业管理局。1977又恢复了中央广播事业局、文化部电影事业管理局。此后的机构设置,一方面有着眼于精简机构的"合",如1982年文化部、对外文化联络委员会、国家出版事业管理局、国家文物事业管理局、外交出版发行事业局合并组建新的文化部,实现了出版与文化领域的"合";为适应新兴的电视事业的快速发展,1982年在中央广播事业局的基础上组建广播电视部,1986年将文化部电影局划转新建的广播电影电视部,实现了广电系统的"合"。另一方面也有"分",如1985年国务院同意文化部设立国家版权局,同时决定,将原文化部出版局改称国家出版局,国家出版局局长兼任国家版权局局长,边春光为首任局长;1987年1月,国务院决定,撤销国家出版局,设立直属国务院的新闻出版署,新闻出版署于2001年改称总署,升为正部级,新闻出版又从文化部"分"了出来。

1975～2013年初,管理新闻和文化事业的中央机构的重要调整共有4次(见表3)。秉承"渐进稳妥"原则,呈现"以分为主、以合为辅"的格局。在新闻出版事业的行政管理上"先合后分":先将出版局与文化部合并,这种"大部"架势延续了5年时间,而后又从文化部分出副部级的新闻出版署,且随之将其升级为正部级的新闻出版总署。其主要动因在于,20世纪80年代中后期是我国报社、期刊社和出版社创办的高峰期,版权管理作为知识产权事务又迫切需要与国际接轨,相应的政府管理必须强化。在广播电视和电影的行政管理上却是"先分后合",其主要动因则在于广播、电视和电影的"业情"有亲缘关系,管理起来,颇多交叉之处。

表3 1975～2013年初管理新闻传媒的中央行政机构设置

| 时间 | 新闻出版 | 时间 | 广播电视 | 电影 |
| --- | --- | --- | --- | --- |
| 1975 | 恢复国家出版事业管理局 | 1977 | 中央广播事业局 | 文化部电影事业管理局 |
| 1982 | 出版局并入文化部 | 1982 | 设立广播电视部 | 文化部电影事业管理局 |
| 1985 | 增设文化部国家版权局、国家出版局 | 1986 | 设立广播电影电视部 | |
| 1987 | 新设国务院直属的新闻出版署 | 1998 | 设立国家广播电影电视总局 | |
| 2001 | 新闻出版署升格为正部级的国家新闻出版总署 | | 无变化 | |

### (三)2013年的署局合并开启"大部制"建设新阶段

2013年3月,十二届全国人大第一次会议通过中央政府机构改革方案,撤销新闻出版总署与国家广播电影电视总局,组建新闻出版广电总局,这是新中国成立以来新闻出版与广电系统的第二次整合。本轮改革的性质与以往有很大不同。其一,本轮改革顺应各国政府机构改革的世界潮流,借鉴国际政府机构设置的"无缝隙政府""服务型政府"理论,着眼于提升政府行政效率和转变政府职能。[18]其二,本次合并的动因,既非政治运动需要,亦非领导人意志推动,而是顺应新闻传媒业跨媒介发展的趋势,促进行业科学发展。其三,本次调整的幅度相对适中,是一个温和、渐进的举措。

新总局的管辖对象涵盖出版、报纸、期刊、广播、电视、电影等六大行业,不仅囊括了所有的传统主流传媒业,而且涉及部分互联网业务,实现了"全媒体"覆盖。新总局的管理业务包括内容制作、产品复制、传播渠道、接收终端及市场营运环节,遍及全部传媒产业链。

本轮改革有利于破解新闻出版与广电业可持续发展的深层难题。近年来,图书、报刊、广播、电影、电视均遭遇互联网及移动媒体的冲击。自2008年以来,中国报业连续出现发行量小幅下滑的态势[19];而互联网产业却取得了惊人的进展。论广告收入,互联网已经成为第二大媒体,论利润,更是已经成为第一大媒体。2012年,百度公司的利润超过整个中国报业的利润;腾讯公司的利润也远超央视的利润。[20]新总局承载着为传统媒体寻求新的发展空间,在新形势下复兴传统媒体的重任。

## 二、大部制管理下新闻出版与广电业体制的改革趋势之前瞻

### (一)"减法革命":凸显行政"减肥"带来的成本压缩效应

我国此前的历次机构改革都未能跳出"精简—膨胀—再精简—再膨胀"的怪圈,主要原因是未准确界定政府职能,政府既"掌舵"又"划船",[21]导致行政边界不清,机构不断膨胀。政府的职能不是管制,而是服务。政府要回归公共服务提供者的角色,成为现代服务型政府。在市场经济体制下,政企、政社和政资分开是大原

则,政府的经济管理和社会事务管理的职能由多变少,由繁变精,②承担供给核心公共产品和公共服务职能的行政机构"做减法",是大趋势。

"署局合并"使政府运行成本压缩。中央级、省级和地市级的两个部门合并为一个之后,官员职数将大幅削减,相关办公设施、公职人员及三公费用等开支也会减少。据笔者估算,全国范围内新闻出版与广电两部门整合五年后,其年度行政成本将节约 200 亿元;随着管理职能融合的继续深入,年度行政成本的节约将更多。政府职能改革将为新闻媒体带来"减负"红利。新闻出版和广电业历来是我国行政审批环节最多、监管标准最严格、行政干预最频繁的行业,新闻传媒企事业单位的自主发展空间受到多重制约。《国务院关于第六批取消和调整行政审批项目的决定》要求"凡公民、法人或者其他组织能够自主决定,市场竞争机制能够有效调节,行业组织或者中介机构能够自律管理的事项,政府都要退出。凡可以采用事后监管和间接管理方式的事项,一律不设前置审批。"预计未来关于新闻出版和广电运营领域的行政审批事项可望减少,行业内的企事业单位审批费用的支出可望降低,这无疑将为新闻传媒事业的发展注入活力。

2013 年年初,新闻出版总署已取消期刊出版增刊审批、被查缴非法光盘生产线处理审批、电子出版物制作单位接受境外委托制作电子出版物审批、设立专门从事名片印刷的企业审批。这四个事项全部改由地方政府实行备案管理。

目前,"中央—省—地市"三级党报仍享有行政摊派发行的权力。署局合并后,按照"行政退出市场"原则,三级党报架构可能向"中央—省"两级党报的架构过渡,地市级党报有望转企改制或停办。目前,广播电视实际上还是四级办台。署局合并后,应破除地方行政垄断,通过划转或兼并等方式,停办县市台及部分实力薄弱的地市台,落实三级乃至两级办台的架构设想。压缩新闻出版和广播电视领域的行政力量,进一步拓展市场空间可激发市场活力,为新闻传媒的新一轮大发展蓄积势能。

**(二)"加法革命":激发多元主体创新改革的正能量**

大部制改革体现"放权"精神,将改变"政府管理权限范围过宽、权力过于集中于中央政府"的局面。这对中央政府机构是"做减法",对地方政府、社会组织及基层新闻媒体企事业单位却是"做加法"。它们将获得更大的自主权,多元主体创新改革的正能量将大为释放。

地方和基层新闻出版广电管理部门将获更多管理权限,由上传下达的"传声筒"转变为具有一定决策权的基层管理者。2013年年初,国家新闻出版总署根据国务院规定设立从事包装装潢印刷品和其他印刷品印刷经营活动的企业审批等5项管理层级的新闻出版行政审批项目,由省新闻出版局负责审批改为省辖市新闻出版行政部门负责审批。

新闻出版与广电领域的社会组织将获得更多的发展机遇。社会组织的发展水平是衡量社会发育是否成熟的重要标准。发达国家的经验表明,只有大量组织参与公共服务和社会管理事务,才能有效弥补公共服务及社会管理的"市场失灵"和政府"缺位",形成政府与民间"共同治理"的良性格局。③政府转变职能后,要填补政府管制退出而形成的"真空地带",需要更多新闻传媒领域的行业自律组织、中介组织或利益联盟组织。面对行业道德失范,亟须强化传媒行业的自律组织,提升媒体自控能力。为防止媒体间的恶性竞争,要构建传媒市场的协商、仲裁组织。面对日益强势的互联网与移动通信渠道商,亟须构建内容产品生产者联盟,提升传统媒体的议价能力。

新闻媒体企事业单位将获更多发展自主权。服务型政府的设限条件和审查行为的减少将为新闻传媒企事业单位带来更广阔的发展空间。新闻出版广播电视行业历来是准入条件最苛刻的行业。新一届中央政府承诺"削减1/3行政审批"。预计非时政类报刊(尤其是学术期刊)的刊号审批可望放宽,民营资本有望进入传媒领域某些项目的投资。

政府将尊重媒体单位在内容生产方面的自主决定权。报纸或期刊可望再扩版,出版增刊,一刊多版发行、定价等方面有更大的自主空间。广播电视电影可望在节目、电视片、影片制作、大型活动组织等方面有更大的自主空间。政府部门将逐步退出播映前的审查。业界呼吁多年的电视剧"拍摄与播出同步"的愿景有望实现。

### (三)"乘法革命":交叉跨界的互动效应

在计划经济时代,我国新闻传媒的各媒介种群间互不交叉,利益分割。改革开放30余年来,不同媒介种群间的"越界"现象多有发生,但跨媒体发展通常被视为"越位"行为,其合法性一直未得到法规或政策的明确认可。"署局合并"打破了两大部门间的行政藩篱,为新闻出版与广电的跨界交叉展现广阔前景。

新闻出版领域的体制改革经验可望扩散至广电领域。新闻出版的体制改革在新闻传媒领域的改革中走在前面。目前，全国经营性出版社已全部完成转企改制任务，非时政类报刊转企改制亦取得重大进展，"报刊编辑部"体制即将退出历史舞台。2007年12月21日"中国出版传媒第一股"辽宁出版传媒股份有限公司成功实现整体上市后，全国已有11家出版集团实现上市。③1999年《成都商报》借壳上市后，全国已有4家报业集团经营性资产整体上市。新闻出版的体制改革经验对广电领域的体制改革有重要参考价值，预计未来广电领域的相关改革将加速。

广电领域的传播渠道和平台资源可与新闻出版领域共享。广播电影电视在资金实力、技术装备、节目制作和传播平台等方面具有明显优势。随着三网融合的推进，有线电视传输网络的渠道价值将更为凸显。这都可为新闻出版领域提供优质的传播渠道和平台资源。

署局合并的行政架构将为新闻出版和广电两大产业业务上的交叉、融合，乃至产权上的兼并重组创造机遇。行政机构调整将引发辖下新闻媒体组织机构及业务运作层面的巨变，将有一些出版集团、报业集团和广电集团实现业务合作乃至合并重组，进而构建起横跨图书、报刊、广电的全媒体集团。目前，牡丹江传媒集团、成都传媒集团等已在中型规模上具有全媒体集团的架势。今后，层次更高、规模更大的整合行动将频频展开。预计未来5~10年内，将诞生约30家具有全国影响力的大型全媒体集团。

**（四）"除法革命"：提升行业发展的核心竞争力**

以署局合并为起点，中国新闻出版和广电业发展将迎来全新的发展机遇。但媒介种群的多样化、跨界发展的常态化、经营业务的多元化，也使传媒经营的决策成本和运作风险增加。传媒企事业单位要排除干扰，捕捉、把握战略机遇，提升核心竞争力，方能立于不败之地。

要适应科学技术革命的日新月异的形势，加快发展新兴业态，各级政府应从行业可持续发展的战略高度，引导新闻出版与广播电视加大科技研发与应用的力度。无论是报纸还是电视，其内容产品的信息材料，目前仍多停留在"一次使用"阶段，大量信息资源被浪费。应以云计算和物联网等技术的应用为契机，对出版社、报刊社和广播电视台的新闻与服务信息资源进行再分类、再加工和再包装，构建集文字、图片和视频于一体的超级全媒体数据库平台，促进传媒信息由"一次使用"向

"N次使用"转变,让内容产业释放更大的综合价值。

紧扣媒介内容与传播渠道交互发展的战略机遇,加快发展传播新渠道。在世界范围内,电信网、互联网和广播电视网的融合正加速推进,但三者的推进速度和效果却有较大差异。互联网和电信网在发展新闻出版与娱乐视频等内容传播业务方面已取得显著突破,以iPhone和智能手机为代表的新一代便携工具成为全球用户追捧的热门产品。相形之下,我国广播电视网发展互联网或电信业务的力度,却大为逊色,在三网之中处于明显劣势。署局合并后,应促进新闻媒体加快研发基于三网融合平台传播的新产品和新业务,拓宽新闻及服务信息的传播渠道。

国家崛起与传媒发展是相互促进的。打造具有国际影响力的传媒集团,是实现"中国梦"的题中应有之义。就全球范围来看,我国新闻媒体在很大程度上还是偏居一隅,论经营,局限在国内市场互相争强斗胜;论舆论宣传,往往不敌国际主流媒体,被排挤到边缘地位上。在中国崛起的关键时期,新闻出版与广电业要加快建立全球化的传播渠道网络,赢得国际舆论话语权。政府主管部门应运用政策、资金和行政等手段,鼓励通过兼并、重组乃至跨国并购,培育3～5家具有国际影响力的超级全媒体集团,建成全方位、立体化、全球化的现代传播体系,向国际传播的中心位置和制高点挺进。

长期以来,新闻出版与广电业领域中,长官意志、政企不分、政事不分一类的积弊甚多,打破体制改革的"坚冰"绝非易事。新闻传媒改革关涉国家舆论安全,在何种时机、采取何种方式方法推进,党和政府历来极为审慎。⑤署局合并后的新闻出版广电总局与相关部门仍有职权的交叉,如与文化部在动漫、游戏的审批权限上的交叉,与工信部在互联网业务的权限交叉等。是实行行政部门的进一步归并整合,还是对管理权限范围进行更合理的划界,还有待研讨权衡。新闻出版的行政管理机构与文化部有两次整合,广播电视的行政管理机构与文化部也曾一度整合。新闻出版广电总局是否会与文化部实行整合,组建完整意义上的"大文化部",也是一个值得探讨的问题。

注释:

① 王四方:《"大部制"改革研究综述及前瞻》,《当代社科视野》2008年第2期。
② 郭海宏、卢宁:《关于实行大部制改革的研究综述》,《生产力研究》2009年第8期。
③ 曾维和:《大部制改革的国际经验及其启示》,《武汉科技大学学报(社科版)》2009年第1期。
④ 郭全中:《新闻出版体制改革与传媒集团发展战略选择》,《新闻记者》2009年第6期。

⑤ 朱虹、黎刚:《关于推进广播电视制播分离改革的若干思考》,《现代传播》2009年第6期。
⑥ 沈国芳:《中国电视体制改革发展路径》,《现代传播》2006年第5期。
⑦ 高传智、谢勤亮:《"第三条道路"与中国广播电视新闻体制改革——对现有广播电视体制缺陷的制度规避》,《新闻大学》2006年第1期。
⑧ 吴高福、唐海江:《路径意识与新闻体制改革的演进论》,《湖南大学学报(社科版)》2003年第1期。
⑨ 杨驰原:《牡丹江新闻传媒集团体制改革调查报告》,《传媒》2005年第3期。
⑩ 袁华明:《收指为拳:杭州文化广电新闻出版三局合一》,《观察与思考》2005年第6期。
⑪ 黄勇:《中国广播电视事业发展和体制改革》,《中国广播》2006年第5期。
⑫ 柳斌杰:《全面深化新闻出版领域体制改革》,《中国编辑》2008年第5期。
⑬ 殷建军:《人大代表龚曙光:不如命名为"国家传媒总局"》,《潇湘晨报》2013年3月11日。
⑭ 苏尚尧:《中华人民共和国中央政府机构(1949～1990年)》,经济科学出版社1993年版,第19～21页。
⑮ 屠忠俊:《现代传媒经营管理》,华中科技大学出版社2011年版,第16页。
⑯ 中央人民政府新闻总署撤销后,将新华通讯社、广播事业局划归政务院文化教育委员会直接领导;将原英语广播的工作并入新华通讯社;对外国记者的管理工作划归中央人民政府外交部情报司负责;对外宣传、出版等工作,由中央人民政府出版总署另设外文出版社负责办理;撤销新闻摄影局,将其负责的新闻摄影业务划交新华通讯社负责,画报工作并入中央人民政府出版总署下属的人民美术出版社;原新闻总署办公厅负责的报业管理工作,并入中央人民政府出版总署,财务、人事等行政工作并入政务院文化教育委员会。
⑰ 张劲、陆逸琼:《中国政府机构改革60年》,《同济大学学报(社科版)》2009年第5期。
⑱ 杜治洲:《大部制改革的理论基础、国际经验与推进策略》,《现代管理科学》2009年第3期。
⑲ 吴锋:《2010年度中国报刊发行经营回顾与盘点》,《编辑之友》2011年第1期。
⑳ 郭全中:《2012年传媒经营管理点评》,《青年记者》2012年第36期。
㉑ 张伶俐、张志远:《中国大部制改革的理论架构》,《当代教育论坛》2009年第1期。
㉒ 曾维和:《国外大部制改革的动因、过程与内容》,《河北科技大学学报(社科版)》2009年第1期。
㉓ 文军:《中国社会组织发展的角色困境及其出路》,《江苏行政学院学报》2012年第1期。
㉔ 王文杰等:《出版上市公司经营绩效分析》,《出版发行研究》2013年第1期。
㉕ 戴云波:《打破最后的坚冰:我国新闻出版体制改革试点历程述要》,《中国出版》2006年第4期。

# 2013年全球新媒体发展态势探析[*]

◆ 严三九　刘　峰

2013年,全球新媒体产业取得了显著的进步与发展,媒体产品、媒介服务始终处于推陈出新的状态,业界竞争激烈。在迅速发展的整体态势下,清晰地认识发展动向与态势是正确把握全球新媒体发展现状及趋势的基础,并且对国家、组织、企业的发展及个人的生活都有积极的意义。

## 一、2013年全球新媒体发展的驱动因素分析

新媒体产业的发展是多方面因素共同作用的结果,其中以技术进步的加速和应用需求的升级最为突出,数字技术的不断进步是新媒体发展的基础条件,受众日益增长的媒介与信息需求是其内在的推动力。进入2013年之后,这两大因素将持续发力,促进全球新媒体产业获得更为长足的发展。

### (一)数字技术的进步是新媒体发展的基础推动力

技术一直是新媒体得以发展的基础条件,从新的媒介形态的出现到传播方式的创新都离不开技术的进步,对媒体技术的认识是研究新媒体的未来趋势与形态发展的前提。在2013年将对新媒体发展产生重要影响的技术包括云计算、大数据、移动互联、物联网等等。"新技术的不断出现,为新媒体制作、传输、发行、传播等提供了坚实的基础,新媒体的快速发展则能给用户提供崭新的服务,促成新的业态,从而带来新的市场,为群众提供更多更好的服务。"①

---

[*] 原载于《现代传播》2013年第7期。

在新技术中具有基础性影响的当属云计算的发展,它革命性地改变着传统的技术构架,实现了计算能力、存储能力从终端向服务器的聚合,使资源整体利用效率大大提高,在经过数年的积累后,云计算开始在全球范围走向普及,并逐渐对各行各业产生深远影响,同样也在改变着新媒体行业的发展格局。据IDC的调研报告称:"云计算在2015年之前将在全球范围创造1400万就业机会,并且每年来自云创新的收入将达到1.1万亿美元。"②Gartner也发表预测称:"2014年个人云服务将会超越传统PC电脑,成为企业市场中的主要计算形式。"③另据Forrester的统计数据可以看出,2008～2020年,云计算在全球将获得快速的增长(参见图1)。

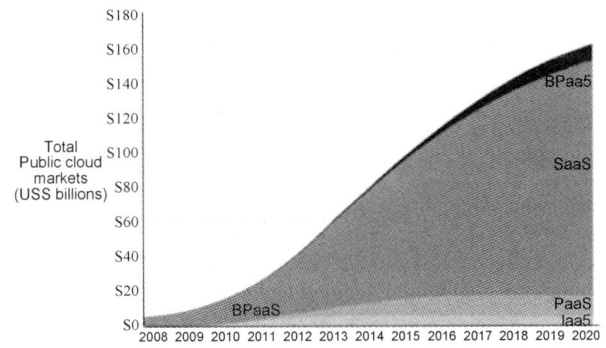

**图1　2008～2020年全球云计算发展趋势**

数据来源:Forrester Research,Inc.

与云计算相辅相成的是大数据技术的发展,云计算的普及为海量数据的积累提供了条件,推动着"大数据时代"的到来,而大数据技术不仅能够使海量数据的生产、传播和相关业务的运营更为便捷,还将为新媒体进行更为科学的发展规划及赢利模式提供科学的依据。据IDC于2013年年初发布的报告:"全球大数据技术及服务市场复合年增长率(CAGR)将达31.7%,2012～2016年期间该市场仍将呈现强劲的增长,2016年收入将达238亿美元,其增速约为信息通信技术市场整体增速的七倍之多。"④云计算与大数据技术为新媒体的发展提供了基础性动力,而移动互联与物联网技术则将改变新媒体的传播方式及形态。移动互联技术的发展使信息传播平台从桌面开始向手机、平板电脑等移动智能终端转移,这必将致使2013年的移动终端的争夺战更为激烈;物联网技术的发展将使新媒体不再仅仅是信息传播及通讯的工具,而且会更加广泛和深入地渗透到人们的生产与生活当中,使人类的生活环境更为便捷和智能。

### (二)日益增长的媒介与信息需求是新媒体发展内在的推动力

随着个人电脑及智能手机普及率的不断提升,越来越多的人具备了新媒体的硬件和网络接入条件。在这种条件下,全球对于新媒体应用及内容的需求在 2013 年将继续扩大,吸引更多的技术、资本及人员投入其中,形成对新媒体产业发展的强大推动力。波士顿研究公司扬基集团(Yankee Group)预测,"到 2015 年,美国平板电脑销量将超过 PC"⑤。而据 Gartner 预计,"到 2016 年底为止全球媒体平板电脑的使用量将会达到 6.65 亿台"⑥。

智能终端的需求量仍然巨大,并且用户对智能终端的硬件功能与软件兼容性的期待也在不断提高,促使着各大厂商积极进行新产品及功能的研发。具体到媒体形态与体验方面,为了能够满足用户越来越多元的应用需求,苹果、微软、谷歌等各大公司都继续开放平台及资源,吸引越来越多的第三方开发者投入到应用程序的编写当中,一方面使基础平台得以继续发展和壮大,另一方面也为用户提供了更为丰富的应用程序。人们只要具备一定的基础条件就可以参与到新媒体应用的开发之中,获得更为流畅的使用体验。据尼尔森统计数据显示,美国智能终端用户在各种应用上的使用时间呈现越来越长的趋势,而在移动网页上的时间则没有显著增长(参见图 2)。

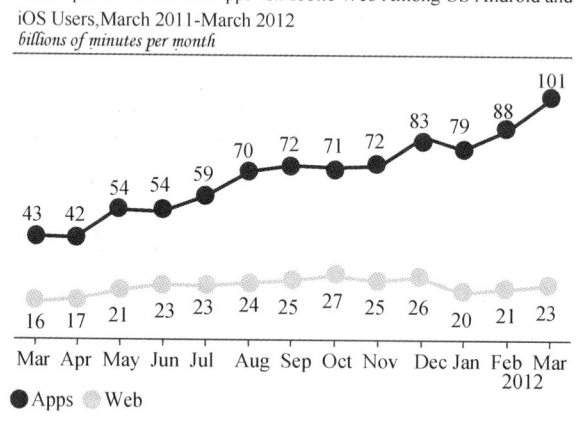

图 2　美国安卓及苹果用户移动 App 及移动网页使用时长对比

数据来源:Nielson

在这两方面内在因素的推动下,新媒体在2013年仍将获得快速的进步,继续成为全球媒体领域的发展热点。随着新媒体行业的持续进步及其影响力的日益凸显,各国都将进一步加大新媒体领域的投入,从资金、人员等各方面予以支持,推进法律法规的完善,并从国家战略层面制定相关政策,以抓住新媒体发展的历史机遇。这些外在的推动力将和以上两方面因素交织在一起,共同促进全球新媒体获得更加长足的发展。

## 二、2013年全球新媒体发展态势分析

新媒体发展的推动因素是多元的,新媒体的形态与发展方式也是多样的,全球顶尖的智力资源在向这个高速发展的领域聚集,使其成为极富创造性的一个行业,新的媒介形态与传播方式层出不穷,这将使2013年全球新媒体发展状况更为精彩。从宏观的角度来看,2013年全球新媒体将主要围绕几个重点方向实现突破,较为明显地体现出新媒体未来的发展动向,在此从以下四个方面进行分析。

### (一)新媒体更加广泛地渗入人类社会生活

随着数字技术与生产生活的日益融合,被更加紧密连接的除了作为新媒体使用者的人,还有智能化的物,新媒体正在实现人类与物理世界更为紧密的连接。这一点的集中体现便是物联网的发展,物联网的概念在世纪之交提出,近年来在技术进步的基础上开始逐步走向现实,已经在建筑、医疗、能源、汽车、教育、环保等不同领域获得了广泛的应用。"物联网技术在使人类生活发生天翻地覆变化的同时,也使得新媒体功能发生重大变化,使其从一个主要的信息提供者,转变为以信息传递为中心的社会服务者。"⑦新媒体作为物联网发展当中不可或缺的操控终端与工具,也迎来了新的发展空间与契机。据Frost&Sullivan的研究报告,2016年以前,全球RFID的市场规模将以每年12%的速度增长,这种趋势将发展到每个行业,对人们生活的各个方面产生影响,也将成为新媒体发展的重要推动力量(参见图3)。

另一方面,新媒体不仅成为人类社会及物理世界联系的纽带,同样也成为推动社会变革的重要力量。"奥巴马两次当选美国总统的竞选过程让世人充分认识到了社交媒体的力量,在选举日当天,Twitter上共产生了3100万条和大选相关的Tweets,高峰时期平均每分钟就能产生327452条Tweets信息,峰值记录是

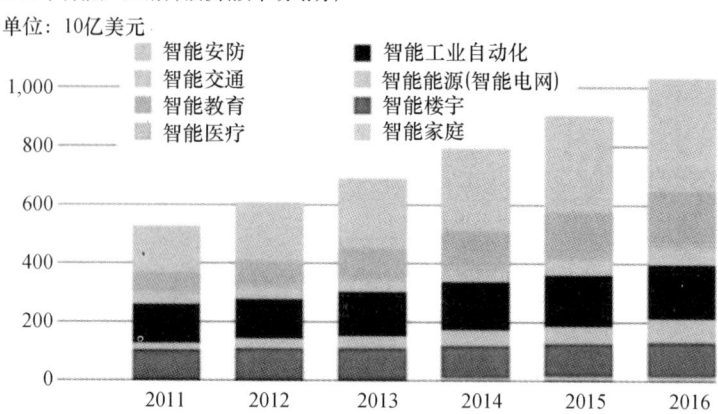

图 3　2011～2016 年智能产品销售预测

数据来源：Marketsand Markets Anlysis,2012

874560,大约每秒 15107 条 Twitter"⑧。"从近年来互联网新趋势与世界政治新变化看,基于 Web2.0 时代技术与观念的社交媒体,正在再造个体行为能力、重塑政治议程、拓展外交路径。"⑨

新媒体平台信息的发布与互动将成为 2013 年各国政府、企业、机构信息传播与宣传的重要内容。据统计,"125 个国家的总统、首相和相关机构都在 Twitter 上注册账号,同时 Twitter 在美洲最受欢迎,在南美、北美分别有 75％和 83％的政府拥有 Twitter 账号,3/4 的欧洲领导人活跃在 Twitter 平台上,非洲和亚洲的比率为 60％和 56％。"⑩ 从以上两个方面的分析可以看出,新媒体在未来将以更大的力度影响和改变人们的生活,并且将呈现更广阔的范围和更深入的程度。它通过对物理世界及人类社会双重层面的作用,进一步改变人与人之间的联系方式,并促使社会资源与权力的分配更加科学与合理。

### (二)新媒体发展进入"大数据"时代

2013 年被称为是"大数据元年",大数据将从概念变为现实,并且对社会生活产生全方面的影响。因为大数据技术对国家管理、社会进步、经济发展等各方面的作用,世界各国都开始依照国情采取措施积极应对大数据时代的挑战,希望借助技术的变革实现跨越式的发展。根据 Gartner 公司的报告,"2013 年全球 IT 支出将达到3.7万亿,较2012年将增长4.2%。到2014年,'大数据'分析工具将会被视为一种必要的投资。"⑪ 在未来几年,全球大数据份额会实现井喷式增长(参见图4)。

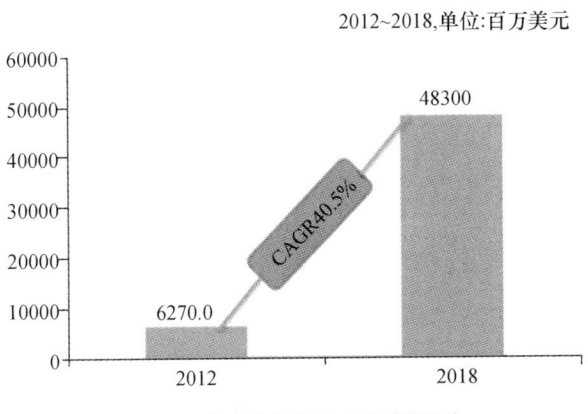

**图4 全球大数据市场份额预测**

数据来源:Transparency Market Research

摩根士丹利与Gartner几乎同时发布报告,列出2013年大数据增速最快的十大领域,互联网与媒体便是其中之一。按照大数据的发展思路与要求,不同类型新媒体必然将对其发展战略进行相应的调整、对基础技术进行一定的升级,这些都将使新媒体呈现出新的态势。在大数据时代,数据便是最为重要的资源,是新媒体发展的重要基础与依据。新媒体公司必将围绕这一焦点展开新一轮的争夺,门户网站、社交媒体、购物网站都会加大有关大数据技术的关注与投入,并做出相应的改变或转型,世界新媒体的产业格局或许会因此而发生改变。

2013年所有媒体的发展都无法忽视大数据的影响,这种影响不是技术层面的,而是战略层面的,只有通过全面而长远地部署和稳健而扎实地推进,才能赢得发展的主动权。面对大数据的发展前景,需要清醒地认识到它仍面临诸多问题的限制,如体制及法制的不完善、高端专业人才的缺乏、软件发展的相对滞后等等。如果这些问题不能得到及时有效的解决,那么大数据将会呈现出一种"虚热"状态,不利于长期发展。

### (三)移动互联网将进一步改变新媒体的发展态势

近几年来,移动互联网成为新媒体领域十分突出的增长点,成为当前全球信息及传媒产业竞争的焦点,未来也仍将是新媒体发展的重要内容。移动互联网的发展一方面取决于网络和宽带技术的发展,另一方面得益于智能通讯及信息终端的普及,具备了这两个条件,受众可以通过手机、平板电脑等工具随时随地地接入互联网。BIA/Kelsey 报告称,"2015 年美国来自桌面 PC 的搜索广告市场规模将被来自移动端的搜索广告超越"。⑫(参见图 5)

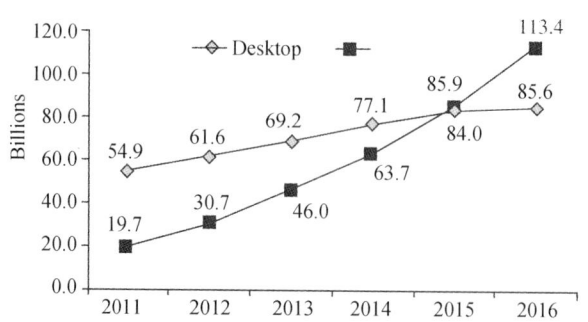

图 5 美国本地搜索广告市场桌面 PC 与移动端规模对比

数据来源:BIA/Kelsey

移动互联技术的进步将再次推进互联网在全球范围内的普及进程,并且不断衍生出新的发展模式,具有巨大的发展空间。目前,移动互联已经远远突破了最初的文本、图铃等业务形式,内容与应用日益丰富,满足着受众多元化的信息需求,"移动传播是数字传播发展进程中的一个新飞跃,它所带来的影响目前还只是展露出冰山一角。"⑬在 2013 年,世界各大知名厂商将进一步加大在移动互联领域的投入,在技术升级、无线网络覆盖、移动终端研发、内容与应用创新等各个方面都会有比较大的发展。以 Wi-Fi 为代表的无线信号覆盖会进一步得到推广,IPV6、4G 等新技术也将进一步走向成熟,为获得更高的无线网络接入速度、有效解决网络负荷问题打下基础。美国移动广告市场的规模将从 2012 年的 44 亿美元发展到 2016 年的 118.7 亿美元(参见表 1),而据 Gartner 报告称,"2013 年全球移动广告营收将从去年的 96 亿美元增至 114 亿美元,随着移动广告营收不断为应用程序开发者、广告网络和移动平台供应商创造机会,2016 年移动营收有望增至 245 亿美元。"⑭届时,"全球购买的智能移动设备将超过 16 亿部,其中 2/3 是智能手机,有 40% 的工作是在移动设备上进行的。"⑮

表1 美国移动广告市场规模及预测(2010～2016)

US Mobile Ad Spending, by Format, 2010—2016
*millions*

| | 2010 | 2011 | 2012 | 2013 | 2014 | 2015 | 2016 |
|---|---|---|---|---|---|---|---|
| Search | $253.2 | $625.8 | $1,279.5 | $2,206.5 | $3,329.6 | $4,563.8 | $5,756.7 |
| Display | $262.5 | $546.9 | $1,104.6 | $1,981.4 | $3,071.5 | $4,425.7 | $5,911.0 |
| —Rich media | $23.3 | $244.2 | $495.6 | $882.7 | $1,372.6 | $1,978.7 | $2,645.5 |
| —Banners | $209.9 | $234.6 | $457.5 | $798.6 | $1,169.3 | $1,618.9 | $2,078.6 |
| —Video | $29.3 | $68.2 | $151.5 | $300.1 | $529.6 | $828.1 | $1,186.9 |
| SMS/MMS/P2P messaging | $253.9 | $251.0 | $227.2 | $225.1 | $218.4 | $211.6 | $201.8 |
| Total | $769.6 | $1,450.7 | $2,611.3 | $4,413.0 | $6,619.5 | $59,201 | $11,869.5 |

Note: numbers may not add up to total due to rounding
Source: eMarketer, Sep 2012

数据来源：eMarketer

无线互联网快速发展带来的另一个特点是受众自主性的不断增强，这也促使着网络服务日益个性化。随着无线覆盖范围的不断扩大、网速的不断提高、网络接入环境的改善，手机、平板、笔记本等不同类型的智能终端为受众提供了多元化的上网方式选择。同时，移动互联网能够支持多媒体传播，并能够提供智能应用，受众具有更大的内容选择权，据 Gartner 预计，"2013 年全球移动应用下载量将超过 730 亿次，2014、2015 和 2016 年的移动应用下载量将分别为 1198、1889 和近 2879 亿次"[16]。另一方面，移动互联网具有随身性、身份唯一性等特点，能够更为精确地定位受众信息，同时也赋予受众更大的交互性与自主性，自媒体属性更为明显。

**(四)社交媒体仍将成为 2013 年新媒体发展的焦点**

以上分析说明移动化、无线化是互联网未来发展的趋势，但是按照目前的态势，移动互联网全面超越有线互联网还需要几年的发展时间，而社交媒体向无线互联网转移的趋势更为迅速，其移动终端的使用率增幅大大高于桌面电脑。社交媒体的发展将和无线互联网的发展紧密交织在一起，相互促进、相互带动。尼尔森发布的 2012 年社会化媒体报告表明，"受益于智能手机和移动 APP 的增长，2012 年 7 月用户使用社会化媒体的平均时间为 121.18 分钟，较 2011 年的 7 月上涨了

58%,其中移动网络和移动 APP 的使用率分别上升了 82%与 85%"[17]。"社会化媒体融入主流社会,逐渐发展成为可与搜索引擎、门户网站和电子商务相匹敌的互联网基础性应用,并基于社会化媒体平台延伸出第三方应用,从而引发了全新的社会化商业变革。"[18]社交媒体将会被政府、企业广泛应用以提高工作效率,成为人们进行有效管理的重要工具,越来越多的应用开发商将转移到社交媒体的传播平台,为用户提供更为个性化的服务,而这也将带动更多的投资向社交媒体领域聚集,并且成为新的产业增长点。

社交媒体强大的传播能力已经吸引了大量的广告商投入其中,打造出了网络营销的新蓝海。在 2013 年,社交媒体广告将继续快速增长,并逐渐成为网络营销的主流。社交媒体裂变式的传播模式、用户参与的自媒体属性将继续改变社交媒体广告的创意、生产和传播方式,产生更多具有创新性的广告模型,以符合受众接受习惯的方式获得推广,并将对传统媒体的广告生产及投放造成直接的影响。BIA/Kelsey 报告显示,"社交媒体在未来四年将取得 19.2%的年增长率,美国社交媒体的广告收入规模将在 2016 年增长一倍至 92 亿美元(参见图 6),而全国性的社交媒体广告,如 Facebook 和 Twitter 的增长率会更高,将会从 2012 年的 15 亿美元增长至 39 亿美元,年增长率为 26%。"[19]

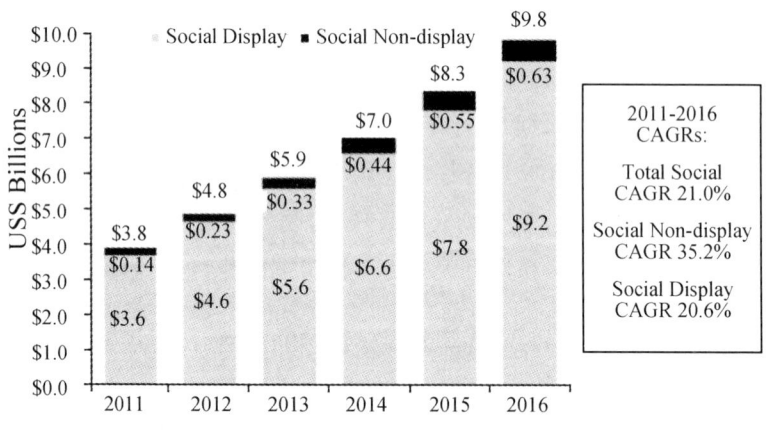

图 6　美国社交媒体广告规模

数据来源:BIA/Kelsey

社交媒体自兴起至今,西方一直占据主导,Facebook、Twitter 等具有代表性的公司处于遥遥领先的地位。由于北美和欧洲社交媒体发展较早并获得了很高的普及率,所以在2013年其增幅将会相对较小,而在非洲、拉美、中东等地区,社交媒体将会实现快速增长,这些地区也将成为各大社交媒体公司争夺的重要目标。另外,亚洲会成为社交媒体快速发展的又一重要区域,以中国为例,虽然欧美主流的社交媒体在中国被封禁,但是本土化的新浪微博、人人网、腾讯微信等都获得了极高的用户增长率,2012年法国国际检验局(BV4)发布的品牌报告就显示,全球排名前30的最具影响力社交媒体品牌中,中国品牌就占了8席,而以中国为代表的亚洲社交媒体市场远未饱和,还有巨大的发展潜能。

## 三、全球新媒体发展存在问题分析

近年来全球新媒体始终保持着高效的发展态势,但是需要清醒地认识到仍然存在许多亟待解决的问题。其中既有新媒体实现自身发展要解决的技术创新、模式探索等内在问题,也有新媒体与社会生活之间的协调发展问题,这些问题在不同的方面制约着全球新媒体的健康、快速发展。2013年既是新媒体蓬勃发展的一年,也是解决所存在的诸多问题的关键性的一年,在此从三个方面对当下全球新媒体发展中存在的关键问题进行概括性的分析与解读。

### (一)关于创新新媒体商业及赢利模式的问题

从宏观的角度来看,目前全球新媒体发展的整体趋势是可以确定的,无线互联网、社交媒体都将得到更为迅速的发展,但是具体到单个的新媒体企业来讲,还需要不断进行商业模式的创新与突破。商业模式的创新是新媒体企业得以生存与发展的基础性前提,只有探索出合适而稳定的商业模式才能不断获得用户、广告商及投资商的支持,进而实现持续的发展。

按照目前的发展趋势,新媒体应用在2013年将呈现多元化的趋势,突破先前社交类、游戏类占绝对优势地位的局面,休闲类、行业类、教育类、公益类等应用都会获得快速的发展,满足人们多方面的信息需求。但是在应用日益丰富现象的背后却存在着很高的淘汰率,许多应用下载率不高,或者下载后的使用率极低。更为严重的是,高淘汰率也不仅反映在应用开发市场,还是全球新媒体产业普遍存在的问题。新媒体产业竞争激烈,更新换代速度不断加快,每年都会有海量的新媒体企业昙花一现,如果开发者和运营者不能探索出有效的赢利模式,便不能获得应有的商业回报,难以形成持续性的发展,也会造成应用的重复性开发与社会资源的浪费。

对于新媒体企业来讲,无论其规模大小或处于什么样的发展程度,对于有发展潜力的方式方法都需要坚持、培育,而不能盲目地对已成型的商业模式进行跟风、模仿。再者,进行商业模式的创新并不意味着对传统模式的否定,对于已经成熟与稳定的互联网商业模式,需要根据市场的发展及公司的情况与规划进行优化,而不是全盘地改变。正如基于个人电脑的传统门户网站、视频网站等虽然会因为移动互联网的发展而受到影响,但是它们还有很大的发展潜力,因为其商业模式仍然具有一定的生命力。

所以说,虽然新媒体的传播模式存在不同程度的先进性,但这并不代表其商业及赢利模式具有绝对的优势。"传播模式的革新在产生各种新的传播特点的同时,必然带来赢利模式的相应变化,传播模式是赢利模式的基础;反过来说,赢利模式是传播模式的经济体现,一种全新的传播模式如果没有成功的赢利模式来支持,必然不能长久。"[20]

### (二)关于建立公平的信息新秩序的问题

随着新媒体对社会生活渗入程度的不断加深,人们开始更多地关注新媒体对世界信息与传播秩序的影响。建立世界信息与传播新秩序的运动早在20世纪七八十年代便被提出,但是经过几十年的发展,世界传播格局并未发生根本的改变,仍处于美英等发达国家主导的状态。但是随着新媒体的兴起和迅速发展,传播技术及模式的改变为从根本上改变国际信息传播秩序提供了历史性的机遇。

从战后确定世界格局到冷战,再到现在,美英等发达国家在传统媒体领域一直保持绝对领先,这也成为其进行对外宣传的有效途径。新媒体的发展虽然为建立国际传播新秩序提供了基础条件,但不可否认发达国家的强大优势在新媒体领域仍在延续。美国广播管理委员会在2012年大幅削减了"美国之音"普通话及粤语广播的经费,这并不意味着美国放松了对外宣传,因为更多的经费被用于支持互联网平台和内容的建设,"正如美国广播理事会委员温布什所言,'我们将重点放在数字领域,是因为互联网才是我们真正想要接触的受众活跃的地方'"[21]。美国充分认识到全球信息传播的发展动向与态势,转而在新媒体平台上继续进行着意识形态的推广,以较少的成本取得更好的传播效果。

以非洲的互联网发展为例,"目前非洲的网速提高迅速、资费不断降低,这在很大程度上归功于谷歌,谷歌在加速非洲业务拓展的同时还帮助一些国家政府进行了信息数据化。可以说谷歌毫无成本地就占据了非洲巨大的数据市场份额,如果非盟和非洲国家政府不进行有效监管,20年后非洲的整个网络生活都可能被谷歌'一家独大'"[22]。"美国等西方国家不仅垄断了传统媒体格局中的国际传播话语权,在网络时代,它们仍想凭借技术、资本、标准等诸多优势而企图操控新媒体时代的国际传播秩序。"[23]如果全球新媒体按照这种趋势发展下去,那么将不利于为诸多发展中国家创造和平、公正的外部信息环境。"国际传播正在演变为一种新型权力宰制的前沿——'新殖民主义'……革命性的新技术对国家主权提出了额外的挑战。"[24]

所以,抓住新媒体时代的历史性机遇逐步建立国际信息新秩序成为促进全球新媒体健康发展的重要前提,也是国际社会所面临的紧迫任务。在国家层面,需要加强对话,辅助发展中国家提升信息化水平,同时创造更为公平的国际数字环境。否则,新媒体时代的"数码沟"将会进一步加大,信息的不平衡与不公平会扩展到其他领域,最终影响到国家整体经济实力与国际竞争力的提升。

### (三)关于保护新媒体时代个人隐私和数字安全的问题

数字传播技术的发展为人们的生产生活带来了极大的便利,但也造成了新的道德问题,数字技术对受众的个人隐私保护及网络安全带来巨大挑战,这已经成为一个全球性问题。由于新媒体更加深入人们的生活,大众的个人信息、生活习惯、各类账号密码都将被转化成数字形式的存在。传统的隐私与安全问题在新媒体平台得以延伸,并且呈现出诸多新特点,成为影响和制约全球新媒体健康发展的重要问题。

尤其是2013年作为"大数据"元年,随着大数据时代的到来,信息资源会日益丰富,"信息的几何数级增长使得人们能够更加方便地获得自己所需的知识,开拓自己的眼界,同时它也使得人们自身的信息更容易被暴露在新媒体这一公共空间"[25]。新媒体的发展将使社会变得更加透明,不同类型的数据都能够通过技术的方式得以收集和分析,在这样的背景下,隐私保护和数字安全便更为重要了。但是与数字技术和新媒体的发展速度相比,受众个人隐私保护与数字安全的发展则比较滞后。世界正在变得越来越透明,如果隐私保护问题的解决不能跟上技术发展的节奏,那么必将给新媒体发展带来极大的安全隐患。

当然这是一个复杂的问题,不仅影响到公民的个人隐私,也关系到组织机构甚至国家的信息安全,所以需要从多个方面进行综合治理。比如制定具有针对性、操作性和广泛适用性的法律法规与政策,提升安全技术水平,形成有效的新媒体隐私保护机制,进行深入的数字安全与隐私保护教育等等,当然还需要世界各国加强交流与合作,共同应对这一全球性难题。

**四、关于全球新媒体发展背景下我国传媒产业发展的建议**

全球新媒体高速发展的态势也会对我国传媒及文化产业的发展产生巨大的影响,我国的传媒业正面临着瞬息万变的国际环境,这既是严峻的挑战也是实现跨越式发展的好机会,能否抓住这一机会的前提便是正确认识世界新媒体的发展动向并做出积极的回应。从宏观的角度看,我们需要从技术的进步、管理体制的改善、产业环境及价值链条的完善等方面去努力。

第一,积极抓住技术变革的历史性契机,实现我国传媒产业的跨越式发展。云计算、大数据等技术对人类社会的影响是革命性的,将从根本上对世界传媒产业的发展产生影响,而我国云计算与大数据也有着很好的发展前景,据预计中国云计算到2016年其规模将超过10亿美元,大数据规模将达到6亿美元(参见图7和图8)。

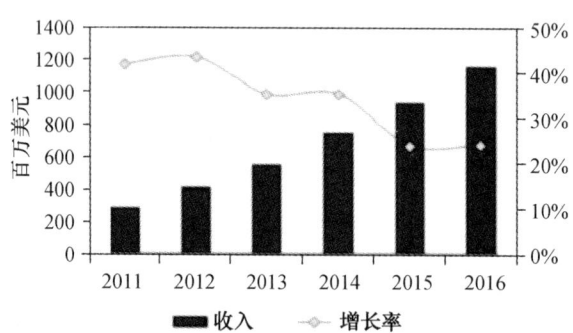

**图7 中国云计算基础架构市场规模预测(2011~2016)**

数据来源:IDC

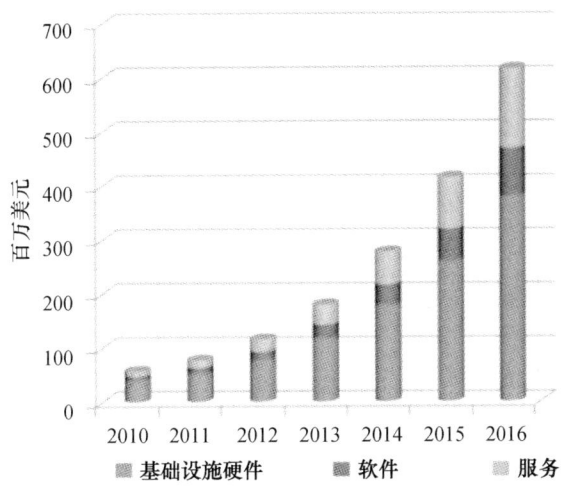

图 8　中国大数据技术和服务市场规模（2010~2016 年）

数据来源：IDC

由于历史原因，我国的传媒产业与世界发达国家一直存在着显著的差距，改革开放以来，尤其是互联网兴起之后，我国传媒业奋起直追，从各方面取得了长足的进步。目前我国有实力、有基础、全面、科学地应用最新的数字技术，提升我国传媒业的整体实力。此外，我们需要用战略性、前瞻性的眼光审视我国新媒体的发展，通过基础平台的构架、技术的升级，做到与国际传媒巨头在同一个起跑线上展开未来的竞争。当然，如何使先进技术成为行业发展的推动力、有效规避技术改造带来的负面影响、探索有效的商业赢利模式都是摆在我国传媒产业面前的关键问题，这些问题的解决是实现我国传媒产业跨越式发展的前提。

第二，改善管理体制，促进新媒体产业发展。我国已经出台了许多支持与促进传媒业改革与发展的法律法规，注重从国家层面构建现代传播体系，推动传媒产业的健康发展。不过长期以来，我国的媒介管理体制存在较强的事业管理色彩，不同部门之间存在分散化、分割式管理等问题，相对落后的管理体制与日益发展的新媒体产业成为一对矛盾。

2013 年 3 月的政府机构改革过程中，整合原新闻出版总署和国家广播电影电视总局成立了国家新闻出版广电总局，这是我国传媒业乃至文化领域"大部制"改革的一个重要步骤，对于促进我国全媒体产业的发展有着深远的影响。同时"必须认识到国务院机构改革和职能调整是一个长期的过程，很多问题的解决只能一步一步来。长远的目标就是要建立'小政府、大社会、大市场'的管理模式"㉕。先进的管理模式需要建立在对世界传播发展趋势清晰认识与把握的基础上,并且会是一个循序渐进的过程。

第三,构建现代传播体系,促进传媒产业链条的完善。十八大报告强调要"促进文化和科技融合,发展新型文化业态,提高文化产业规模化、集约化、专业化水平。构建和发展现代传播体系,提高传播能力"。构建科学、合理、高效的现代新闻传播体系是新时期新闻传播业发展的目标与保证,也是迎接国际挑战、参与国际竞争的需求。目前我国新闻传播体系中仍然存在制约传媒产业发展的因素,我们需要在新媒体的进步中不断发现并解决各种问题,同时使传媒、资本市场日益规范,促进完善的传媒产业链条的打造,形成不同媒介形式共同繁荣的局面,在动态的发展过程中完成现代传播体系的构建。

## 结 语

全球新媒体在2012年的发展可谓突飞猛进,在许多方面取得了突破,改变着自身的形态,改变着人们的生活,也在不断地改变着人们的观念与思维。与新媒体相关的技术、数据都已经呈现出了指数级的发展速度,全球对媒体形态、应用的需求也在不断增加,这一切都决定了新媒体在2013年势必仍将获得极大的发展。

按照现有的发展状况和趋势可以推断,新媒体接下来将迎来"大数据"时代,移动互联、社交媒体、物联网等将成为最为显著的新媒体发展形态,市场的争夺也将更为激烈。但是我们也要认识到,在新媒体这个技术与创意高度集中的行业,总会出现新的行业引领力量,其明朗的前景给受众带来无限的期待,人们已经习惯于等待并迎接新媒体随时会产生的新变化,所以关于全球新媒体发展动向和态势的研究也需要对技术、媒介的最新发展状况保持持续关注,跟上业界发展的步伐。

虽然当下新媒体的发展仍在诸多方面存在需要解决的问题,但新媒体自身的发展也为这些问题的有效解决提供了前提条件,因为新媒体技术的发展将世界更为紧密地联系在一起,为人们进行交流提供了极大便利,也大大提高了解决问题的效率。为了能够促进新媒体的进步、分享新媒体发展带来的便利,不同的国家、公司都将积极地参与到现有问题的解决当中,在对话、协作、竞争中实现共同发展,2013年新媒体将继续改变自己、改变人类、改变世界。

注释：

① 万本庭、董雪等：《高速移动宽带网络下的多媒体广电业务拓展初探》，《电视研究》2012年第12期。
② 《微软：2015年前云计算将创造1400万就业机会》，http://tech.qq.com/a/20120305/000390.htm。
③ 《2014年云计算服务将取代PC电脑》，http://tech.qq.com/a/20120313/000392.htm Gartner。
④ 《最新IDC〈大数据技术及服务预测报告〉表明,2016年全球大数据市场规模有望达到238亿美元》，http://www.idc.com.cn/about/press.jsp?id=NzI3。
⑤ 《IDC:平板电脑全球出货量今年将达1.074亿台》，http://tech.163.com/12/0615/09/841FDIBT000915BD.html。
⑥ 《报告称2016年全球平板电脑数量将达6.65亿台》，http://tech.qq.com/a/20120411/000130.htm。
⑦ 余秀才、黄鹏程：《全媒体语境下新媒体发展的四个维度》，《编辑之友》2012年第8期。
⑧ 罗锦莉：《美国大选,Twitter赢了》，《金融科技时代》2012年第12期。
⑨ 王文：《Web 2.0时代的社交媒体与世界政治》，《外交评论》2011年第6期。
⑩ 博雅公共关系有限公司：《各国领导人Twitter使用情况调查》，《国际公关》2012年第5期。
⑪ 《2013年大数据真谛:实时分析与批量处理》，http://news.watchstor.com/market-analysis-142590.html。
⑫ 《2011~2016年美国本地移动广告增长趋势》，http://www.199it.com/archives/34760.html BIA/Kelsey。
⑬ 彭兰：《社会化媒体、移动终端、大数据:影响新闻生产的新技术因素》，《新闻界》2012年第16期。
⑭ 《2013移动广告收入将达114亿美元》，http://it.sohu.com/20130117/n363825002.shtml Gartner。
⑮ 《2015年大数据将创造440万IT岗位》，http://bizsoft.yesky.com/266/33973266.shtmlGartner。
⑯ 《Gartner:今年移动应用下载达456亿次89%免费》，http://tech.sina.com.cn/i/m/2012-09-12/07537608848.shtml。
⑰ 《2012社会化媒体报告:社交APP使用率增加》，http://www.meihua.info/today/post/post_2f781b86-ad90-4a6e-aefa-1d668ce88753.aspx。
⑱ 童清艳：《中国新媒体产业发展的现实议题》，《新闻记者》2012年第2期。
⑲ 《社交媒体广告收入未来四年将翻番》，http://www.cnad.com/html/Article/2012/1127/20121127103730410.shtml。
⑳ 刘洪举：《从传播形态的变革看新媒体盈利模式的选择》，《社会科学战线》2012年第2期。
㉑ 刘瑞生：《美国之音为何"停"而又播》，《中国社会科学报》2012年1月4日。
㉒ 《谷歌:"掘金"非洲》，http://tech.ifeng.com/internet/detail_2012_06/09/15166080_0.shtml。
㉓ 刘瑞生：《美国之音为何"停"而又播》，《中国社会科学报》2012年1月4日。
㉔ 〔美〕丹·席勒(Dan Schiller)：《互联网时代,国际信息新秩序何以建立?》，常江译，《中国记者》2011年第8期。
㉕ 陈力丹、罗了：《新媒体语境下的信息提供与隐私安全》，《记者摇篮》2012年第2期。
㉖ 罗兰：《大部制改革没有"完成时"》，《人民日报·海外版》2013年3月11日第5版。

# 统一与融合：省级卫视综合评估体系探析[*]

◆ 刘燕南

面对市场竞争和新媒体冲击日益加剧的形势，中国电视界在追求社会效益和经济效益双赢的目标下，一直努力创新评价反馈和管理导向机制，其特征之一，就是在电视评估体系的构建和改进方面持续发力。

2002年，中央电视台推出了中国电视第一个里程碑式的节目综合评价体系，首次以"客观指标"之名将经过加权处理后的收视率指标纳入其中，并赋予五成以上的权重。2011年，经过近十年的实践探索，央视又改版出台了更强调社会效益的新版"中央电视台栏目综合评价体系优化方案暨年度评选办法"。如果说本世纪初央视还是"摸着石头过河"，试足电视评估体系这一新领域的话，那么十年后的改版则有了更多"顶层设计"的意味。央视改版之后，各省级卫视纷纷跟进，陆续推出了一些力图淡化收视率色彩、突出非市场维度的新评估体系。其中，"引导力""影响力""专业性"乃至新旧媒体"融合力"等新指标，取代之前旧版中被笼统称为的"主观指标"，大量出现在新版本的各种评估体系中。

由于调动了各种电视资源，又常常杠杆化资源的再分配，电视评估一直是电视界令人关注的热点，每一次评估体系的改版都备受瞩目。然而，尽管各种综合性评估体系不断涌现，新维度、新指标也层出不穷，凝聚着电视人大量心血和智慧的评估体系，却基本上只用于各电视台或频道的内部管理，所评结果也大都属于自我反馈，没有产生评估的外部性，也就是说缺乏一个统一的标准和平台进行相互比较。在同一市场上，唯一能够提供可比性数据的只有收视率，一个让人"想说爱你不容

---

[*] 原载于《现代传播》2013年第12期。

易"的指标,一个自从被引入中国,就被"污名化"和"独尊化",并不断相互撕扯的量化数据。以致相当长一段时间以来,大家只能比较收视率,一些人甚至任意割裂和曲解数据,为其所用。其结果,便是引起被人们不断抨击的"唯收视率论"的盛行以及给电视市场带来的种种乱象;而任何有关收视率的信息披露,稍有差池,都可能产生"蝴蝶效应",引发舆论的轩然大波。

2012年国家广播电影电视总局下发了《关于建立广播电视节目综合评价体系的指导意见(试行)的通知》,要求各级电视播出机构坚持把社会效益放在首位,坚持社会效益和经济效益的有机统一,建立以品质为核心的综合性评价体系,并提出了主要评价内容和权重分配细则。当今电视竞争尤其是省级卫视竞争,已经转向多重实力的角逐,电视评估也面临全新的复杂局面。以往电视台或频道推出的独善其身式的综合评估,规范自身的意义大于发挥外部正能量。在媒介融合时代,构建一套可供卫视进行评估、对比和参照的综合性评估体系,促进整个电视业的健康有序发展,已势在必行。正是在这一背景下,"省级卫视综合评估体系"应运而生,2012年由央视市场研究股份有限公司(CTR)首次推出,2013年正式推行,一问世便受到业界和社会舆论的高度关注。

## 一、概念界定与体系特征

所谓电视评估,主要指针对电视传播效果(效益或绩效)和品质等进行的评估,通常包括频道/电视台评估和节目评估两个部分。电视评估按时间维度,可以分为播前评估和播后评估。播前评估属于预馈性的,只是一种预估,而非对已经实现的传播效果的评估;播后评估则属于反馈性的,主要针对实然态的传播效果进行评价。我国各级电视台推出的电视评估,基本属于播后效果评估这一类。播前评估通常会涉及对节目质量(或价值)因素的评估,播后评估则不一定,如单纯的收视率评估方式就不考虑节目质量因素。某些综合性播后评估对节目质量(专业性或价值)因素的评估,可以视为是对节目效果中致效因素的评估,而非对实际效果的直接评估。需要指出的是,电视评估的主体不一定是电视台或频道,可以是独立的社会或商业机构,也可以是政府管理机构。

目前电视界常用的电视评估体系,是指为实现评估目的而构建的一套多指标、综合性、定量化的评估系统,一般是将各种待评估的要素指标化和可测化(或可评化),并采用量化方式处理不同指标之间的关系,最终形成由各种指标、权重和数学运算组成的评估系统。①

"省级卫视综合性评估体系"是一种针对频道而非节目的综合性播后评估体系。这一体系可以简单概括为"三项指标,一把尺子",即一级指标由引导力、传播力、品牌力三项指标构成,三项指标分别乘以20%、50%和30%的权重,相加后得出频道的综合性得分。其中,引导力包括舆论引导和政策响应,主要评估省级卫视在导向性和思想性方面的表现,重在测评传播的方向;传播力包括电视传播力和网络传播力,评估省级卫视在电视和网络传播方面的规模和效能;品牌力则涵盖社会影响力和品牌号召力,评估省级卫视的品牌价值和品牌成长性。②数据来源分别来自专家调查、观众测量和网络监测。详见下表。

**省级卫视综合评估指标体系**

| 指标体系 | | | |
| --- | --- | --- | --- |
| 一级指标 | 二级指标 | 三级指标 | 数据来源 |
| 引导力 20 | 舆论引导 10 | 公信力 | 专家调查 |
| | | 舆论监督 | |
| | 政策响应 10 | 政策执行度 | 行业主管部门获取 |
| 传播力 50 | 电视传播力 40 | 覆盖规模 | 覆盖率调查 |
| | | 收视率 | 收视调查 |
| | | 忠诚度 | |
| | | 收视份额 | |
| | 网络传播力 10 | 知名度 | 网络监测 |
| | | 关注度 | |
| | | 收视度 | |
| | | 美誉度 | |
| 品牌力 30 | 社会影响力 10 | 文化品位 | 专家调查 |
| | | 道德建设 | |
| | | 社会公益性 | |
| | 品牌号召力 20 | 专业性 | |
| | | 创新性 | |
| | | 栏目影响力 | |

注释:表中数字代表该指标所占权重
资料来源:央视市场研究股份有限公司

总体来看,"省级卫视综合评估体系"主要有三个特征:其一是统一,即以国内省级上星频道为评估对象,采用统一平台、统一标准、统一数据源等三个统一,将所有省级卫视纳入同一个体系中进行评估,用一把尺子衡量省级卫视的综合表现。理论上说,省级卫视都是全国性频道,都在全国范围内同场竞争,具有可资参照的坐标系,相互进行比较有一定可行性。

其二是融合,即将传统电视指标与新媒体指标均纳入评估体系中,从新旧传媒的行为性效果指标着手,以"传播力"概括。在媒介融合不断深化的当今,媒介内容的跨屏传播和跨屏收视不仅日益普及,而且在加速常态化,新媒体视听行为已经成为传播效果评估不容忽视的组成部分。"兼容"新旧两类传媒渠道,将传统电视评估与新媒体受众视听情况相结合,更全面、客观、系统地反映视听内容的全部效果,这是一个世界性潮流,也是新时期我国电视评估的必然趋势。

其三是综合,综合性并非始自省级卫视评估体系,亦非其独创,此前各电视台推出的大量版本的评估体系均以综合性见长,但是,省级卫视评估体系的综合是一种大综合,其中既有传统电视指标,也有新媒体指标;有客观行为指标,也有主观心理指标。因为"没有一种媒体可以覆盖所有的人群,也没有一个人只关注一种媒体",仅有传统媒体而无新媒体效果评估,难言全面;仅有行为评估而无心理评估,也有失偏颇。跨媒体和多指标,此为综合性评估的题中应有之义。

将各省级卫视统一在一个平台上,进行综合性而非单一性收视指标的横向比较,强调各频道的综合竞争力,某种意义上,是在努力构建一种新的目标管理机制:将"追求社会效益与经济效益的统一、弘扬主旋律与提供多样化协调发展、推动文化繁荣与回应时代精神双向融合"这一中国广播电视业发展的目标模式,通过引导力、传播力、品牌力等三个维度的综合性表达,落实到实际操作管理中。其目的,一方面力图消除仅以收视率分高下所带来的种种弊端,比如盲目追求吸人眼球、节目雷同、低俗化乃至内容品质"逆淘汰"等等,突出强调各频道在导向、品质和品牌等方面的追求,因为"收视率不能说明节目品质",也不能"直接反映观众满意情况";另一方面,提高电视人的社会责任感和精品意识,为媒体不断创制导向有力、内容鲜活、品质上乘、市场叫好的文化产品而"前置导向、预制规范"[3]。说到底,省级卫视评估既是一种效果(效益)反馈机制,也是一种导向机制,还是一种激励机制。

## 二、纵横比较与中国特色

电视评估有多种,不同广播电视体制下的电视评估,在评估目标和衡量指标上均有不同。以美国为代表的商业广播体制,其播后效果评估主要关注收视率所代表的市场反应,收视效益与广告效益是重点,简言之,效率优先;而在以英国广播公司(BBC)为代表的公共广播体制国家,则从最初注重非收视率导向的电视评估开始,随着"双轨制"的施行和新媒体的冲击,走向兼具"效率与公平"的综合性电视评估。

20世纪60年代末,英国广播公司(BBC)推出了被认为是"品质导向"的欣赏指数(appreciation index)调查,通过抽样调查了解观众对电视频道或节目的态度和评价,以区别于纯粹的收视率评估。之后,加拿大、法国、荷兰、澳大利亚、日本等国家的公共广播机构也纷纷推出了名称不一、性质相近的各种指数,对观众的节目喜好和心理进行调查。90年代初,我国香港地区由公营的香港电台出面,组织推出了"电视节目欣赏指数调查",委托第三方机构对香港市场上(包括民营和公营在内)若干广电机构的电视节目进行评价,力图客观测量节目在观众心目中的质量,弥补收视调查的不足,扭转纯粹以收视率为导向的局面,为以商业社会著称的香港电视市场提供一个不同于收视率的评估维度。

1999年,我国中央电视台开始启动全国电视观众满意度调查(audience reaction survey),每季度(后改为每半年)进行一次,调查规模堪称世界之最。虽然名称不同,但是满意度调查在性质上与BBC和香港的欣赏指数调查相近,旨在了解观众心理,反映观众对节目或频道的评价和喜好。所不同的是,央视的满意度调查包括节目满意度和频道满意度两项,开始时既调查本台频道也调查其他省级卫视,甚至包括在中国内地落地的境外卫星电视;而BBC和香港欣赏指数调查都只针对节目而不针对频道。央视调查的结果主要用于内部管理,为领导决策提供依据,希望对注重社会效益和节目品质的内容生产,发挥鼓舞作用。

进入新千年,随着新媒体冲击的不断加剧,2004年BBC开始实施全媒体战略,以"公共价值"为主旨推出了新的综合性评估体系,在持续性绩效评估部分,着重考察影响力、品质、触达率、投资价值等四个方面。④其特点主要有二:第一个特点是,将触达率(到达率)这一属于视听率范畴的指标纳入其中,反映观众规模。这表明BBC并不忽视受众收视情况,那种认为公共广播机构不需要收视率的说法是一种错觉。其实,视听率指标最基本的含义是一种传播效果反映,即节目被多少人看了或听了,花了多少时间,是些什么人。"在任何一种游戏规则中,即使不牵涉利润问题,视听率也为节目成功与否提供了主要标准"。⑤事实上,自20世纪后期开始,传统上实行公共广播体制的国家和地区开始实行"双轨制",开放民营资本进入广电领域,电视竞争力度不断加大。这些国家和地区的电视评估便开始讲究综合性,既注重公共价值,也关注收视率,但是不唯收视率。第二个特点是,在2004版的评估体系中,BBC专门将"新平台触达情况"作为一个新指标与传统收视指标一道,列入"触达率"之中,以适应媒体融合发展的新要求。这里,新平台专指以互联网和手机为代表的融合性新媒体平台。

BBC评估体系"综合"和"纳新"举动,引来不少广电机构的效仿。2007年,刚刚成立不久的台湾公共广播电视集团(简称公广集团)也以价值评估为目标,鉴借BBC模式,推出了一套多元化的评价体系,包含"触达""质量""影响""公共服务""财务与事业营运效率"等五大维度。在触达维度中,同样设置了"新平台触达率"指标;在"影响"部分,则加入了"国际展示"指标[6],为一向注重外在国际观感和国际评价的转型中的台湾社会,写下一个颇具特色的注解。

在全球媒介融合和评估综合化的大背景下,我国"省级卫视综合评估体系"出台,这是迄今为止唯一一个全国性的平台、标准、数据源"三统一"的综合性评估体系,具有鲜明的中国特色。从价值取向上看,它不同于纯粹收视率取向的市场评价,而是努力兼顾两个效益,强调社会导向、媒体影响力和专业品质等方面的评价;从评价维度上看,它不同于单一的满意度(或欣赏指数)评价,不排斥收视率指标,具有关注市场与强调品质的双重性。某种意义上,这一评估体系与BBC和台湾地区以公共价值评估为主旨的综合性评估颇有相似之处,在包容新旧媒体评估指标,兼顾收视行为和心理指标方面,也有异曲同工之处。不过细究之下,仍然可以发现两者的不同,毕竟这一体系仍然是现阶段中国国情和媒体生态下的产物。

首先,强调引导力,注重舆论引导和政策响应,包括对公信力、舆论监督和政策执行度的评估。公信力源于媒体自身的公正客观专业性表现及其在受众心目中的反映,舆论监督则是媒体应尽的职责之一,政策执行度评估频道对政府主管部门相关法规政策的执行程度,体现了自上而下的意识,响应导向的意味明显。这些无疑与现阶段我国广电媒体的角色定位和功能预期有关。

其次,以传播力表征传播和观众新旧媒介接触情况,包括电视传播力和网络传播力。其中电视传播力既有表达广度的覆盖规模和收视率指标,又有表达深度的忠诚度指标,还有表达竞争情况的收视份额指标,可谓丰富;网络传播力则全面纳入了知名度、关注度、收视率、美誉度等多种指标,与仅有"新平台触达"指标的BBC

和台湾公广集团的评估体系相比，维度更加多元。在传统电视评估体系中融入新媒体指标，尤其是利用网络平台内容与行为监测同源同步和传受互动的优势，将新媒体受众的视听反馈尽可能多地纳入综合性评估体系，这是国内电视界目前正努力攻关的目标，被认为是建立多媒体评估体系的第一步。这种渐进式变革，从媒介融合到效果融合再到数据融合，从收视率抽样小数据到网络大数据，也被认为是电视评估适应媒体发展规律，与时俱进的一种表现。

国内一些舆论鉴于收视率调查和应用中的乱象，呼吁用新媒体大数据（或海量数据）取代传统收视率，将评估体系直接升级为"大数据版"。这种想法至少短期内难以实现。传统电视存在一天，收视率的价值就会延续一天。随着移动和网络视频使用者的不断增长，新媒体数据可能会由今天评估体系中视听数据的组成部分，变为视听数据的主角甚至唯一，那时评估体系或许会被刷新重启，但是在那一天到来之前，新旧并存将是常态。就覆盖规模来说，与传统收视率数据相比，新媒体虽然是大数据，但是大有大的遗漏和错失；后者虽然是抽样小数据，但是小也有小的全面和代表性。

最后，突出品牌力，即强调社会影响力和品牌号召力，两者分别包括文化品位、道德建设、社会公益性和专业性、创新性、栏目影响力等次级指标。一方面评估频道在传播先进文化、社会责任担当方面的能力，进一步落实对电视传媒发挥社会"正能量"、追求公益性、专业性的基本要求；另一方面，突出创新性这一文化创意产业可持续发展的核心价值，也是我们的基本国策之一，强调品牌的发展潜力和成长性。

值得注意的是，省级卫视评估体系中引导力、传播力、品牌力三者的权重分配是2∶5∶3，传播力这一受众媒介行为指标占据半壁江山（50%）。其中，电视传播力（主要是传统电视收视指标）和网络传播力之比为4∶1。这是评估体系尽力适应电视市场现实，又努力响应国家新闻出版广电总局通知精神的一大表现——《建立广播电视节目综合评价体系指导意见（试行）通知》明确规定，视听率指标的权重不超过总体的40%。不过，省级卫视评估体系为新媒体收视指标留出了10%的权重，并细化了测量维度，对新媒体的冲击做出回应，这也是它区别于央视和其他电视台的创新之处。在这些电视台的评估体系中，尚未见到新媒体的踪影，有些电视收视指标的权重也超过了40%。

### 三、改进探讨与未来展望

任何电视评估体系的建构都有一个"先有再好"的过程,省级卫视评估体系也不例外,何况这是一个容纳了新与旧、主观与客观等多种维度的多指标综合性体系,一个力图兼容品质与市场、公平与效率等多种诉求的开放性新建构,其前沿性和复杂性都前所未有。2013年9月推出方专门举行研讨会,对试行一年的综合评估体系进行调整改进,以突出品质评价内容,保证评估体系的科学性、公正性和规范性。[⑦]

省级卫视评估体系以统一和融合为特征,以开放性和综合性见长。然而,综合性并不意味着物理聚合,而是各维度和指标在一个明确的评估目标下的有机结合。换言之,不论涵盖了或者还将涵盖多少个评估维度与指标,也不论是偏重品质评估还是绩效评估,综合性评估的目标需要聚焦和主题化。比如,是社会效益评估、传播效果评估、影响力评估还是社会价值评估,最好清晰而明确。然而对评估目标,推出方似乎未有详细说明,只是笼统地冠以省级卫视综合评估体系之名。对评估目标的模糊化处理,有利有弊。好处是可以根据时势发展需要,随时调整各种不同属性和维度的指标数量及其相互关系,转圜方便;不利之处是,评估目标模糊,可能会影响评估体系的整体指向。体系内各指标的独立性、灵敏性、可操作性、相互之间的内在关联性如何,对评估主题是否具有适切性和有效性,各指标权重分配的科学性和合理性,指标的效度和信度检验问题等等,都可能产生困扰,需要认真考察和论证。目标明确,纲举才能目张。

传播力的设计如何更好地反映视听市场的发展现状和规律,也值得思考。比如,传播力一般反映受众的视听行为,就调查而言,行为指标因其相对客观而更受推崇;就客观反映传媒市场机制和发展规律而言,适当加大传播力指标的权重,尤其是调整网络传播力指标中行为指标的权重,也是合乎逻辑、尊重现实的选择。目前评估体系中网络传播力由知名度、关注度、收视度、美誉度四个指标组成。如果说前三个指标属于行为性客观测量,可以由机器进行的话,美誉度指标由于包含价值判断,其测定如果全部由机器完成的话,恐怕有不小的难度。时下机器对语义的识别和判断还存在相当的误差,尤其对汉语这种高语境语言来说,用不同的音调、语速和音量说同样一句话,书写相同,语境不同,可能褒贬意味完全不同。如果用人工识别，面对海量的网络信息，将是一项无比巨大的工程，一来增大工作量，二来影响评估时效，三来同样存在误差，因此，能够尽量用客观行为指标最好，尽可能借助机器完成工作。虽然网络平台的测量具有多重性，既可以监测受众行为，也可以监测所看内容，还可以交流意见，充分利用网络技术进行科学测量是必然趋势，但是至少目前，机器语义翻译的局限性还有不少，其科学性和准确性还有待提高，评估时不妨有所取舍，或者调整指标设置本身。

我国电视市场体量庞大，频道众多，即便只对几十家省级上星频道进行评估，也是一项耗费大量人力、物力、财力和时间的工作，因此，在高效与准确之间寻求平衡就显得尤其重要。省级卫视评估体系中除传播力指标的数据来自受众行为监测外，引导力和品牌力的数据基本上来自专家，以突出品质评价的特点。严格说来，这些主观指标调查仅有专家的态度表达而受众态度缺席，只有"数字受众"而无"意见受众"，难免有缺失，如果能够兼有专家和受众的意见，综合评估会更趋合理和全面。但是，加入受众样本，会使调查规模迅速膨胀，工作量也成倍上升。如何既提高科学性和全面性，又能够有效合理地简化操作，需要进一步探讨。

省级卫视评估体系要想在传播实践中发挥正能量，无疑需要各方力量的支持和配合，其中广电管理机构的作用尤其重要。在省级卫视综合评估体系中，注重导向和讲求两个效益双赢等管理意图，通过各种指标的设置和权重分配得到了体现，而要真正实现评估目的，实践中仍然需要配套相应的管理措施。比如，制定相关政策，建立某种实践应用机制和与之配套的奖惩机制，定期公布评估结果，给予表现优良者一定的奖励或政策倾斜，或者支持评估结果渗透到广电管理部门的其他评奖当中，等等。如此方能凸显评估的价值，真正发挥导向和激励作用。

管理部门的作用很大程度上就是引导、协调和把关，包括扭转、弥补和纠偏市场力量的错失。广电管理部门对市场受单一收视率评估机制左右的歪风，一直痛批狠刹，却苦于找不到好的替代方式和管理切口，对收视率及其乱象，难免头痛医头，脚痛医脚，因一些突发事件而临时出台若干规章和条例，缺乏科学系统的管理设计和操作思路，也缺乏制度化保证，甚至延续过去的路径依赖，一味限制和排斥市场因素的作用。在目前媒介融合和电视竞争游戏规则市场化转型的背景下，广电管理部门不妨转换思路，借省级卫视综合评估机制的推出，将广电管理与调查评估结合起来，将宏观的目标导向与微观的评估操作结合起来，将品质追求与市场竞争结合起来，通过评估体系的实际应用，将促进我国电视业健康良性发展这一目标落在实处。

省级卫视综合评估体系的推出,有其正面意义,也面临着包括管理协调和技术操作在内的一系列挑战,需要不断调整改进。未来时机成熟时,或可以进一步扩大规模,将包括央视在内的所有卫星频道和一些主流城市频道也囊括其中,成为一个更大、更统一的评估平台。当然,前提是评估体系不断与时俱进,经得起科学、客观、中立的检验,经得起市场的检验,经得起时间的检验,具有值得信赖的专业性、权威性和公信力。

---

注释:

① ⑥ 刘燕南:《电视评估:公共电视 VS 商业电视》,《中国地质大学学报(社科版)》2011 年第 1 期。

② ③ 姜涛:《2013 省级卫视综合评估研究》,"融媒体时代跨平台传播与评估研讨会"(云南),2013 年 10 月。

④ 曹琬凌、彭玉贤、林珍玮:《公共广电问责体系初探》,台湾《新闻学研究》第 96 期(2008 年 7 月)。

⑤ 〔英〕丹尼斯·麦奎尔:《受众分析》,刘燕南等译,中国人民大学出版社 2006 年版,第 35 页。

⑦ 央视市场研究股份有限公司:"2013 年省级卫视综合评估体系构建研讨会"会议函(北京),2013 年 9 月。

# [后记]

本册所选文章均取自于2009～2013年期间《现代传播》的主打栏目——"传媒观察"发表的文章。

2005年,攻读博士期间承蒙胡智锋教授器重,我开始在《现代传播》任兼职编辑,协助主编负责"传媒观察"与"传播文化"两个栏目的组稿与编辑工作。那个时候,《现代传播》还是双月刊,每年6期,发稿压力整体还不算太大。但是,这份工作对于我这个学艺术理论出身的博士生来说,难度也实在不小:

首先,这两个栏目各具特点,甚至对比起来差异巨大。一个关注传媒领域的动态发展,一个关注传播与文化的互动关系。也就是说,要想做好这两个栏目必须通晓实践与理论两个层面,而且要有全面的掌握和前沿的判断,否则难以把握。

其次,这两个栏目的一个共同特点,就是"宏观"。前者是传媒动态的宏观观察,后者是文化传播的宏观思考。"宏观"就意味着论题涉及全局、视角多元,这对于当时视野局限于个案、思维习惯于评论的我来说,需要尽快从"点"过渡到"面"、从感性过渡到理性、从知识过渡到学术。

再者,专业背景所限:本人本科学习汉语言文学,硕士阶段师从胡智锋老师攻读广播电视艺术学,博士阶段师从张晶老师攻读文艺美学,"传媒观察"与"传播文化"的研究则涉及新闻学、传播学、经济学、管理学、文化学、符号学等,而这些都不是我熟悉的知识领域。

在辅助胡智锋老师做编辑工作的两年中,每每开编前会,我都胆战心惊,如履薄冰,主要有三个担心:一是担心没有好稿子,二是担心挑不出好稿子,三是担心编不好好稿子。幸亏胡老师在学界、业界拥有广泛的号召力,进入新世纪以来,《现代传播》一直在走上坡路,影响力也越来越大,每年来稿量稳中有涨,大家、名家的大作也比较稳定,稿源和问题基本解决。我当时有充裕的时间与作者进行沟通和对论文进行加工编辑,基本上期期还能勉强过关。另外,在兼职做编辑之前,我从2003年就开始在《现代传播》做校对,每期三个校次,需要通读所有文章并仔细校对一遍,期间编辑知识与业务得到了很大的提高。就这样,从2005年至2007年,在我边做论文、边做编辑的两年里,取得了令编辑部同仁认可的进步。2007年6月,我顺利通过学位论文答辩,拿到博士学位,并有幸留在学报继续从事编辑工作,这也是我人生中的第一份正式工作。

时光荏苒,一晃从事编辑工作几近十年,期间《现代传播》从双月刊改版为单月刊,定价从12元"通货膨胀"到20元,编辑部的李立老师退休,刘俊师弟入职,等等;最主要的是在胡主编的领导下,《现代传播》还先后入选"教育部'名刊工程'建设期刊""全国高校社科三十佳学报"、"国家社科基金资助期刊",这使得学报不但在传媒业界和学术界,还在高校学报界的影响力越来越大。从个人角度来说,看着本人供职和服务的《现代传播》越来越好,打心底里感到高兴和欣慰,这里有一些感悟与大家分享。

《现代传播》的全称是《现代传播——中国传媒大学学报》,顾名思义,《现代传播》可以分属三个序列:一是高等院校学报序列(各个大学均有一本以校名命名的学报),二是传媒业界期刊序列(如《中国电视》《当代电视》《电视研究》《中国广播电视学刊》《中国记者》《中国广播影视》《综艺》等),三是传播理论期刊序列(如《新闻与传播研究》《国际新闻界》《新闻大学》《当代传播》等)。可以说,《现代传播》能够取得今天的成绩,就在于它从新世纪以来在这三个序列中探索总结出了一条错位竞争、特色发展的办刊路线,具体如下:

一是在高校学报系列中,《现代传播》在"大综合"为主要办刊定位的氛围中突出传播特色,立志做有专业特色的高校学报。

二是在传媒业界期刊中,《现代传播》在"经验与批评"为内容定位的氛围中坚守学术品质,强化学术研究对传媒实践的提升作用。

三是在传播理论期刊中,《现代传播》在"定性与定量"为研究方法的氛围中服务传媒发展,注重传播理论对传媒实践的指导作用。

尤其进入新世纪第二个十年,这种错位竞争、特色发展的办刊路线越发清晰,这也使得《现代传播》在当前激烈的期刊竞争中站稳了脚跟,扩大了空间。目前,

《现代传播》作为专业学术期刊却拥有着"高"、"大""上"的作者队伍:"高"是层次高,这其中包括政府高官、行业高层、高校教师、科研工作者、传媒精英、影视主创等等;"大"是范围大,从政府到高校,从业界到学界,从一线到幕后,从广电到传媒,从传媒到文化,作者来源多元,视野自然多维;"上"是他们源源不断"生产"的精彩内容具有上乘的品质。这里仅举一个例子:2013年《现代传播》在《新华文摘》一年24期的全文转摘量为11篇,如此高效的二次转摘也是出乎编辑部意料的。

就我负责的"传媒观察""传播文化"两个栏目来说,它们恰恰是体现《现代传播》这种办刊路线的代表性栏目。"传媒观察"近年来一直致力于跟踪与反映传媒大势和传媒热点,力求呈现传媒发展大背景、大格局、大趋势,稿件追求高端、宏观、建设性三个标准。所谓"高端"即作者队伍要高端、权威,只有这样,才能增强文章的可信性与说服性,从本册入选文章来看,作者既有政府管理部门,如黄勇、朱虹、叶皓、庞井君(以发表之时的身份为准),更有来自传媒一线的李向阳、朱剑飞、李岭涛、问永刚、索福瑞媒介研究等,还有多年来为传媒机构出谋划策的黄升民、喻国明等国内一流传媒学者。所谓"宏观"所刊发的论文均为传媒业界关注的大格局、大脉络、大趋势,写文章必须要有宏观视野,否则不可能胜任,可以说国内能够达到"宏观"这一要求的作者其实为数并不多,这也是为什么每期总是一篇或两篇的原因。所谓"建设性",文章可以批判和解构,但最终目的一定是要有所建构,从而有助于中国传媒事业与产业的繁荣发展,这也是理论的价值之所在。

而"传播文化"栏目则更多体现了三个结合:一是老中青结合。该栏目每期两至三篇稿件,第一篇肯定是大家、名家的最新力作,第二篇则是中青年学者的潜心大作,如有第三篇肯定是青年学者或博士的前沿思考,既有"锦上添花",也有"雪中送炭"。二是长短结合。目前有些学术刊物为了影响因子的原因,有把论文越发越长、篇篇都长的倾向,包括"传播文化"在内的《现代传播》的所有栏目则一直坚持长短结合、因题而宜的原则,长到两万字,短到五千字。这一方面正应了杂志的"杂"字,另一方面学术有大题目,也有小选题,大题长文,小题短文,因题而宜,不搞"一刀切",这样既给大家、名家留出了发挥空间,也为年轻学者、青年师生保留了发表机会。三是定性与定量相结合。作为研究方法,社会科学的定性研究由来已久,但有时缺乏实证依据难以令人信服,定量研究方兴未艾,但实证研究的机械化归纳也要避免,定性与定量相结合,定性给定量以方向,定量给定性以依据。这三个结合让"传播文化"的稿源多年来一直相当充足,无论何时下厂付印都会有七八篇可用的稿件在手中备用。

除办刊路线外,我另外还有一个较为深刻的体会,就是《现代传播》在编辑思路上一方面坚定坚持"质量第一",另一方面也努力做到"以人为本"。坚持"质量第一"很好理解,就是刊发的论文绝对是质量第一,学术至上,为此《现代传播》不但不收取任何版面费,而且对于刊发的稿件还要发放稿费。大家、名家的稿件这么处理自不必说,而且对于正处于上升期的年轻学者,对于卡点评职称的青年教师,对于急于项目结项、博士后出站、博士毕业、硕士直博的作者来说,除了在《现代传播》发一篇能解决许多问题的稿件外,甚至还会收到其他刊物不可能发放的稿费。所以,近年来《现代传播》一直坚持在保证学术质量的前提下尽量想人之所想、急人之所急,为这些处于上升期的作者及时安排版面,留出话语空间,以实践行动助力青年发展,推动学者成长。目前,在《现代传播》多年来培养过的青年学人遍及全国,升任教授、博导者早已有之,无论他们现在心中是否记得,《现代传播》就是这么做的。我想这也是《现代传播》能够被大家、名家和青年学人普遍认可的一个重要原因吧。

最后,笔者与编辑部向多年来支持《现代传播》发展,尤其是"传媒观察"与"传播文化"栏目成长的领导、专家、学者、同仁们表示深深的感谢,因为没有你们艰辛的智力付出和孜孜不倦的学术思考,就没有《现代传播》的过去和今天,更谈不上本册书的问世。

面向未来,编辑部希望各位领导、专家、学者、同仁们能继续给予《现代传播》一贯的大力支持和亲切关怀,相信"传媒观察""传播文化"栏目会在你们的关注中和支持下,为作者提供更为宽广的舆论舞台和话语空间。

张国涛

2014 年 12 月